금강삼매경

제 2 권

금강삼매경

제 2 권

구선 강설

연화

차 례

금강삼매경 입실제품 2 ·· 6

금강삼매경 진성공품 ·· 198

금강삼매경 여래장품 ·· 251

금강삼매경 총지품 ·· 301

맺음말 ·· 379

질문답변 ·· 380

본문

爾時. 佛告舍利弗言. 不可思議. 汝當於後成菩提道. 無量
이시. 불고사리불언. 불가사의. 여당어후성보리도. 무량
眾生超生死苦海. 爾時. 大眾皆悟菩提. 諸小眾等入五空海.
중생초생사고해. 이시. 대중개오보리. 제소중등입오공해.

그때 부처님께서 사리불에게 말씀하셨다. "불가사의하니라. 그대는 마땅히 나중에 보리도를 이룰 것이며, 무량한 중생을 생사의 고해에서 초월하게 할 것이다."
그때 대중은 모두 보리를 깨달았고, 여러 작은 대중들은 다섯 가지 공(五空)[1]의 바다에 들어갔다.

강설

그때 부처님께서 사리불에게 말씀하셨다. "불가사의하니라. 그대는 마땅히 나중에 보리도를 이룰 것이며, 무량한 중생을 생사의 고해에서 초월하게 할 것이다."
사리불이 성취하는 보리도는 등각도이다. 아직까지 사리불이 묘각도의 심지법은 알지 못한다.

"그때 대중은 모두 보리를 깨달았고, 여러 작은 대중들은

---

[1] 오공(五空)은 삼유(三有/삼계)의 공(空), 육도영(六道影)의 공, 법상(法相)의 공, 명상(名相)의 공, 심식의(心識義)의 공.

다섯 가지 공(五空)의 바다에 들어갔다."
대중들이 깨친 보리 또한 등각도의 이치이다.
작은 대중들이 들어간 오공(五空)은 삼유(三有)의 공(空), 육도의 그림자(六道影)의 공(空), 법상(法相)의 공(空), 명상(名相)의 공(空), 심식의(心識意)의 공(空)을 말한다.
12연기를 통해 생겨난 삼계와 육도윤회계도 허망하고, 의지와 식의 작용으로 생겨난 법과 명색 또한 허망하다. 중생의 심식의가 그런 과정을 통해 생겨났으니 이 또한 허망하다. 이것을 깨달은 것이 오공의 바다에 들어간 것이다.

다음은 삼무상법중순심현입(三無相中順心玄入)에 대한 부연 설명이다. 생멸수행과 진여수행의 절차를 무(無)법과 역무진(亦無盡)법을 비교하면서 설명했다.

역무진(亦無盡)수행의 목적은 진여수행을 통해서 일심법계를 이루는 것이다.
역무진수행을 하기 위해서는 먼저 12연기를 벗어나 진여문으로 들어가야 한다.
12연기를 벗어나려면 12연기의 전체 과정에 대해 무(無)할 줄 알아야 한다. 무무명(無無明), 무행(無行), 무식(無識), 무명색(無名色), 무육입(無六入), 무촉(無觸), 무수(無受), 무애(無愛), 무취(無取), 무유(無有), 무생(無生), 무사(無死)하는 것이 그것이다.

무무명(無無明) - 역무무명진(亦無無明盡)

무무명(無無明)이란 무명에서 벗어나는 것이다.

두 가지 무명이 있다. 자시무명(子時無明)과 미시무명(未時無明)이다. 자시무명을 선무명(先無明)이라 하고, 미시무명을 후무명(後無明)이라 한다.

자시무명은 본성을 인식할 수 있는 각성은 갖추고 있지만, 본성을 주시의 대상으로 삼지 않고 밝은성품이 일으키는 변화나 생멸정보가 교류하면서 일으키는 변화에 치중해 있는 것이다. 본연(本緣)이 갖추고 있는 자시무명이 있고 중생이 갖추고 있는 자시무명이 있다.

미시무명(未時無明)이란 심식의(心識意)와 경계에 천착되어, 본성을 주시할 수 있는 각성을 잃어버린 상태를 말한다. 심식의를 자기라고 생각하는 중생들이 미시무명에 처해져 있다.

미시무명(未時無明)에 빠져있던 중생이 본성을 인식하고 자시무명(子時無明)에서 벗어나서 진여문으로 들어가는 것이 무무명(無無明) 수행이다. 중생은 시각(時覺)을 증득해서 미시무명에서 벗어나고, 본각(本覺)을 증득해서 자시무명에서 벗어난다.

무무명을 행하기 위해 쓰여지는 수행체계가 삼해탈법(三解脫法)이다.

생멸연기의 원인인 본연(本緣)은 자시무명만 갖추고 있다. 본연이 스스로의 자시무명에 대해서 무무명하면 진여문이 생겨난다.
무명(無明)에 '무(無)'하면 '명(明)'이 된다.
때문에 역무무명진(亦無無明盡)의 진여수행은 명(明)의 상태에서 이루어진다.
자시무명에 들었다가 다시 본연(本緣) 상태로 돌아간 생명을 보살이라 한다. 보살은 본성·각성·밝은성품을 자기라고 생각한다.
미시무명에 머물러있는 생명을 중생이라 한다. 중생은 의식·감정·의지를 자기라고 생각한다.

각성이 본성을 인식의 대상으로 삼으면 무위각(無爲覺)이 된다. 밝은성품을 인식의 대상으로 삼으면 유위각(有爲覺)이 된다. 밝은성품은 본성에서 생성된다.
본성과 각성, 밝은성품의 관계로 인해 무명(無明)의 일과 명(明)의 일이 생겨난다.
각성이 유위각(有爲覺)으로 전환되면 무명(無明)의 일이 생겨나고 그 결과로 12연기가 시작된다.
각성이 무위각(無爲覺)을 유지하면 명(明)의 일이 진행되고 그 결과로 연기(緣起)가 일어나지 않는다.
각성이 유위각으로 전환되었다가 다시 무위각으로 돌아와도 명(明)의 일이 진행된다. 그 결과로 진여연기가 시작된다.

무명 소생인 중생들은 의식·감정·의지를 자기로 알고 본성을 보는 무위각이 없다. 이 상태를 미시무명에 빠졌다고 말한다.

미시무명에 빠진 중생들은 생로병사의 윤회에 들게 된다. 그런 중생들로 하여금 다시 무위각을 갖추고 보살도로 나아가게 하려고 무무명 역무무명진의 법이 설해졌다. 중생도 그 안에 심식의 바탕이 갖추어져 있고, 밝은성품을 생성해낸다. 하지만 각성을 갖추고 있지 못하고 의식·감정·의지가 본래의 나가 아니라는 것을 알지 못한다. 중생이 무무명의 법을 얻게 되면 해탈도를 성취한 것이다.

무명의 일은 밝은성품 간의 부딪침으로 시작된다.
각성이 대사(代謝)의 과정을 통해 밝은성품을 소비하지 못하면 밝은성품 간의 부딪침이 유발된다.
밝은성품 간의 부딪침으로 인해 미는 힘과 당기는 힘이 생겨난다.
밝은성품과 두 가지 에너지의 관계로 인해 12연기의 두 번째 과정인 '행(行)'이 시작된다.
행의 과정에서 각성이 의지로 전환되고 세 종류의 물질입자들이 생성된다. 이 과정에서 생겨난 세 종류의 물질입자들로 인해 여섯 가지 유상의식이 생겨난다. 이때 생겨난 유상화된 식의 틀을 원초신(源初身)이라 한다. 원초신이 출현하면서 12연기의 세 번째 과정이 시작된다. 이 과정을 '식(識)'이라 한다.

무무명(無無明)을 통해서 진여문으로 돌아간 보살은 역무무명진(亦無無明盡)의 수행을 통해서 각성의 무명적 습성을 제도하고 등각도에 들어가게 된다.
역무무명진의 시작은 열반상(涅槃相)에서 벗어나는 것이다. 열반상(涅槃相)이란 열반의 기쁨에 머물러서 진여수행의 발심을 일으키지 않는 것을 말한다.
능엄경의 오십변마장(五十辨魔障)에서는 수행 중에 만나는 50번째 마장이 열반상이라 했다.
열반상에 빠지지 않기 위해 행하는 수행이 쌍차쌍조(雙遮雙照)이다.
쌍차쌍조를 하기 위해 갖추어야 하는 것이 중심(中心)이다. 중심을 통해 중관(中觀)을 하면서 쌍차쌍조를 행한다. 삼관법(三觀法)으로 견성오도하고 삼해탈법(三解脫法)으로 보살도에 들어온 사람은 쌍차쌍조를 할 수가 있다. 쌍차쌍조법이 삼무상(三無相)을 이루는 심지법(心地法)이다.

쌍차(雙遮)란 중심(中心)을 주체로 해서 표면과 이면을 세워 주는 것이다.
표면으로는 가무상(假無相)의 대상을 인식하고 이면으로는 공무상(空無相)의 상태를 유지한다.
삼관(三觀)을 통해 견성오도를 이룬 사람은 이 과정을 수월하게 행할 수 있다.
쌍차를 이룰 때는 중심은 중심대로 편안함을 이루고 표면은 중심과 분리된 채로 공한 상태를 유지한다. 이면 또한 중심과 분리된 채로 본성의 상태를 유지한다.

쌍차의 과정을 이해하기 위해서는 '편안함'과 '공(空)한 상태', '본성의 상태'에 대한 차이점을 구분할 수 있어야 한다.

'편안함'은 말 그대로 편안함이다. 초선정에서 세웠던 중심이나 초지 보살의 편안함은 같은 자리이다.

'공한 상태'라는 것은 공간적으로 비워졌다는 말이다. 머리 속 텅 빈 자리를 보는 것과 같은 상태이다. 즉 사마타의 상태인 것이다.

'본성 상태'라는 것은 무념과 무심이 서로 연(緣)해서 한 자리를 이루고 있는 상태를 말한다. 이 상태에서 무념의 형질과 무심의 형질을 구분하고 간극의 상태를 구분한 다음 간극에 머무는 것이 공무상(空無相)의 상태이다. 쌍차가 이루어지기 위해서는 삼관, 삼해탈의 모든 기법이 함께 쓰여야 한다.

대승도를 익히지 못한 사람은 이 과정의 수행을 할 수가 없다. 아라한과 보살의 다른 경지가 여기에서 나타난다.

쌍차를 이루는 이 과정이 10지 수행의 첫 번째 단계이고 역무무명진의 시작이다.

생멸심에 머물러 있는 중생은 이 수행을 할 수가 없다. 아무리 노력해도 이 상태가 구현되지 않기 때문이다.

진여문에 들어간 초지 보살도 이 과정을 성취하기 위해서는 부단한 노력이 필요하다. 그야말로 금강심지(金剛心地)

와 6념처관(六念處觀), 6바라밀과 해탈지견식(解脫智見識)을 체득하지 못했으면 이룰 수 없는 성취이다.

다음은 쌍차(雙遮)의 심지법이다.

1. 중심에 편안함(無心)을 세운다.
2. 중심의 표면에서 텅 빈 공간의 감각(心空處-심의 바탕)을 인식한다.
3. 중심의 편안함(無心)과 표면의 공간 감각(心空處)을 구분해서 인식한다.
4. 시상에서 무념(無念)을 세운다.
5. 중심의 편안함(無念)과 시상의 무념(無念)을 서로 비추도록 한다.
6. 본제관(本際觀-본성의 인식)을 행한다.
7. 무념(寂相)과 무심(靜相) 사이의 간극(寂滅相)을 인식한다.
8. 간극(寂滅相)의 상태를 구경각(究竟覺)으로 지켜본다.
9. 간극(寂滅相)에 각성(究竟覺)을 집중하고 무념(寂相)과 무심(靜相)을 함께 비춰본다.
10. 간극(寂滅相)의 공간 형질을 심상화(心想化)한다.
11. 간극(寂滅相)의 느낌을 중심의 이면으로 삼는다.
12. 중심(無心)이 주체가 돼서 표면(心空處)과 이면(寂滅相)을 함께 비춰본다.
13. 표면의 텅 빈 감각(心空處-심의 바탕)과 중심의 편안

함(無心), 이면의 간극(寂滅相) 상태가 명확하게 분리된 상태에서 서로를 비추게 한다.

다음은 쌍조(雙照)의 심지법이다.

1. 중심의 편안함(無心)으로 표면의 텅 빈 감각(心空處)을 비추면서 밝은성품의 느낌을 함께 인식한다. 뿌듯하게 차오르는 기쁨을 느끼면서 기쁨의 형질과 공간의 텅 빈 감각을 함께 주시한다.
2. 스스로 살아있음을 느낀다. (有生觀)
3. 중심의 편안함(無心)으로 이면의 간극(寂滅相)을 비춘다.
4. 간극의 공간 감각(寂滅相)에 집중한다.
5. 간극(寂滅相)에서 밝은성품이 생성되는 것을 인식한다.
6. 간극공간(妙有處)에 밝은성품이 채워져서 형성된 장력을 느낀다.
7. 밝은성품으로 이루어진 장이 수축하고 팽창하는 것을 관찰한다. (眞如場의 인식)
8. 의도적으로 진여장의 크기를 조절해 본다. (25가지 代謝行)
9. 표면에서 인식되는 살아있는 느낌(心空處의 生命性)과 간극장(眞如場)의 느낌이 서로를 비추도록 한다.
10. 간극장(眞如場)이 확장된 영역 안에서 살아있는 느낌(生命性)을 함께 인식한다.
11. 살아있는 느낌(生命性)의 변화를 관찰한다.

12. 중심의 편안함(無心)을 주체로 해서 표면의 공간감(心空處)과 이면의 무념, 간극, 무심(本性)을 함께 인식한다.
13. 그 상태에 머물러서 밝은성품이 만들어내는 기쁨과 살아있는 느낌(生命性)을 함께 주시한다. (法念處觀)
14. 밝은성품이 확장되도록 내버려 두고 진여장의 상태를 시각적으로 인식한다.
15. 시각적으로 인식한 진여장의 느낌과 밝은성품의 기쁨, 살아있는 느낌을 함께 주시한다. 그 상태에 머문다.

쌍조법의 핵심은 12번 과정이다. 이 과정은 들어가는 것도 힘들고 지속시키는 것도 힘들다. 쌍차 한 이후에 쌍조가 이루어지는 것은 이 과정부터이다.
15번 과정에 머물게 되면 환희지(歡喜地)에 들어간다.
이때부터 2지 이구지 수행이 시작된다.
환희지는 밝은성품이 가진 기쁨으로 인해 시작된다.
환희지에 들어있다 보면 밝은성품이 확장되면서 진여문이 팽창한다.
보살이 환희지에 탐착해서 그 상태로 머물고자 하는 것이 열반상이다. 때문에 환희지에 오래 머물러서는 안 된다.
환희지에 머물면서 열반상에 빠지지 않으려면 초지 수행이 철저하게 이루어져야 한다. 특히 12번 과정을 돈독하게 성취해야 한다.
환희지에 머물다 보면 어느 때부터 중심의 표면에 변화가 일어난다. 살아있는 느낌 속에서 생멸심이 느껴지는 것이 그것이다. 이때의 생멸심은 일치를 통해 생겨나는 마음이다. 생멸심의 원인처는 두 곳이다.
하나는 보살이 종반야해탈의 과정에서 분리시켜 놓은 자기 생멸심이다.
또 하나는 심식의(心識意)의 원인이 되었던 반연중생들이 갖고 있는 그리움이다.

종반야의 과정에서 분리된 보살의 생멸심은 혼의식을 주체로 삼아서 생멸신(生滅身)을 이루고 있다. 그 상태에서 자기 본성에 대한 그리움을 안고 살아간다. 시간이 지날수록 생멸심의 그리움은 점점 더 커져간다.
그런 상태에서 진여장이 확장되면 분리되었던 생멸심과 일치를 이룬다. 그때 보살의 중심에서 생멸심이 드러난다.

생멸문에 분리시켜놓은 보살의 심·식·의는 다른 생명들과 교류를 통해서 형성된 것이다. 그때 교류했던 다른 생명들이 보살을 그리워하면 보살의 중심에서 생멸심이 나타난다. 이와 같은 원인으로 일치된 생멸심들을 제도하면서 보살도가 행해진다.
초지부터 6지까지는 자기 생멸심을 제도하고 7지와 8지에서는 반연중생의 생멸심을 제도한다. 9지와 10지에서는 생멸문 전체를 제도의 대상으로 삼는다.

진여보살이 생멸심을 제도하는 세 가지 방법이 있다.
첫 번째 방법은 '삼신구족법'이다. 금강심지(金剛心地)의 대적정문(大寂靜門)이 활용된다. 3지 발광지부터 10지 법운지까지 보살도 전체 과정에서 쓰여진다.
두 번째 방법은 육바라밀법이다. 보살도 전체 과정에서 세 단계의 육바라밀이 활용된다. 초지부터 6지까지 첫 번째 단계의 육바라밀이 활용되고, 7지와 8지에서 두 번째 단계의 육바라밀이 활용된다.
9지와 10지에서는 세 번째 단계의 육바라밀이 활용된다.
세 번째 방법은 육근원통법이다.
생멸수행의 과정에서부터 육근원통을 수행한 행자는 초지 과정에서부터 쌍차쌍조와 육념처관을 함께 병행한다. 그런 보살은 3, 4, 5지의 장애를 겪지 않고 6지 현전지에 들어가고 8지 부동지에서 육근원통을 성취한다.
생멸수행의 과정에서 육근원통법을 익히지 못한 행자는 6지 현전지에서 암마라식을 갖춘 다음 8지 부동지에 들어가서 육근원통법을 배우게 된다. 8지보살이 육근원통을 성취하게 되면 원통식을 갖추게 되고 9지 선혜지에 들어간다.
역무무명진의 완성은 삼신구족행과 세 단계 육바라밀, 육근원통을 성취한 10지의 과정에서 이루어진다.

삼신(三身)이란 법신, 화신, 보신을 말한다. 청정법신, 천백억화신, 원만보신이라 부른다.

삼신의 일은 보살도의 과정에서 완성을 이루지만 보살도 이전에도 행할 수 있는 대승공부이다. 삼관, 삼해탈의 과정에서 이루어지는 자기 제도와 경계의 제도, 그리고 본성의 인식이 삼신구족법과 연계가 되어있다.

생멸수행을 하는 사람 중 견성오도 수행을 하는 사람을 성문연각승(聲聞緣覺乘)이라 하고, 해탈도 수행을 하는 사람은 해탈승(解脫乘)이라 한다.

진여수행을 하는 사람 중 보살도를 닦는 사람을 보살승(菩薩乘)이라 하고, 등각도를 닦는 사람을 등각승(等覺乘)이라 하며, 묘각도를 닦는 사람을 일불승(一佛乘)이라 한다.

성문연각승(聲聞緣覺僧)은 삼관(三觀)의 행으로써 삼신(三身)을 구족한다.

해탈승(解脫僧)은 삼해탈도(三解脫道)로 삼신을 구족한다.

보살승은 삼무상(三無相)을 행함으로써 삼신을 구족한다.

삼신(三身)이 구족되어야 등각으로 나아가며 묘각도를 이룰 수 있다.

성문연각승은 각각이 체득한 선정의 경지에 따라 삼신을 이룬다.

초선정에서는 중심의 편안함을 주체로 해서 삼신을 이룬다. 접해지는 경계나 자기 안에서 일어나는 심식의의 습성을 중심의 편안함으로 비춰주는 것이 삼신행이다.

초선정에서는 삼신을 이룰 수 있는 근기가 갖추어지지 않앉기 때문에 완전한 삼신행이 이루어지지 않는다. 중관으로써 삼신행의 근기를 갖추는 것을 목적으로 삼는다.
초선정에서는 경계가 '대상'이 되고 중심이 '주체'가 된다. 초선정에서 경계를 대하는 것은 '있는 그대로 보는 것'을 목표로 삼는다. 중심으로 비추어서 있는 그대로 보기 때문에 일치가 일어나지 않고 화신행과 보신행이 성취되지 않는다.
법신행은 중심의 편안함을 지켜가는 것으로 대치한다.

2선정에 들어가면 삼신행의 틀이 갖춰진다.
중심이 표면과 이면으로 분리되기 때문이다.
2선정에 들어가면 중심의 표면으로 일치를 이루고 이면으로 제도하면서 삼신행을 성취한다.
중심의 표면으로 일치된 현상은 화신행의 대상으로 삼는다. 일치된 현상을 그대로 느끼면서 이면으로 비춰주는 것이 이때의 화신행이다.
일치된 현상에 대해 좋고 나쁨이 없어야 하고 집착하거나 거부해서도 안된다.
이면의 관여되지 않는 자리를 비춰보는 것으로 법신행을 삼는다.
중심의 편안함으로 이면에 세워진 관여되지 않는 자리를 비춰본다.
일치된 현상을 활용하면서 보신행을 이룬다.

교화의 방편으로 활용하고 조화를 성취하는 근거로 활용한다. 조화를 통해 나와 경계가 함께 원만해진다.

3선정에서는 삼신의 일을 할 수가 없다.
중심이 철벽을 이루고 표면과 이면이 닫혀있기 때문이다.
4선정에서는 무심으로 화신행을 하고 본성으로 법신행을 한다. 조화의 성취로써 보신행을 한다.
중심에서 세워진 무심처와 머릿골 속에서 세워진 무념처가 서로를 비춰보는 상태가 본성이다.
4선정의 무심처는 표면과 이면이 한 덩어리를 이룬 상태이다. 표면의 텅 비워진 느낌과 이면의 관여되지 않는 자리가 합쳐진 상태이다. 이 상태에서는 광범위한 일치가 일어난다.
개인의 업식뿐만이 아니고 특정 공간의 업식이나 다른 세계의 업식도 일치된다.
4선정의 화신행에서는 다양한 생명들의 면모를 체득하게 된다. 그 상태에서는 물소리도 부처님, 새소리도 부처님, 바람 소리도 부처님이다.
4선정의 무념처는 무념주(無念柱)와 텅 비워진 공간, 아무렇지 않은 상태가 합쳐진 것이다.
무념주는 중추신경 억제를 통해 갖추어진다. 호흡법과 발성법이 활용된다.
텅 비워진 공간은 중추신경 순화를 통해 갖추어진다. 뇌척수막관이 활용된다.
아무렇지 않은 자리는 식의 작용이 접해지는 경계에 관여되지 않음으로써 갖추어진다. 각성이 활용된다.

5선정에서는 본성이 주체가 되어 자기 감정과 의식을 제도한다. 이 과정을 공무변처정(空無邊處定)이라 한다. 본성의 상태에 머물러서 무념·무심을 관하고 밝은성품이 일으키는 변화를 관찰하는 것이 이때의 법신행이다. 일치된 경계와 자기감정을 본성으로 비추어서 제도하면서 화신행과 보신행이 함께 성취된다. 일치된 경계는 허공해탈하고 일어난 감정은 금강해탈한다.
허공해탈이란 경계의 원만함을 갖춰주는 행위이다. 자기본성으로 경계를 비춰주고, 경계의 가치성을 극대화해주면서 경계의 원만함이 이루어진다. 경계의 가치를 창출하기 위해서는 창조적 발상과 실제와 계합시킬 수 있는 설계가 필요하다. 창조적 발상과 설계, 본성으로 비추어주는 모든 과정을 허공해탈이라 한다.

금강해탈(金剛解脫)이란 의식과 감정이 가진 습성을 본성을 통해 제도해 주는 것이다.
5선정에서는 의식의 추업(麤業)과 감정을 제도한다. 추업이란 거친 업을 말한다. 의식의 거친 업들은 집착과 욕심이다. 감정이 일어나면 그 감정에 머물러서 감정이 일어난 경로를 비춰본다.

슬픔이 일어나면 심폐의 상태를 비춰보고 심폐를 수축시킨 원인을 살펴본다. 슬픔의 원인이 드러나면 본성으로 비춰준다. 자율신경의 문제면 자율신경을 자극해서 비춰주고 가슴 신경이나 가로막 신경의 문제라면 그 부위를 자극해서 비춰준다.

살갗 수행이나 뇌척수로 수행을 해본 사람은 손가락의 굴곡을 통해 해당 장부와 신경을 자극한다.

그러면서 인식되는 현상들을 본성으로 비춰준다.

의식의 추업이 일어날 때도 같은 방법으로 관찰하고 제도한다.

허공해탈로 밖의 경계를 제도하고 금강해탈로 안의 경계를 제도하다 보면 의식과 감정이 본성을 여의지 않게 된다.

6선정에서는 의식의 습성을 제도하면서 허공해탈과 금강해탈을 행한다. 이 과정을 식무변처정(識無邊處定)이라 한다. 공무변처정에서 의식의 추업을 제도한 사람은 이 과정에서는 의식의 세업을 제도한다. 세업이란 미세한 업식을 말한다. 의식의 세업은 생각이다. 특히 의도하지 않은 생각이 무작위로 떠오르는 것이 의식의 세업이다. 막관(膜觀)을 해본 사람은 신경 억제를 통해 무념 상태를 조장하기 때문에 생각을 관찰하기가 쉽다. 생각이 떠오르면 그 생각을 본성으로 비춰준다. 그런 다음 생각이 일어나는 경로를 살펴본다.

8식을 활용하는 사람은 8식의 틀에서 표출된 정보가 7식과 6식의 틀을 지나 생각으로 조합되고 연계되는 과정을 인식할 수 있다. 그 경로를 들여다보면서 본성으로 비춰준다. 생각이 비워진 자리를 느껴보면 텅 빈 공간이 감각으로 인식된다. 그렇게 되면 금강해탈이 이루어진 것이다.

식무변처정에서 법신행은 본성에 머물러서 밝은성품을 함께 인식하는 것이다.

화신행은 생각이 일어나는 경로를 본성으로 씻어주는 것이다. 보신행은 의도한 대로 생각을 떠올리고 조화를 창출하기 위해 사유를 행하는 것이다.

7선정에서는 의식과 감정, 의지를 본성과 분리하는 것을 목적으로 삼는다. 때문에 경계를 놓고서도 별도의 의도를 갖지 않는다.

7선정에서 법신행은 '무소구행'이다.

무소구행(無所求行)이란 오로지 본성의 상태에 머물 뿐 따로 경계를 취하지 않는 것을 말한다. 무념, 무심과 간극, 밝은성품에 몰입해서 자기 심·식·의조차도 인식의 대상으로 삼지 않는 것이 무소구행이다.

7선정에서 화신행은 의식·감정·의지를 본성과 분리시키는 것이다. 본성과 분리된 심·식·의는 나가 아닌 다른 존재처럼 느껴진다.

의식·감정·의지를 분리시킨 다음, 남을 보듯이 그것들을 지켜보는 것이 이때의 화신행이다.
7선정을 무소유처정(無所有處定)이라 한다.
의식·감정·의지조차도 소유하지 않는 것이 무소유이다.
7선정에서의 보신행은 분리된 생멸심이 '칭법행'을 이루도록 하는 것이다.
칭법행(稱法行)이란 존재목적에 입각해서 쓰이되, 자기와 상대 그리고 주변이 이익되도록 하는 것이다.
반야해탈의 세 단계 중 두 번째 단계에서 칭법행을 행한다.
7선정의 무소유처정이 반야해탈도의 과정이다.
각성이 본성의 적멸상에 머물러서 본성이 인식의 주체가 되는 것이 반야해탈의 첫 번째 단계이다.
본성·각성·밝은성품과 의식·감정·의지가 서로 분리되는 것이 반야해탈의 두 번째 단계이다.
의식·감정·의지가 인식되지 않는 상태가 반야해탈의 세 번째 단계이다. 반야해탈의 두 번째 단계에서는 의식·감정·의지가 알아서 몸 살림을 한다.
이 과정에서는 생멸심을 벗어나서 진여심을 얻는 것에 목적을 두기 때문에 심·식·의의 일을 중요하게 생각하지 않는다. 때문에 칭법행을 소홀히 하게 된다.
반야해탈의 세 번째 단계로 나아가는 것은 잠시 미뤄 두고 두 번째 단계에 머물러서 칭법행을 하는 것에 매진하는 것이 중요하다. 이 과정이 충실하게 행해지면 보살도 과정에서 이루어지는 보신행이 좀 더 수월하게 이루어진다.
생멸심의 습성은 이기적인 것에 맞추어져 있다. 그런 이기심을 제도해서 이타심으로 바꿔 가는 것이 칭법행의 시작이다.
상대를 이롭게 하려면 상대의 존재 목적을 알아야 한다. 주변을 이롭게 하는 것도 마찬가지이다.
존재목적에 입각해서 서로 간에 조화를 창출하게 하는데 자기 심식의가 활용되면 보신행이 성취된 것이다.

8선정의 비상비비상처정(非想非非想處定)에서는 본성과 밝은성품을 활용해서 몸을 이루고 있는 세포 구조물들을 제도한다. 이 과정에서는 사륜삼매(四輪三昧)를 활용해서 자기제도를 행한다.
사륜이란 풍륜, 지륜, 수륜, 화륜을 말한다. 세포생명을 이루고 있는 물질들의 성분이 바로 사륜이다.
사륜삼매를 익히게 되면 지·수·화·풍 사대와 교류할 수 있는 역량이 생긴다.
8선정에서의 법신행은 본성의 상태를 유지하면서 자기 밝은성품을 교류하고자 하는 대상까지 펼쳐놓는 것이다. 몸 밖의 사대와 교류하고자 할 때는 그 대상까지 자기 밝은성품을 펼치고, 몸 안의 사대와 교류할 때는 원하는 부위에 밝은성품을 집중하고 사대의 형질을 분리해서 인식한다.
8선정에서의 화신행은 사대를 이루고 있는 원신의 표상을 중심으로 일치시켜 주는 것이다.
사대는 무정(無情)의 원신이다. 무정은 주체의식이 한 개이다. 무정의 원신은 12연기를 거치면서 공간 상태가 변화한다. 그 결과로 생겨난 것이 사대이다.
사대의 공간에는 그 공간을 지배하는 원신(源神)이 있다.
각 공간마다 원신의 형상이 다르다.
사대공간의 원신들은 '체백'으로 이루어진 몸을 갖고 있다.
체백(體魄)이란 생명정보를 내장하고 있는 물질입자가 미생물로 변화된 것이다.
사대공간의 바탕 매질은 전자기 에너지다. 전자기 공간을 이루고 있는 전자들이 나선 운동을 하면, 나선 운동의 끝점으로 체백들이 모여든다. 이때 모여든 체백들은 지·수·화·풍의 공간 상태에 따라 서로 다른 형상을 갖게 된다. 체백은 스스로 발광(發光)을 한다. 광자를 먹이로 삼기 때문이다.
사대공간을 이루고 있는 체백들이 발광할 때는 빛의 색깔과 형태가 서로 다른 모습을 하고 있다. 그 모습을 사대의 표상(標相)이라 한다.
땅의 표상은 황색이다.
바람의 표상은 녹색이다.
불의 표상은 백색이다.
물의 표상은 푸른색이다.
각각의 표상을 중심으로 일치시키고 무심으로 비춰준다.

이것이 8선정의 화신행이다.
화신행이 이루어지면서 세포순화가 이루어진다.
세포가 순화되면 세포성이 사라지고 공간성만 남아있게 된다. 이렇게 되면 화신행이 성취된 것이다.
8선정에서 보신행은 사대를 임의롭게 조절하고 활용하는 것이다. 그렇게 되면 공간의 제약을 받지 않고 어느 공간에서든지 자유롭게 살 수 있다.
마하가섭은 계족산을 열고 들어가서 벽지불이 되었다.
고려의 승려 광덕은 백 일 동안 우물 속에 들어앉아서 깨달음을 얻었다.

9선정의 삼신행은 아라한행과 보살행으로 나누어진다.
아라한(阿羅漢)은 생멸심을 분리시킨 존재이며, 사대를 제도한 존재이고, 육도윤회계를 초월한 존재이다. 아라한은 진여의 본신을 성취한 사람이다.
아라한은 번뇌가 없다.
아라한은 생멸심과 몸을 활용해서 육도윤회계(六道輪廻界)와 교류한다.
전5식을 활용해서 축생계와 교류하고, 6식을 활용해서 인간계와 교류하며, 7식을 활용해서 아수라계와 아귀계, 지옥계와 교류하고, 8식을 활용해서 천상계와 교류한다.
아라한의 화신행은 육도윤회계와 교류할 때 인식되는 모든 생명들을 본성으로 비춰주는 것이다.

아라한의 보신행은 교류하는 모든 생명들에게 각성을 갖추도록 이끌어 주는 것이다.
아라한의 법신행은 두 가지 관점으로 행해진다.
하나는 멸진정에 들어가는 것이다. 멸진정(滅盡定)이란 본성의 간극에 몰입된 상태이다. 이 상태에서는 간극에 머물러서 무념과 무심의 상태를 쌍차쌍조한다. 이때에는 심·식·의를 인식의 대상으로 삼지 않는다.

아라한의 법신행 중 또 한 가지 관점은 보살도(菩薩道)로 나아가는 것이다.
그러려면 심식의를 분리하고 상수멸정에 들어가야 한다. 상수멸정(想受滅定)이란 심·식·의를 분리한 상태에서 진여심에 머무는 것이다.
본성·각성·밝은성품이 서로를 비추는 상태에 머물러서 쌍차쌍조 하는 것이 상수멸정의 상태이다.

보살도에서 삼신행은 삼무상을 실현하면서 이루어진다.
이때 삼무상의 근거가 되는 것이 중심의 표면에서 인식되는 생멸심이다.
생멸문에 분리시켜 놓았던 자기 심식의가 일치되면서 인식되는 생멸심은 강한 그리움을 내포하고 있다. 때문에 중심의 표면에서만 느껴지는 것이 아니고 이면의 깊숙한 심부까지 파고들어온다. 이 상황을 놓고 중무상과 가무상, 공무상이 이루어진다.

중무상은 중심의 심부까지 파고들어온 생멸심을 본성의 무심처와 적멸상으로 비추어주는 것이다.

생멸심이 보살의 심부를 자극하면 중심의 편안함이 훼손된다. 그렇게 되면 보살의 중심에서 감정이 일어난다. 이때 그렇게 드러난 감정을 본성의 정상(靜相)과 적멸상(寂滅相)으로 함께 비추어준다. 감정이 씻어지고 편안함을 회복하면 중무상을 이룬 것이다. 중무상을 이룬 것이 화신행을 성취한 것이다. 보살도 5지 난승지에서 이루어지는 화신행이다.

표면으로 일치된 생멸심을 통해 생멸문에 남아있는 심·식·의의 본체와 연결하고 그가 가진 그리움을 제도해 준다. 이것이 가무상을 이루는 것이다.

이때 두 가지 방법이 쓰인다.

첫째는 사무애법이다.

둘째는 이무애법이다.

사무애(事無碍)란 하나하나의 경계를 각각의 방법으로 제도하는 법이다.

보살이 자기 생멸심을 제도의 대상으로 삼고 한 가지씩 제도해가는 것이 사무애법이다. 사무애는 일치된 현상을 근거로 행해진다.

사무애가 행해질 때는 여러 가지 방편이 쓰인다.

화신이 쓰이기도 하고 본신이 쓰이기도 한다.

화신의 경우는 보살의 의도로 창조된 상념체가 쓰여진다. 본신의 경우는 보살의 진여신이 직접 나투어서 사무애를 행한다.

이무애(理無碍)란 보살의 본성으로 생멸심의 본체를 비춰주는 것이다.

따로따로 생멸심과 교류하지 않고 생멸심 전체를 본성으로 비추어서 제도한다.

이 경우에는 보살이 자기 생멸심에 대한 그리움을 의도적으로 일으켜서 제도행을 한다. 대부분은 사무애가 먼저 행해지고 이무애가 나중에 행해진다.

사무애와 이무애를 통해 가무상이 행해진 때가 보신행이 성취된 것이다.

보살도의 공무상은 중무상과 가무상이 이루어질 때, 진여심을 놓치지 않는 것이다. 이 과정에서는 본성의 간극(寂滅相)을 투철하게 주시하는 것이 중요하다. 이무애가 행해질 때 생멸심의 본체를 간극(寂滅相)으로 비춰주면 생멸심의 제도가 훨씬 더 수월하게 이루어진다.

공무상을 행하는 것이 법신행을 이루는 것이다.

보살도의 과정에서 이루어지는 삼신행은 퇴전(退轉)이 있다. 즉 나아가기도 하고 물러서기도 한다는 말이다.

열반상에 빠진 보살은 처음부터 삼신행을 이루지 못한다. 2지 단계에 들어간 보살부터 삼신행을 할 수가 있다. 보살도 7지 원행지까지는 언제라도 퇴전이 일어날 수 있다.

반연중생의 제도는 7지와 8지의 과정에서 포괄적으로 이루어진다. 2지와 6지 사이에서는 반연중생의 제도가 심도 있게 이루어지지 않는다.
2지와 6지 사이에서는 반연중생으로부터 오는 일치가 중심의 심부까지 영향을 미치지 않는다. 때문에 중무상의 과정이 필요치 않다.
이때는 중심의 편안함을 유지하는 것으로 화신행을 삼는다. 중심의 표면으로 일치된 생멸심을 근거로 해서 생멸심을 일으킨 대상을 제도한다.
사무애를 행하더라도 화신이나 본신을 활용하지 않고 연결을 통해 제도한다.
중심으로 그리움을 일으켜서 대상과 연결하고 본성으로 비추어서 제도한다.
표면으로 일치되었던 생멸심이 편안함으로 돌아가면 가무상이 이루어진 것이다.
자기 생멸신도 그리움을 일으켜서 일치를 이루고 같은 방법으로 제도한다. 보신행이 이루어진 것이다.
보신행이 이루어지면 이면의 진여에 머물러서 쌍차쌍조를 행한다.
공무상이 이루어지고 법신행이 성취된 것이다.

진여신을 이루고 나서도 자기 생멸신의 원인이 되었던 의식·감정·의지를 저버리지 않고 제도의 대상으로 삼아야 한다.
진여심만을 가지고서는 일불승이 이루어지지 않는다.
생멸심을 제도해서 청정법신과 원만보신, 천백억화신을 성취해야 역무무명진을 행할 수 있는 근기가 갖추어진다.

무행(無行) - 역무행진(亦無行盡)

무행(無行)은 행에 무하라는 뜻이다.
행은 크게 두 단계로 이루어졌다.
첫 번째는 각성이 의지로 전환되는 단계이다.
두 번째는 물질입자가 생성되는 단계이다.
행(行)이 두 단계로 이루어졌듯이, 무행(無行) 또한 두 단계로 이루어진다.
첫 번째 단계의 무행(無行)은 다시 각성을 회복하는 것이다. 삼관을 통해서 시각(時覺)을 회복하고 삼해탈을 통해서 본각(本覺)을 회복한다.
두 번째 단계의 무행(無行)은 물질입자의 자연적 성향을 제도해 주는 것이다. 자기제도와 비상비비상처정을 통해서 물질입자의 자연적 성향을 제도한다.

역무행진은 진여문에 들어가서 무행을 하는 것이다.
자시무명에 빠져 생멸연기에 들어있던 본연(本緣)이 다시 무위각을 회복하게 되면 진여문이 된다. 진여문으로 돌아간 본연을 '준제보살'이라 한다.

준제보살은 스스로가 펼쳐놓은 생멸문을 대상으로 무행(無行)을 행한다. 스스로가 펼쳐놓은 생멸문을 껴안은 상태에서 무행을 하는데 생멸문의 제도가 끝날 때까지 계속된다. 준제보살의 무행은 그 자체가 등각행이며 역무행진(亦無行盡)이다.

준제보살의 역무행진은 생멸연기가 진행된 정도에 따라서 그 방법이 달라진다.

첫 번째 단계인 무명(無明)에서 진여문으로 돌아갔으면, 밝은성품이 부딪치면서 생겨난 유(有)의 공간을 불공여래장으로 전환시켜서 일심법계(一心法界)를 이룬다.

생멸연기의 두 번째 단계인 행(行)의 과정에서 진여문으로 돌아갔으면, 밝은성품의 자연적 성향과 물질입자들을 함께 제도한 후에 일심법계를 이룬다.

생멸연기의 세 번째 단계인 식(識)의 과정에서 진여문으로 돌아갔으면, 원초신을 제도해야 한다. 그 과정은 역무식진(亦無識盡)에서 이루어진다.

행(行)의 과정이 '명(明)'을 바탕으로 이루어지면 창조주의 의도대로 밝은성품을 제어하게 된다. 그러면서 본연연기(本緣緣起)가 진행된다.

하지만 무명(無明)을 바탕으로 행(行)이 이루어지면 밝은성품의 부딪침을 제어하지 못한다. 그 결과 자연연기(自緣緣

起)가 일어난다.

행을 통해 밝은성품 간의 부딪침이 지속되면 기쁨과 뿌듯함이 점점 더 커진다. 이 과정을 통해 각성의 무명성이 점점 더 증장된다.

각성의 무명성이 공고해지면서 각성이 의지로 전환된다.

각성은 지각과 인식, 분별을 행한다. 하지만 의지는 좋고 나쁨, 취하고 버림의 극단을 행한다.

각성이 의지로 전환되면서 여래장계의 고유진동수에 변화가 일어났다.

처음 본원본제의 상태에서는 고유진동수가 0, 1, 2였다. 그러다가 각성이 생겨나고 밝은성품이 생성되면서부터는 고유진동수가 3, 4가 되었다.

본원본제는 0, 1, 2의 고유진동수로써 무(無)의 상태를 유지한다.

본원본제의 본성을 이루고 있는 적멸상(寂滅相)의 고유진동수가 0이고 적상(寂相)이 1이다. 정상(靜相)이 2이다. 각성이 3이고 밝은성품이 4이다.

밝은성품이 부딪쳐서 생겨난 미는 힘과 당기는 힘은 5이다. 각성이 의지로 전환된 것이 6이다.

물질입자가 생겨나는 것도 6이다.

0, 1, 2는 무(無)의 고유진동수이다. 4부터 유(有)가 시작된다.

고유진동수가 5로 올라가면서 생겨난 것이 본연(本緣)이다.

본연은 밝은성품공간 안에 근본정보와 각성정보, 생멸정보가 내재되면서 생겨났다.
무(無)를 이루는 0, 1, 2의 정보를 근본정보라 한다.
3의 정보를 각성정보라 한다.
유(有)를 이루는 4, 5, 6의 정보를 생멸정보라 한다.
근본정보를 지각하는 것이 무위각이다.
생멸정보를 지각하는 것이 유위각이다.
자시무명의 상태에서는 근본정보와 생멸정보의 인식이 함께 이루어질 수 있다.
하지만 미시무명의 상태에서는 근본정보의 인식이 이루어지지 못한다.
의지는 생멸정보를 인식할 뿐 근본정보를 지각하지 못한다.
의지가 생멸정보를 지각하면서 정보가 누적된다.
이렇게 누적된 정보를 의업(意業)이라 한다.
의업이 쌓여서 식(識)이 된다.
당기는 힘과 중간 힘, 미는 힘이 생겨나고부터 본연공간 안에는 생멸공간이 생겨나게 된다. 생멸공간은 당기는 힘이 테두리가 되고 중간 힘이 중심부를 이루며 미는 힘이 중간대를 차지하고 있다.
생멸공간과 본연공간, 여래장공간은 서로 다른 점이 있다.
고유진동수와 공간을 이루고 있는 바탕매질의 차이이다.
여래장 공간은 밝은성품으로 바탕매질을 이루고 있다.
본연공간은 당기는 힘과 미는 힘, 중간 힘으로 바탕 매질을 이루고 있다.
생멸공간은 물질입자와 밝은성품, 미는 힘, 당기는 힘, 중간 힘이 혼재되어 있다.
서로 다른 바탕매질로 이루어진 생멸공간과 본연공간, 여래장 공간은 서로 분리된 상태로 공존하고 있다. 여래장 공간의 바탕 위에 본연공간이 떠 있고 본연공간의 바탕 위에 생멸 공간이 중첩되어 있다.

생멸공간이 형성되고부터 본연공간 안에서는 또 다른 변화들이 일어난다. 그 변화들로 인해 행의 과정이 심화되고 12연기가 진행된다.
행의 과정을 통해 생멸문의 공간 안에 원초신이 출현한다. 원초신은 본연으로부터 복제된 근본정보와 각성정보, 생멸정보를 내장하고 있다. 때문에 원초신의 내부에서는 밝은성품이 지속적으로 생성되고 있고 새로운 생멸정보들도 지속적으로 생성된다.
원초신의 식은 네 가지 층으로 이루어져 있다.
첫 번째 층은 근본정보로 이루어진 본성단이다.
두 번째 층은 밝은성품단이다. 원초신의 본성에서 생성된다.
세 번째 층은 의지단이다. 각성정보로 이루어져 있다.
네 번째 층은 식업단이다. 생멸정보로 이루어져 있다.

원초신의 본성에서 생성되는 밝은성품은 의지의 지각적 분별로 인해 미는 힘과 당기는 힘으로 전환된다.

의지의 긍정성으로 변화된 밝은성품은 당기는 힘으로 전환되고, 의지의 부정성으로 변화된 밝은성품은 미는 힘으로 전환된다. 당기는 힘은 원초신의 테두리가 되고 미는 힘은 식의 차원대가 된다.

원초신의 공간은 당기는 힘을 테두리로 해서 본연공간과 분리되어 있었다. 그 상태에서 당기는 힘이 점점 더 많아지게되자 본연 공간에서 완전하게 떨어져 나가게 되었다.

원초신의 식은 여섯 가지 주체의식으로 이루어져 있다. 원초신이 여섯 가지 주체의식을 갖추게 된 것은 세 종류 물질입자들에 대해 의지가 지각적 분별을 행했기 때문이다.

원초신의 식의 바탕은 근본정보 중 적상(寂相)의 형질이 밝은성품 공간 안에서 체화(體化)된 것이다. 그 상태에서 의지가 세 종류의 물질입자들에 대해 지각적 분별을 행하자 여섯 개의 차원으로 분열된 것이다.

원초신의 주체의식들은 이웃한 주체의식들과 서로 섞이지 않는다. 뚜렷한 경계선으로 틀지워져 있기 때문이다. 주체의식 간에 경계를 구분짓는 경계선을 '식의 차원대'라 한다. 처음 식의 차원대가 생겨난 것은 의지의 지각적 분별과 각각의 주체의식들이 갖고 있는 서로 다른 고유진동수로 인해서였다. 식의 틀 안에서 미는 힘이 생겨나고부터는 식의 차원대가 점점 더 두터워지게 되었다.

무행(無行)하기 위해 맨 처음 행해야 할 것이 지각적 선택에서 벗어나는 것이다. 좋고 나쁨, 옳고 그름, 긍정과 부정을 일으키지 않아야 무행이 시작된다.
중관이 행해지고 무위각이 갖춰지면 지각적 선택에서 벗어나게 된다.
조견(照見)하고 개공(皆空)하는 것이 무행하는 방법이다

무식(無識) - 역무식진(亦無識盡)
12연기 과정에서 식(識)이란 여섯 가지 주체의식으로 틀 지워진 원초신의 의식을 말한다. 식의 형성 원인은 크게 세 가지이다.
첫째는 정보의 생산과 내장이다.
둘째는 정보에 대한 지각이다.
셋째는 정보가 내장될 공간 상태이다.

식을 이루고 있는 정보는 생멸정보와 근본정보가 있다. 생멸정보는 밝은성품의 부딪침과 물질입자의 운동으로 만들어진다.
근본정보는 본성(本性)를 이루고 있는 세 가지 요소 간의 관계로 인해 생겨난다.
이렇게 생성된 두 종류의 정보가 각성과 의지의 지각적 작용으로 에너지 공간 안에 내장되면 식(識)이 형성된다.
정보에 대한 지각은 각성과 의지가 담당한다.

근본정보에 대한 지각은 무위각이 담당하고, 생멸 정보에 대한 지각은 무위각과 의지가 함께 쓰여진다.
정보가 내장되는 공간을 몸(體)이라 부른다.
몸을 이루는 기반은 에너지와 물질이다.
생명이 어떤 몸을 갖고 있느냐에 따라 정보가 내장되고 표출되는 형태가 다르다.
행의 과정이 끝난 원초신은 밝은성품과 미는 힘, 당기는 힘으로 이루어진 에너지의 몸을 갖고 있다. 때문에 세 종류의 에너지에 저장된 정보들이 원초신의 식(識)이 된다.
식(識)을 놓고 무식(無識)하는 것은 위의 세 가지 조건에 대해 무(無)하는 것이다.
정보의 생산과 내장의 과정에서 무(無)가 이루어지려면 명(明)의 상태를 지속해야 한다.
무위각(無爲覺)을 현전시킨 상태에서 명백한 의도성을 갖고 식(識)의 내장을 주도해야 이 과정에서 무식(無識)이 이루어진다.
정보의 지각에 대해서도 마찬가지이다. 명(明)으로 지각하면 그 자체로 무식(無識)하는 것이다.
정보가 내장될 공간상태를 놓고 무식(無識)하는 것은 불이문(不二門)을 이루는 과정에서 성취된다. 때문에 이 과정에서는 역무식진(亦無識盡)의 과지법이 쓰여진다.
공여래장과 불공여래장이 불이문을 이루어야 공간에 대한 무식(無識)이 이루어진다.

역무식진(亦無識盡)이란 무식(無識)한 이후에 진여수행을 행하라는 말이다.
원초신의 식(識)을 놓고 역무식진(亦無識盡)하는 것은 복잡한 절차를 필요로 하지 않는다. 식(識)을 구성하고 있는 정보들이 단순하기 때문이다.
원초신의 상태에서는 무식(無識)을 행하는 세 가지 방법으로 역무식진(亦無識盡)을 행한다.
명(明)으로써 본연연기를 행할 때는 본연연기의 모든 과정이 역무식진의 절차이다.

두 종류의 공간이 있다.
하나는 생명공간이다.
또 하나는 물질공간이다.
생명공간은 공간 안에 식의 정보가 내재되어 있다.
반면 물질공간에는 식의 정보가 내재되어 있지 않다.
생명공간 안에 내재되어 있는 식의 정보는 그 내면에 본성정보와 각성정보를 함께 내재하고 있다.
생명공간 안에서 본성정보는 밝은성품을 생성해 내는 원인처이다. 각성정보는 지각과 분별, 의도를 행하면서 밝은성품과 본성, 식의 정보를 함께 주시한다.

생멸문이 식의 틀을 갖추기까지는 본연(本緣), 자연(自緣), 인연(因緣)이 작용했다.

밝은성품 공간 안에 내재된 각성정보가 근본정보와 밝은성품을 대상으로 연기를 행하면서 본연(本緣)이 생겨났다.
각성정보가 본성정보를 비추는데 밝은성품을 소비하면 본연으로 머문다. 이 상태에서는 자연과 인연이 생겨나지 않고 생멸문도 생겨나지 않는다. 본연이 명(明)을 갖춘 상태이다.
각성정보가 본성정보를 비추는 것을 놓아버리고 밝은성품을 비추는 데 치중하면 자연과 인연이 생겨나고 생멸연기가 시작된다. 본연이 자시무명에 빠진 상태이다.

생명 에너지가 서로 부딪치면서 만들어내는 모든 현상을 자연(自緣)이라 한다. 동질의 에너지가 서로 작용해서 미는 힘과 당기는 힘이 생겨나는 것이 자연이다.
생멸문 안에서 미는 힘, 당기는 힘, 중간 에너지가 서로 순환의 통로를 만드는 것도 자연이다.
에너지와 에너지가 부딪쳐서 물질입자가 만들어지는 것도 자연이다.
생멸문 안에서 일어나는 물질입자의 진동과 분열 또한 자연이다.
물질입자들이 생명의 테두리를 뚫고 벗어나서 물질 공간을 형성하는 것도 자연이다.

정보를 지각하고 정보 간의 교류를 통해 새로운 정보가

생겨나는 것이 인연(因緣)이다. 의지의 지각성과 의도성이 정보를 기록하고 그 정보로써 식의 틀이 갖춰지는 것도 인연이다.

생멸문은 본연과 자연과 인연의 소치로써 만들어졌고. 천지만물 또한 그로 인해 만들어졌다.

본연(本緣)의 이치를 아는 것을 해오(解悟)라 한다.
본연을 관(觀)할 줄 아는 것을 득오(得悟)라 한다.
자연과 인연의 소치로 생겨난 심·식·의를 본연의 주체인 진여와 분리시키는 것이 반야해탈도이다.
12연기를 이해하려면 본연과 자연과 인연의 관계에 대해 알아야 한다.

중생이 역무식진(亦無識盡)을 행하려면 보살도 6지의 과정에서 암마라식을 갖추고 8지에서 원통식을 갖추어야 한다. 그런 다음 9지 선혜지에 들어가서 원초신의 식과 생멸문 전체의 식(識)을 제도해야 한다.

무명색(無名色) - 역무명색진(亦無名色盡)

식의 틀로 이루어진 생명공간은 물질공간과 구분이 되어 있다.
생명공간은 본성정보와 밝은성품, 의지, 미는 힘과 당기는 힘, 그리고 6개의 식의 틀로 이루어져 있다.

본성정보에서 생성된 밝은성품이 의지단에 제공되면 의지의 지각적 분별로 인해 미는 힘과 당기는 힘으로 변화된다.
미는 힘은 의식의 차원대 쪽에 누적되고, 당기는 힘은 생명 공간의 테두리와 합쳐진다.
시간이 지날수록 미는 힘의 공간도 넓어지고 당기는 힘의 공간도 넓어진다.
의식의 차원대 쪽으로 미는 힘이 누적되면 식과 식의 분리가 더욱더 공고해진다. 그런 상태에서 의지가 밝은성품에 대한 지각적 분별을 계속하게 되면 식과 식 사이의 고유진동수가 점점 더 차이 나게 된다. 이는 의지의 지각성으로 생겨난 또 다른 생멸정보들이 식의 틀 안에 내장되면서 생겨난 결과이다.
식의 틀 안에 정보의 내장이 이루어지고 내부의식 간의 교류가 이루어지는 것을 명색(名色)이라 부른다.
명색을 통해 식의 틀 안에 정보가 쌓여질 때 본성정보와 개별화된 식 간에는 의지와 밝은성품을 매개로 한 교류가 이루어진다.
명색의 과정이 지속되면서 당기는 힘과 미는 힘의 범위가 점점 더 넓어진다. 이 상태가 계속되면 미는 힘의 범위가 식의 공간까지 확장된다. 어느 시점까지는 식의 공간을 서서히 잠식해 가다가 나중에는 완전하게 덮어 버린다. 그렇게 되면 식을 나누고 있던 차원대가 사라진다. 그 결과로 분할되어 있던 여섯 개의 식이 하나로 통합된다. 이 과정에서 서로 다른 형태로 내재되었던 정보들이 무작위로 교류한다. 이것을 내부의식 간의 교류라 한다.

내부의식 간의 교류를 통해 객체의식이 생겨난다. 객체의식이란 하나의 주체의식 안에 다른 주체의식들의 정보가 내장된 것이다. 1의식을 주체의식으로 삼았을 때 2, 3, 4, 5, 6식의 정보들이 1의식 안에 내장되면 2, 3, 4, 5, 6식의 정보들은 객체의식이 된다. 다른 의식들의 경우도 마찬가지이다.

의식과 의식의 교류는 미는 힘의 매개로 이루어진다. 이 과정에서는 의지가 식의 교류를 주관하지 못한다.

육체 안에서는 신경이 미는 힘으로 형성된 구조물이다. 육체 안에서는 신경을 통해 명색이 일어난다.

육체 안에서 일어나는 모든 생명활동은 처음 생명이 형성될 때의 과정을 그대로 답습한다. 심지어는 세포의 대사조차도 생명이 거쳐왔던 과정을 그대로 되풀이하는 것이다.

육체 안에서 일어나는 명색은 전5식과 후6식, 제7식과 제8식 간에 이루어진다.

전5식의 정보와 제7식, 제8식의 정보가 따로따로 내장되어 있다가 머리에서 합쳐져서 후6식이 된다.

명색이 일어나는 과정 중에도 밝은성품이 생성된다.
이때 생성된 밝은성품을 소비하는 것이 주체의식과 객체의식이다. 밝은성품을 받아들인 객체의식은 활동성이 증대된다. 주체의식과 객체의식 간에 고유진동수가 정도 이상 차이나는 상태에서 밝은성품이 지속적으로 공급되면 주체의식에서 객체의식이 분리된다. 이로 인해 개체생명들이 생겨난다.
원초신에서 개체생명들이 떨어져 나오는 현상을 '자연 분리(自然分離)'라 한다.
생멸문의 본원인 원초신이 자연분리를 통해 천지만물로 나누어진다. 이때 원초신에서 분리된 천지만물이 여섯 종류이다. 신, 인간, 동물, 식물, 원생물, 무정이 그것이다.
원초신에서 떨어져 나온 6종류의 생명들이 서로 교류하는 것을 육입(六入)이라 한다.

무명색(無名色)이란 명색의 과정이 일어나지 않도록 하는 것이다.
명색의 원인은 의지의 지각적 분별이다.
때문에 무명색은 지각적 분별을 행하지 않는 것이다.
생멸문의 본성에서 생성되는 밝은성품에 대해 의지가 지각적 분별을 하지 않으면 미는 힘과 당기는 힘이 증장되지 않는다. 그러면서 내부의식 간의 교류도 일어나지 않는다. 그렇게 되면 객체의식이 형성되지 않아서 자연분리가 일어나지 않는다.
지각적 분별에서 벗어나려면 의지를 각성으로 전환시켜야

한다. 다시 본성을 비추어서 밝은성품이 일으키는 변화에 관여되지 않으면 무위각을 회복한 것이다.
식의 틀이 형성된 상태에서 무위각이 갖춰지면 이때부터 명(明)의 연기가 진행된다. 이 상태에서 진행되는 명의 연기는 식의 과정에 머물러서 원초신으로 존재할 수도 있고 육입의 과정으로 나아갈 수도 있다.
무명색의 과정에서 본성에 집중하는 것은 무념(寂相)과 무심(靜相), 간극의 상태(寂滅相)를 함께 지켜보는 것이다.
무명색을 통해 지각적 분별이 쉬어지면 원초신의 생명공간은 계속해서 확장된다.
본성에서 생성되는 밝은성품이 식에 의해 소비되지 못하고 자연적 변화를 통해 새로운 공간을 생성하기 때문이다.
중생이 무명색(無名色)을 이루려면 본각을 증득해야 한다. 그런 다음 본성의 적멸상(寂滅相)에 머물러서 의식·감정·의지를 인식의 대상으로 삼지 않아야 한다.

역무명색진(亦無名色盡)이란 '무명색이 다했다'라는 말이다. 이는 무명색 이후에 진여수행에 들어가라는 말이다. 무명색의 과정에서 진여수행에 들어가려면 본연(本緣)을 이루는 세 가지 요소를 갖추어야 한다. 그러려면 본각을 구경각으로 전환시켜서 본성과 밝은성품을 함께 주시해야 한다.
무명색에 머무르면 밝은성품이 생성되면서 자연적 변화를 일으킨다. 각성이 밝은성품을 인식의 대상으로 삼지 않기 때문이다. 하지만 본연(本緣)을 회복하면 밝은성품이 생성되면서도 자연적 변화가 일어나지 않는다. 각성이 밝은성품과 본성을 놓고 쌍차쌍조를 행하기 때문이다. 그렇게 되면 진여문에 들어간 것이다.

무명색이 지속되면 생멸심과 본성이 서로 분리된다. 이 상태를 종반야(終般若)라 한다.
종반야에서 분리된 생멸심을 보살도 2지 과정부터 제도해 간다. 이때부터 역무명색진이 시작된다.
역무명색진의 과정은 보살도 9지 선혜지에서 마무리된다.
역무명색진을 통해 생멸식을 제도하는 것은 간극관(間隙觀)을 통해서다.
간극관(間隙觀)을 하는 절차는 다음과 같다.

1. 무념과 무심이 서로 비추도록 한다.
2. 무념과 무심 사이의 간극을 인식한다.
3. 간극을 중심으로 삼고 무념과 무심을 양쪽으로 비춰 본다.
4. 무심을 표면으로 삼고 무념을 이면으로 삼는다.
5. 무심의 표면에서 생멸심을 비춰본다.
6. 이면의 무념으로 생멸심을 비춰본다.
7. 중심의 간극으로 생멸심을 비춰본다.

이 과정을 통해 생멸심이 제도되면 불공여래장이 갖추어진다.

생멸문이 천지만물로 분열되기 이전에는 진여수행을 하는 것이 어렵지 않다. 하지만 천지만물로 분열된 이후에는 오십과위의 절차를 통해 진여수행을 해야한다.

무육입(無六入) - 역무육입진(亦無六入盡)
육입(六入)이란 여섯 가지 주체의식을 통해 외부의 정보를 받아들이는 것이다.
원초신의 상태에서는 육입이 일어나지 않는다.
육입은 원초신에서 분리된 개체생명에게서 일어난다.
12연기의 전체 과정 중 육입부터는 개체생명에게서 일어나는 변화이다. 원초신에서 분리된 개체 생명들이 안식, 이식, 비식, 설식, 신식, 의식을 통해 새로운 정보를 받아들이는 것이 육입이다.
무육입(無六入)이란 육입에 무(無)하라는 말이다.

무육입(無六入)을 행하는 두 가지 방법이 있다.
첫째가 본성이 주체가 되어 경계를 인식하는 것이다.
본성을 통해 경계를 인식하면 개체식의 틀 안에 근본정보와 생멸정보가 함께 내장된다. 그렇게 되면 생멸정보가 제도되면서 식업이 쌓여지지 않는다.
생멸수행의 과정에서 본성으로 제도된 생멸정보는 해탈지견식으로 전환된다. 진여수행에서 본성으로 제도된 생멸심은 암마라식과 원통식으로 전환된다.

무육입하는 두 번째 방법은 무위각으로 본성에 몰입해서 6식의 작용을 인식하지 않는 것이다. 그렇게 되면 생멸심이 분리된다. 이 상태가 8식을 갖고 있던 개체생명이 9식을 얻어서 생멸열반에 들어간 것이다. 본성과 분리된 생멸심은 독자적인 활동을 하면서 별도의 육입(六入)을 행한다.

역무육입진(亦無六入盡)이란 무육입을 통해 성취한 생멸열반에 머물지 않고 진여수행을 행하는 것이다.
이때의 진여수행은 7지와 8지의 공법이 활용된다.
역무육입진의 과정에서 제도의 대상으로 삼는 것이 반연중생이다. 쌍차쌍조법, 삼신구족법, 이무애·사무애법이 모두 활용된다.

개체생명의 의식구조는 주체의식과 객체의식으로 이루어져 있다.
원초신에서 분리된 여섯 종류의 천지만물은 서로 다른 주체의식과 객체의식을 갖고 있다. 신과 인간은 근본정보로 이루어진 본성과 생멸정보로 이루어진 6개의 주체의식을 갖고 있다.
동물은 종류에 따라 근본정보로 이루어진 본성과 생멸정보로 이루어진 5개, 4개, 3개의 주체의식을 갖고 있다.
식물은 종류에 따라 근본정보로 이루어진 본성과 생멸정보로 이루어진 3개, 2개의 주체의식을 갖고 있다.

무정은 근본정보로 이루어진 본성과 한 개의 주체의식을 갖고 있다.

원생물은 근본정보로 이루어진 본성과 생멸정보로 이루어진 6개의 객체의식을 갖고 있다.

신과 인간은 주체의식의 가짓수는 똑같지만, 객체의식과 본성에 대한 인식력에서 차이가 난다. 인간은 신보다 분별을 일으키는 객체의식이 발달되어 있다.

반면에 신은 본성에 대한 인식력이 발달되어 있다.

주체의식의 가짓수가 똑같으면 생김새가 비슷하다.

인간과 신은 주체의식이 같으므로 생김새가 비슷하다.

원초신에서 분리된 개체생명을 원신(原神)이라 한다.

원신은 주체의식과 객체의식으로 이루어진 식의 틀을 갖고 있다. 그것을 일러 '원신의 구조'라 한다.

원신의 구조에 따라 서로 다른 종류의 개체생명들이 생겨나게 된다.

원신은 영(靈)의 몸을 갖고 있다.

영의 몸은 밝은성품 에너지와 미는 힘, 당기는 힘으로 이루어져 있다.

주체의식의 가짓수에 따라 천지만물의 유형이 갖춰진다.

천지만물의 주체의식은 고정되어 있는 것이 아니다. 상황에 따라 줄어들기도 하고 늘어나기도 한다.

주체의식이 늘어나는 것을 화생(化生)이라 한다.

주체의식이 줄어드는 것을 습생(慴生)이라 한다.

습생을 통해 주체의식이 떨어져 나가면 원신적 퇴화가 이루어진다. 반대로 주체의식이 늘어나면 원신적 진화가 이루어진다.
원신의 주체의식을 분리시키는 것이 미는 힘이다.
미는 힘은 육입의 과정에서 일으킨 부정성으로 생긴다.
원신의 몸 안에 미는 힘이 정도 이상 누적되면 자연분리가 일어난다. 그러면서 주체의식이 떨어져 나간다.
원신의 주체의식이 늘어나는 것은 각성의 증장과 다른 생명의 호응 때문이다.
무위각을 갖추어서 본성에 대한 인식력을 키운 상태에서 다른 생명의 호응을 얻으면 원신배양이 이루어진다. 그러면서 주체의식이 늘어난다.
신의 경우 원신배양이 이루어지면 더 큰 몸을 갖게 된다.
인간의 경우 원신 배양이 이루어지면 신으로 화생(化生)한다.
동물이나 식물이 원신 배양을 하면 인간으로 화생한다.

원초신의 의식구조는 단순하다.
원신의 의식구조는 복잡하다.
원초신의 의식은 본다, 듣는다, 느낀다, 생각한다, 말한다, 냄새 맡는다는 개념이 없다. 밖으로 인식할 수 있는 대상이 없기 때문이다. 원초신의 의식은 내부의식 간의 교류를 할 수 있는 명색적 기능만 갖고 있다.
반면에 육입을 행하는 원신들은 외부적 교류를 할 수 있는 의식의 통로가 갖춰져 있었다. 그것이 바로 안식(眼識), 이식(耳識), 비식(鼻識), 설식(舌識), 신식(身識), 의식(意識)이다. 원신의 의식구조는 현재 인간들이 갖고 있는 6식 구조와 비슷하다. 육체의 몸에서 영으로 돌아가면 원신과 똑같은 식의 구조를 갖게 된다.

무명, 행, 식, 육입까지의 과정을 통해 의지와 의식이 생겼다. 아직까지는 감정이 생기지 않은 상태이다.
의지가 가장 먼저 생겼고 그다음에 의식이 생겼다.
감정은 육입 이후의 과정에서 생긴다.

눈을 통해 밖의 현상을 접할 때 '본다'라고 한다.
'본다'라는 것은 '생명 그릇을 채운다'라는 뜻이다.
귀를 통해 밖의 현상을 접할 때 '듣는다'라고 한다.
'듣는다'라는 것은 '연결한다'라는 뜻이다.
귀는 파동을 통해 상대와 나를 연결한다.
촉감을 통해 밖의 현상을 접할 때 '느낀다'라고 한다.
공간과 공간이 접촉했을 때 느낌이 생긴다. 느낌은 에너지에 대한 지감(知感)이다. 이쪽 공간에서 저쪽 공간으로 에너지가 이동할 때 느낌이 생겨난다. 원신공간이 서로 접촉되면 에너지의 교류가 일어난다. 그때 느낌이 생겨난다.
말은 '자기 안에 틀 지워진 정보를 밖으로 내보이고 확장시킨다'라는 뜻이다. 생각을 표현하는 도구가 말이다.

'숨 쉰다'는 것은 서로 의지해서 깊숙이 깃든다는 뜻이다. 나와 상대가 서로 안에 깊숙이 깃드는 것이 숨이다.
나의 생명 작용이 상대에게 깃들고, 상대의 생명 작용이 내 안에 깃드는 것이 숨 쉬는 것이다. 여기까지를 전5식(前五識)이라 한다.
생각(生覺)의 '생(生)'은 전5식의 정보가 조합되는 것을 말한다. '각(覺)'은 의지의 지각성이 전5식의 조합을 통해 새로운 의도를 만들어가는 것이다.
육입을 행하는 개체생명은 다른 생명의 정보를 자기 안에 내재한다. 그러면서 식업이 증장된다. 그 과정에서 본성에 대한 지각력을 잃어버리게 된다.
새로운 정보가 유입될 때 그 정보에 천착되면 고유진동수가 점점 더 높아진다.
정보에 입각해서 자기를 활용하면 정보가 자기 운명을 결정하는 그릇이 된다. 또한 자기 안에 내재된 정보가 관념화되면 새로운 정보에 대해 부정의식을 갖게 된다.
살아갈수록 현명함을 잃어버리는 것은 자기 지식에 천착되어 있기 때문이다. 정보에 천착된 사람은 지식놀음에 빠져서 육입의 행만 반복하게 된다. 그 결과 생사윤회의 고해에 들게 된다.
정보에 천착되지 않으려면 심·식·의(心識意)를 자기로 생각하면 안 된다.
자기 안에 내재된 정보를 관념화시켜서 그것을 자기로 삼은 생명이 중생이다.
심·식·의는 외부에서 들어온 정보의 조합일 뿐 본래의 마음이 아니다.

육입의 행을 통해서 고유진동수가 높아진 원신들은 생명공간을 벗어나서 물질공간에 처해진다.
고유진동수가 빨리 높아진 생명들은 물질공간으로 먼저 이동해오고 고유진동수가 높아지지 않은 생명들은 생명공간에 남아있게 된다.
12연기가 끝난 후에는 생명공간이 네 개의 세계로 나누어진다. 공무변처천, 식무변처천, 무소유처천, 비상비비상처천이 바로 그것이다.
인간원신들은 신들보다 고유진동수가 높다. 대부분의 인간원신들은 생명공간을 벗어나서 물질공간으로 이주해왔다. 무정과 동물, 식물의 원신들은 인간보다 먼저 물질공간으로 이동해 왔다.

물질공간으로 이동해온 원신들이 물질입자를 몸으로 삼으면서 촉(觸), 수(受), 애(愛), 취(取)가 시작되었다. 이 과정을 통해 혼의 몸이 갖추어지고 감정이 생겨나게 되었다.

물질은 세 종류 에너지의 응집으로 만들어졌다. 그렇게 만들어진 물질은 생명에게 '식(識)'과 '심(心)'을 갖추게 되는 원인이 되었다.
촉, 수, 애, 취는 영의 몸을 갖고 있던 생명이 물질 공간에 처해지면서 혼의 몸을 갖게 되는 과정이다.

부처님께서는 12연기법을 통해서 영, 혼, 육체의 몸이 갖춰지는 과정에 대해 말씀해 주셨고, 죽음을 통해서 다시 육도윤회로 들어가는 과정에 대해 말씀해 주셨다. 또한, 의식과 감정과 의지가 생기는 과정에 대해서도 말씀해 주셨다.
의식의 경우는 8식에서부터 6식이 갖춰지는 과정에 대해 말씀해 주셨고 감정의 경우는 희, 노, 애, 락, 우, 비, 고뇌가 생겨나는 원인에 대해서 말씀해 주셨다. 의지의 경우는 지각성, 의도성, 분별성이 갖춰지는 과정과 원인에 대해서 말씀해 주셨다.

무촉(無觸)- 역무촉진(亦無觸盡)
무촉(無觸)이란 촉에 무하라는 말이다.
촉(觸)이란 혼의 몸을 이루고 있는 물질공간이 서로 접촉된 상태를 말한다.
촉이 이루어지면 혼을 이루고 있는 물질 입자들이 서로 교류된다. 그 과정에서 원신의 몸과 식의 구조에 새로운 변화가 생겨난다.
12연기의 절차 중 '육입'과 '촉' 사이에는 혼의 몸이 생성되는 과정이 생략되어 있다. 명색과 육입의 과정에서도 개체생명이 출현한 과정이 생략되어 있다.
무촉하는 방법과 역무촉진하는 방법을 알기 위해서는 먼저 혼의 몸이 생겨나는 과정에 대해 알아야 한다.

생명이 최초로 갖게 된 몸이 여래장이다.
여래장은 본원본제의 몸이다.
본원본제의 몸에서 본연이 생겨나고, 본연에서 생멸문과 진여문이 생겨난다. 생멸문 안에서 생멸연기가 일어나고 그 과정에서 원초신이 생겨난다. 명색을 통해 원초신이 분열되고 그 결과로 원신이 생겨난다.
원초신에서 분리된 원신은 영의 몸을 갖고 있다.
그 원신들이 물질공간으로 이주해 오면서 물질입자로 이루어진 몸을 갖게 된다. 그 몸을 '혼(魂)'이라 한다.
혼의 몸이 세포 구조물로 바뀌면서 육체의 몸이 생겨났다.
육체를 갖고부터 생로병사와 육도윤회를 겪게 된다.

육체의 식은 6식이다.
혼의 식은 7식이다.
영의 식은 8식이다.
진여식은 9식이다.
부처가 되면 10식이 된다.

혼의 몸을 갖게 된 원신들은 식의 구조에도 변화가 일어났다. 영의 몸을 갖고 있을 때는 의지와 의식으로 이루어진 식의 틀을 갖고 있었지만, 혼의 몸을 갖추고부터는 감정이 생겨난 것이 그것이다.

행의 과정에서 생성된 물질입자가 생멸문의 틀을 뚫고 벗어나면서 물질공간이 생겨났다. 처음 물질공간으로 이동해 온 생명들이 별 생명과 상념체다.
이들은 육입이 시작되기 이전에 물질공간으로 이주해 왔다. 원초신에서 분열된 여섯 종류의 원신 중 별 생명은 무정이다. 상념체는 원신이 아니다. 상념체는 창조된 생명이다. 상념체를 창조한 것이 신과 인간이다.
물질공간으로 이동해간 상념체는 무정의 공간에 처해지게 된다. 무정의 원신들은 원초신에서 분열된 직후에 물질공간으로 이주해 왔다. 그 후에 식물과 동물의 원신들도 무정의 공간으로 이주해왔다.
생명들이 한 공간 속에 처해지는 것은 고유진동수가 비슷하기 때문이다.
식물과 동물, 상념체들은 무정과 비슷한 고유진동수를 갖고 있었다.
육입의 과정에서 수많은 상념체들이 만들어졌다.
그중 인간이 만들어낸 상념체와 신이 만들어낸 상념체는 형태와 공간 형질에서 차이가 있었다.

인간이 만들어 낸 상념체들은 복잡한 구조를 갖고 있고 신이 만들어 낸 상념체들은 단순한 구조를 갖고 있다. 인간이 만들어낸 상념체는 에너지 기반이 밝은성품과 음양이기로 이루어져 있고, 신이 만들어낸 상념체는 밝은 성품으로 이루어져 있다.

음양이기와 밝은성품으로 이루어진 상념체들은 형상적 틀을 유지하는 시간이 길었다. 하지만 밝은성품으로만 이루어진 상념체들은 형상적 틀을 유지하는 시간이 짧았다. 이로 인해 창조물들은 서로 다른 수명을 갖게 되었다.

상념체가 창조되고부터 인간 원신들의 고유진동수는 점점 더 높아지게 되었다. 다른 원신들이 만들어낸 상념체에 대해 지각적 분별을 일으켰기 때문이다.

육입의 과정에서 일으킨 분별은 명색의 과정에서 일으켰던 분별보다 세밀하게 이루어졌다. 이와 같은 분별을 일으킨 것은 인간 원신들이었다. 그로 인해 인간 원신들의 고유진동수는 점점 더 높아졌다.

분별로 인해 고유진동수가 높아진 인간 원신들은 생명 공간을 벗어나서 물질공간으로 이동해왔다.

인간 원신들은 스스로가 생성해내는 밝은성품과 음양이기로 이루어진 영의 몸을 갖고 있다. 영의 몸은 공간 안에 내재된 정보들이 생성해내는 파동으로, 특정한 고유진동수를 형성하고 있다. 이 상태에서 물질공간으로 이동해오면 비슷한 고유진동수를 가진 물질입자들이 영의 공간 속으로 들어오게 된다. 이런 과정을 통해 영의 몸 안으로 들어온 물질입자들을 '혼(魂)'이라 한다. 혼은 물질입자로 이루어진 영의 몸이다.

인간 원신들이 물질공간으로 이주해오고부터 물질공간은 원신체의 공간과 무정의 공간으로 분할되었다.
혼의 몸을 갖춘 이후로 원신의 몸은 4단계의 큰 변화를 겪게 된다. 그것이 바로 성, 주, 괴, 공이다.
'성'이란 혼을 이루고 있는 물질입자들이 분열하고 융합하는 현상을 말한다. 영 생명의 고유진동수에 물질입자들이 적응하면서 일어난 변화이다.
영 생명이 물질공간으로 밀려났을 때는 고유진동수가 11 정도였다. 그러다가 혼을 몸으로 삼고부터는 13 사이를 오고가는 상태였다. 그 상태에서 혼을 이루고 있는 물질입자들도 변화를 일으키게 되었다. 이때 물질입자들의 변화는 두 가지 양상으로 이루어졌다.
행의 과정에서 분열을 일으켰던 물질입자들은 중심입자를 두고 테두리 입자만 내왕하는 형태로 변화를 일으켰다. 행의 과정에서 분열을 일으키지 않았던 원초물질 입자들은 분열하고 결합하는 형태로 변화를 일으켰다. 이 과정에서 엄청난 에너지가 방출되었다.
이때 방출된 에너지가 생멸공간 밖으로 벗어나면서 본연공간 전체에 변화가 일어났다.

현재의 원자구조가 이 과정에서 생겨났다.
현대과학은 쿼크 결합으로 원자핵이 생겨나고 핵에 의해 전자가 포획되면서 원자가 생겨났다고 말한다.
쿼크나 전자는 세 가지 형질의 에너지가 물질화된 것이다. 세 종류 에너지의 상관관계에 의해 만들어지는 물질이 전자와 쿼크이다.
쿼크가 먼저 생기고 나서 원자가 생긴 것이 아니다.
원자 구조물 안에서 쿼크가 만들어지고 전자가 만들어진다.
원자 구조물 안에서 초양자 에너지가 생성된다.
물질이 근본정보를 내장하면서 초양자 에너지를 생성해 내게 된다.
성, 주, 괴, 공을 거친 물질입자는 생명성을 갖게 된다.
입자구조 안에 정보저장 기능이 갖추어져 있기 때문이다.
쿼크는 원자핵 내부에서 생성된다.
원자핵 중심부의 초양자 공간에서 초양자 응집이 일어나면 쿼크가 생성된다.

성의 과정에서 불안정한 상태에 있던 인간 원신들이 다시 안정을 이룬 상태가 '주'이다. 주의 과정에서는 정신도 안정되고 몸의 공간도 안정된다.
성의 과정을 겪은 생명들은 물질입자에 내장된 생명정보로 인해 새로운 식의 틀을 갖게 된다. 그것이 바로 감정이다.
성의 과정에서 감정을 갖춘 뒤에 주의 과정에서 안정을

찾은 혼 생명들이 서로의 공간을 통해 교류를 하게 된다. 이것을 '촉'이라 한다.
처음 일어났던 촉의 현상은 의도성에 의해 이루어진 것이 아니다. 자연적인 현상으로 일어난 것이다.
고유진동수가 비슷한 생명은 같은 공간에 처해지게 된다. 그중에 같은 고유진동수를 가진 생명들은 공간이 서로 겹쳐지게 된다. 그러면서 촉이 이루어진다.
촉이 이루어진 혼 생명들은 물질입자 간에 교류가 일어난다. 그 과정에서 서로가 갖고 있던 생명정보가 공유된다. 이때 물질입자 간에 교류가 일어난 것을 '괴(壞)'라 한다.
생명 정보가 공유되면서 갖게 된 감성을 '수(受)'라 한다.
'성(成)'과 '주(住)', '괴(壞)'의 과정을 거친 물질입자들은 생명정보를 내장하면서 근본정보도 함께 내장한다. 그 과정에서 공성을 갖게 된다.
물질입자가 공성을 갖춘 것을 '공(空)'이라 한다.
성, 주, 괴, 공을 거친 물질 입자는 유의 과정에서 세포구조물로 진화한다.
반면에 생명정보를 내재하지 못한 물질입자는 공간을 구성하는 입자가 된다.
촉이 심화되면 영의식까지 공유된다.
그 과정에서 복합체가 생겨난다.

무촉(無觸)은 두 가지 관점에서 이루어진다.

하나는 몸을 이루고 있는 공간적 관점이다.
또 하나는 정신을 이루고 있는 식과 심, 의의 관점이다.
몸의 관점에서 무촉(無觸)은 크게 세 단계로 이루어진다. 첫 번째 단계는 혼의 몸이 갖추어지는 과정에서의 무촉이다. 둘째 단계는 성이 이루어지는 과정에서의 무촉이다. 셋째 단계는 촉이 이루어지는 과정에서의 무촉이다.
혼의 몸이 갖추어질 때 물질공간에 처해지면 물질공간이 가진 거칢과 불안정한 상태로 인해 부정성이 팽배해진다. 이 당시 물질공간은 양자성과 전자기성이 공존하는 상태였다. 행의 과정에서 미세입자로 분열된 물질들은 양자성을 띠고 있었고 그렇지 않은 물질들은 전자기성을 띠고 있었다. 양자성을 띠고 있는 물질들은 공간의 고유진동수에 쉽게 반응한다. 때문에 비교적 안정된 상태를 유지했다. 하지만 전자기성을 띠고 있는 물질입자들은 대단히 거친 형질을 갖고 있다. 전자기성을 갖고 있는 입자들은 음성(미는 힘의 형질)을 갖고 있다.
행(行)이 이루어질 당시 이 물질들은 생명의 중심부로 향해지지 못하고 생멸문의 테두리 쪽에 치우쳐 있었다.
이렇게 된 것은 음성을 띤 물질 입자와 원초신이 생성해 내는 밝은성품이 서로 미는 힘으로 작용했기 때문이다.
음성을 띤 물질 입자들은 양성(당기는 힘의 성향)을 띤 물질 입자들과 결합된 상태에서 생명의 중심부에 가까워질 수 있다. 하지만 이런 상태가 되면 물질의 형질을 지속하는 시간이 지극히 짧아진다. 양성의 입자들과 결합된 음성 입자들은 이런 과정을 통해 소멸되고 다시 에너지 상태로 환원된다. 물질공간에 남아있는 전자기성 입자들은 이런 과정에서도 살아남은 입자들이다.

영 생명의 몸은 밝은성품과 음양이기로 이루어져 있다.
밝은성품이 중심부를 차지하고 양기가 테두리를 이루며 음기가 주체의식을 구분 짓는 차원대 역할을 하고 있었다. 그런 상태에서 음성을 가진 물질입자를 만나면 양기로 이루어진 테두리 쪽에 음성입자들이 배치된다. 양성이나 중성을 띤 입자들은 음성을 띤 입자들의 바깥쪽에 위치한다. 물질 공간을 이루고 있는 양성의 입자들과 중성의 입자들은 행의 과정에서 미세입자로 분열된 것들이다. 이 입자들은 양자성을 갖춘 상태로 쿼크 결속을 이루고 있다. 때문에 음성의 입자와도 적정거리를 유지할 수 있고 양성의 입자와도 적정거리를 유지하고 있다. 양자성을 가진 물질입자들은 원자구조 안에서 업쿼크와 다운쿼크가 결속된 형태를 띠고 있다.
이런 상황에 처해진 원신들은 음성을 가진 입자들이 생성해내는 미는 힘으로 인해 위축되고 억압된 상태로 혼의 몸을 갖게 되었다.
몸의 공간으로 인해 생긴 부자연스러움이 이때 처음으로 생겨났다.

혼의 몸을 갖게 된 원신들은 자기 생명성이 고정된 틀 안에 갇혀 버리는 답답한 상황에 처해지게 되었다. 이런 상태에 대해 원신들은 강한 거부감을 일으켰다. 그로 인해 생명의 고유진동수는 한 단계 더 높아졌다.

이 과정에서의 무촉(無觸)은 음성을 가진 물질입자들이 생성해 내는 미는 힘에 대해 저항하지 않는 것이다.

답답함과 위축감이 생겨날 때 무위각(無爲覺)을 일으켜 세워서 본성을 주시하는 것에 매진하면 무촉을 행하는 것이다.

성이 이루어지는 과정에서 '무촉'하는 것은 분열하고 융합하는 물질입자들이 생성해내는 열과 압력에 관여되지 않는 것이다.

본성의 무념, 무심에 각성을 집중하고, 영의 공간까지 밀려들어오는 열과 압력에 대해 관여되지 않으면 무촉이 이루어진다.

이 당시 음성을 가진 물질입자들이 분열하고 결합하면서 만들어내는 열과 압력은 물질공간 전체에 영향을 미쳤고 나아가서 본연공간까지 영향을 미쳤다. 때문에 혼을 몸으로 삼은 원신들은 강력한 충격파에 노출된 상태였다. 엄청난 진동이 수반된 충격파는 영의 공간까지 뒤흔들어 놓았다. 이 상태에서 각성을 유지하지 못한 원신들은 처음으로 두려움에 빠지게 되었다.

식의 관점에서 혼의 몸을 갖춘다는 것은 8식의 체계에 7식이 새롭게 생겨나는 것이다. 수행을 하면서 식을 발현시키다 보면 식과 식 사이에서 두려움이 깨어난다.
6식에서 7식을 발현시킬 때도 두려움이 일어나고 7식에서 8식을 발현시킬 때도 두려움이 일어난다.
7식이 발현될 때는 신경이 날카로워지면서 두려움이 생겨나고 8식이 발현될 때는 사유를 하는 과정에서 두려움이 나타난다.
두려움은 모르는 일을 준비 없이 당했을 때 생겨난다. 생명에게 심어진 두려움의 씨앗은 성의 과정에서 처음으로 심어졌다. 두려움은 심·식·의가 함께 흔들리면서 나타나는 마음이다. 감정은 요동하고, 의식은 갈피를 잡지 못하고, 의지는 극도의 부정성으로 점철된 상태가 두려움이다. 두려움이 일어날 때 무념·무심으로 비추어서 무촉하게 되면 그 근본이 제도된다.

두려움에 빠져 고유진동수가 높아지면 물질입자의 융합이 더욱더 빈번해진다. 그렇게 되면 그 과정이 반복된다.

촉이 이루어지는 과정에서 무촉하게 되면 '괴'의 과정에서 일어나는 물질입자 간의 교류가 최소화된다.
혼을 이루고 있는 물질공간이 접촉되면 미세입자의 교환이 이루어진다. 이 과정에서 감정적 교류가 함께 일어난다.

촉이 이루어지고 있는 동안에는 이 상황들이 신비롭고 감미롭다. 새로운 세계를 경험하기 때문이다.
하지만 접촉되었던 혼의 공간이 분리되고나면 극도의 상실감에 빠지게 된다.
이때의 상실감은 '괴'의 과정에서 교류되었던 물질입자들이 한꺼번에 빠져나가면서 생긴 것이다.
촉을 이루었던 혼의 공간이 분리되면 합쳐졌던 혼의 입자들이 본래의 자리로 회귀된다. '괴'가 진행되면서 미세입자 간에 교환이 이루어지면 이 상태에서도 에너지가 생성된다. 이때 생성되는 에너지가 '양자 에너지'이다. 양자 에너지로 인해 감정활동이 활성화된다. 복합적으로 감정활동이 일어나는 것은 양자 에너지 때문이다.
혼의 공간이 분리되면 양자 에너지의 생성이 중단된다. 그러면서 일어났던 감정들이 일시에 사그라든다.
수의식(受意識)을 경험해 보았던 생명들이 이런 상태에 처해지게 되면 극도의 상실감에 빠지게 된다. 그러면서 '상처'가 생긴다. 상처란 혼의 공간에 남아있는 공백을 말한다.
촉(觸)을 경험했다가 분리된 원신체들은 자신의 상처를 메꿔줄 수 있는 대상을 만나기 위해 또 다른 접촉을 시도하게 된다. 접촉의 공간을 넓게 이룬 존재일수록 상처가 더 크게 생긴다. 상처가 클수록 상실감도 더 커진다.
이런 장애에 빠지지 않으려면 촉의 범위가 최소화되도록 해야 한다. 그러기 위해 행하는 것이 무촉(無觸)이다. 처음부터 촉이 이루어지지 않도록 하면 그것이 최상의 무촉이다.
혼의 몸으로써 무촉이 이루어지면 혼의 몸과 영의 몸이 서로 분리된다.
정신으로써 무촉(無觸)이 함께 성취되면 영의 몸이 진여신을 이룬다.
진여신을 이룬 다음에는 역무촉진(亦無觸盡)을 행하게 된다.

정신을 이루는 심식의(心識意)의 관점에서 무촉(無觸)이 이루어지는 것은 세 단계로 이루어진다.
첫째 단계가 '의(意)'로써 무촉이다.
둘째 단계가 '식(識)'으로써 무촉이다.
셋째 단계가 '심(心)'으로써 무촉이다.
의(意)로써 무촉을 행하는 것은 혼의 몸이 생기는 과정과 촉이 이루어지는 모든 과정에서 각성을 유지하는 것이다. 혼의 몸이 형성되는 과정에서 본성을 보는 각성을 투철하게 유지하는 것이 이때에 행해지는 무촉(無觸)이다.
음성을 띤 물질입자들이 만들어내는 위축감에 대해 부정의식을 갖지 않는 것과 성의 과정에서 만들어진 열과 압력에 대해 두려움에 빠지지 않는 것이 혼의 몸이 생기는 과정에서 의(意)로서 무촉(無觸)하는 것이다.
촉(觸)이 이루어질 때 무촉(無觸)하는 것은 각성을 통해 몸 공간의 움직임을 통제하는 것이다. 처음 촉(觸)이 이루어질 때는 고유진동수에 따라 혼의 몸이 처해지는 공간이 결정되었다. 이 상태에서는 의도한 대로 오고 가는 것이 이루어지지 못했다. 때문에 촉의 과정에 자연적으로 처해졌다. 이 상태에서 무촉(無觸)하는 것은 대단히 어렵다.

성의 과정에서 무위각을 유지한 생명들은 몸 공간을 임의롭게 움직일 수 있는 능력을 갖추게 된다.
본성을 보는 각성을 유지함으로써 고유진동수가 높아지지 않으면 몸 공간이 축소되지 않고 성의 과정 자체를 임의대로 조절할 수 있다는 것을 알게 되면서 자유롭게 몸을 움직일 수 있는 힘을 갖추게 되었다.
그런 생명들은 자신의 고유진동수를 임의롭게 조절하면서 생명공간조차도 자유롭게 넘나든다. 이런 생명들이 연기를 거슬러 올라가면서 무육입(無六入)하고, 무명색(無名色)하고, 무식(無識)하고, 무행(無行)하면 진여보살이 된다. 성(成)의 과정이 끝나고 주(住)의 과정에서라도 무위각을 갖추게 되면 그와 같은 능력을 갖추게 된다.
촉(觸)이 이루어지는 괴(壞)의 과정에서라도 자각하면 혼의 몸을 임의대로 움직일 수 있는 힘을 얻게 된다. 그렇게 되면 상처를 받지 않게 된다. 하지만 괴(壞)의 과정에서 복합감정을 경험한 존재들은 무촉(無觸)하는 것이 대단히 어렵다. 복합감정이 가진 감미로움에서 벗어나기가 힘들기 때문이다.

혼의 상태에서 몸의 움직임을 자유롭게 하는 것은 나중 육도윤회에 들어가서도 대단히 중요한 일이다.

육도윤회계에 들어서 혼의 몸의 움직임을 주재하지 못하면 중음신이 된다.

영혼의 상태에서 혼의 몸을 움직이려면 신식(身識)을 활용해야 한다.

신식(身識)에게 생명 에너지를 공급해 주고 스스로의 개체적 틀을 인식할 수 있는 공간 감각을 갖춰주면 혼의 몸을 움직일 수 있는 역량을 갖게 된다.

육도윤회계에 들어있는 생명이 운용할 수 있는 생명력은 밝은성품과 혼의 에너지, 체백의 에너지, 천지의 공간 에너지, 다른 생명이 제공해주는 성(誠)의 에너지이다.

어떤 에너지라도 신식(身識)에게 제공해 주면 혼의 몸을 움직일 수 있는 힘을 얻게 된다.

촉의 과정에서 혼의 몸을 가진 생명이 운용할 수 있는 생명 에너지는 밝은성품과 음기(미는힘)와 양기(당기는힘), 양자 에너지이다. 이 중 밝은성품 에너지가 혼의 몸을 통제할 수 있는 최고의 에너지이다. 본성을 인식할 수 있는 무위각이 갖추어지면 밝은성품 에너지를 운용할 수 있게 된다.

밝은성품을 신식(身識)에게 제공해주고 자기 몸 공간에 대한 지각력을 키워주면 혼의 몸을 주재할 수 있게 된다. 이것이 의(意)로써 무촉(無觸)하는 방법이다.

식(識)으로써 무촉(無觸)하는 것은 고유진동수를 조절할 수 있는 역량을 갖추는 것이다.

식(識)은 정보의 내장으로 형성된다.

정보는 인연을 통해 유입되고 내부의식 간의 교류를 통해 재생산된다. 정보는 각각이 생성해내는 주파수가 있다. 각각의 정보가 생성해내는 주파수의 조합으로 고유진동수가 형성된다. 생명이 생성해내는 고유진동수는 생명성을 변화시키는 주요한 원인이면서 생명이 처해질 수 있는 환경을 결정하는 한 가지 요인이다.

12연기의 전체 과정을 고유진동수의 관점에서 바라보아도 무방할 정도로 고유진동수의 변화가 생명활동에 미치는 영향은 절대적이다.

생멸문이 형성되고 식의 틀이 처음으로 갖추어졌을 때의 고유진동수가 9진동이었다.

그러다가 명색이 일어나고 객체생명으로 분리될 때 10진동이 되었고, 육입이 진행되면서 11진동이 되었다.

11진동의 상태에서 물질공간으로 이동해 왔고 혼의 몸을 갖추면서 12진동이 되었다. 성의 과정을 거치고 촉이 행해질 무렵에는 13진동을 갖고 있었다.

나중 '애(愛)'와 '취(取)'의 과정을 거치면서 14진동이 되고 '유(有)'의 과정에서는 15진동이 된다. 생로병사를 거쳐 육도윤회계에 들어있는 생명은 18진동에서 24진동 사이를 오고 간다. 육체의 몸을 갖추었을 때는 24진동이었다가 영혼으로 돌아가면 18진동이 된다.

식(識)으로써 무촉(無觸) 하는 것 또한 세 단계를 거쳐서 이루어진다.

첫째 단계가 혼의 몸이 만들어지는 과정에서 이루어진다. 처음 물질공간에 처해졌을 때 고유진동수를 12진동으로 올라가지 않도록 조절하는 것이 이때의 무촉(無觸)이다. 경계를 인식할 때 각성이 주체가 되면 고유진동수를 조절할 수 있다. 물질입자의 거칢을 대할 때도 각성을 유지하고, 음성을 가진 물질입자로 인해 공간이 위축될 때도 각성을 유지하면 고유진동수가 높아지지 않게 된다. 반면에 의지가 주체가 돼서 경계를 인식하면 고유진동수가 높아진다. 고유진동수가 높아지는 가장 큰 원인이 지각적 분별이다. 의지가 주체가 돼서 경계를 인식하면 지각적 분별이 커지고 각성이 주체가 되면 지각적 분별이 일어나지 않는다.

무위각을 주체로 해서 낱낱의 정보에 대해 본성 값을 더해주면 새로운 정보가 유입되어도 고유진동수가 올라가지 않는다. 이때 본성 값을 더해주는 방법이 인식된 정보를 본성으로 비춰주는 것이다. 본성 값이 더해진 정보는 식의 틀 안에서 근본정보로 작용한다.

본성 값이 더해진 근본정보가 식업(識業)으로 자리하면 내부의식 간에 교류가 이루어질 때 본성으로 활용된다.

이 시기의 원신들은 육입(六入)의 과정에서 유입된 생멸정보를 주의식(主意識)으로 삼고 있었다. 때문에 상상하고 떠올리고 분별하는 재미에 빠져 있었다.

각성이 없이 무명의 상태로 이루어지는 내부의식 간의 교류는 그 자체가 번뇌이다. 그 상태에서는 고유진동수가 올라간다. 그런 상태의 의식계에 근본정보가 유입되면 명(明)의 상태에서 명색(名色)이 이루어진다.

명(明)으로써 이루어지는 내부의식 간의 교류는 그 자체가 해탈지견(解脫智見)이다.

그런 상태에서는 고유진동수가 올라가지 않고 오히려 내려간다.

식으로써 행해지는 두 번째 무촉은 성(成)의 과정에서 이루어진다.

처음 성의 과정이 진행될 때는 고유진동수가 12였다.

그러다가 물질 입자가 분열하고 결합하면서 방출해낸 열과 압력이 영(靈)의 공간에 영향을 미치면서 13으로 올라가게 되었다.

이 상황에서 고유진동수가 높아지지 않도록 관리하는 것이 이때의 무촉이다.

성의 과정에서 고유진동수를 올려놓은 가장 큰 원인이 두려움이다. 때문에 이 과정에서 식(識)의 무촉이 이루어지려면 두려움을 제도해야 한다.

두려움 또한 복합감정이다. 의지의 부정성과 의식의 상상력, 감정의 불안정한 상태가 합쳐져서 나타나는 극단적인 거부의식이다.
의지의 부정성은 각성으로 제도한다.
무위각을 세워 부정성을 제도한다.
의식의 상상력은 명성(明性)으로 제도한다.
명성이란 본성을 이루고 있는 무념과 근본 정보가 합쳐져서 만들어진 식의 주체이다. 명성이 주체가 되어 내부의식 간에 교류가 이루어지면 상상력이 제도된다.
감정의 불안정함은 중심으로 제도한다.
편안함을 세워 불안함을 제도한다.
편안함이 세워진 상태가 중심이 갖춰진 상태이다.
편안함은 본성과 감정이 합쳐져서 만들어진 7식의 주체이다. 혼의 몸을 가진 생명이 감정을 갖게 되었을 때 본성의 무심(無心) 상태와 감정이 합쳐지면서 편안함이 생겨났다. 두려움이 제도되면 성의 과정을 거치면서도 고유진동수가 올라가지 않는다.

식(識)으로써 무촉하는 세 번째 과정은 촉의 단계에서 이루어진다.
촉이 이루어지고 괴(壞)가 진행되면 감정의 유희가 시작된다. 그러면서 생멸심에 천착된다.
촉의 과정에서 생긴 감정이 기쁨이다.
이때의 기쁨은 밝은성품이 가진 기쁨하고는 전혀 다른 형질을 갖고 있다.

밝은성품의 기쁨은 에너지 기반이 초양자성이다.
반면에 촉의 과정에서 생겨난 기쁨은 양자성이다.
밝은성품의 기쁨은 근본정보를 기반으로 삼고 있다.
촉의 기쁨은 생멸정보를 기반으로 삼고 있다.
밝은성품의 기쁨은 고유진동수가 3이다.
촉의 기쁨은 고유진동수가 13이다.
밝은성품의 기쁨은 착함과 뿌듯함을 수반한다.
촉의 기쁨은 감미로움과 탐착을 수반한다.
이와 같은 차이로 인해 괴(壞)의 과정에서 생성된 기쁨에 천착하면 고유진동수가 높아진다. 본성을 보는 것 또한 더욱더 멀리하게 된다. 그 결과로 나타나는 것이 생멸연기의 연계이다.
이 과정에서 식(識)으로써 무촉하려면 기쁨에 탐착하지 않아야 한다.
탐착의 탐(貪)이란 접해진 경계에 자기의식을 빼앗긴 상태를 말한다. 착(着)이란 탐의 상태를 지속하고자 애쓰는 것이다. 탐착에 빠져 스스로를 망각하면 그것을 일러 욕(慾)에 빠졌다고 말한다. 욕심이란 탐착에 빠진 마음을 말한다. 탐착에 빠지지 않으려면 현상과 스스로를 함께 주시해야 한다.
현상을 지켜볼 때에는 중심으로 비추어 보고, 스스로를 지켜볼 때에도 기쁨이 일어나는 경로를 본성으로 비추어 본다.
중심의 편안함을 통해 현상을 비춰보면 감정의 동요가 일어나지 않는다. 그러면서 현상이 생겨나는 과정을 세밀하게 관찰할 수 있게 된다.
촉이 이루어질 때 혼의 입자들이 교류되고 그 상태에서 양자 에너지가 생성되면서 기쁨이 일어나는 과정을 지켜보면, 그때의 기쁨이 본래 자기 것이 아니고 물질의 반응에서 비롯되었다는 것을 알게 된다. 그렇게 되면 기쁨에 탐착하지 않게 된다.

본성을 통해 식의 상태를 비춰보면 식의 정보 안에 심어져 있는 근본정보를 인식하게 된다. 그중 기쁨과 연관된 근본정보를 인식하게 되는데 이는 현상과 교감하는 식업의 습성으로 나타나는 자연과 인연의 흐름이다.
기쁨과 연관된 근본정보는 밝은성품이 일으키는 변화에 치중했던 자시무명의 흔적이다. 이 정보가 식의 틀 안에 내장되어 있다가 밖의 기쁨에 반응해서 떠오르는 것이다. 이 습성이야말로 생멸연기가 시작된 원인이다.
본성을 통해 이 과정을 비춰보면 자시무명의 습성이 제도된다.
밖에서 일어나는 기쁨에 탐착하지 않고 안으로 자시무명의 습성을 제도하면 촉의 과정에서 식으로써 무촉하는 것이 성취된 것이다.
그렇게 되면 진여문에 들어간다.

심(心)으로써 무촉(無觸)을 이루는 것은 감정의 제도를 통해서다.

감정이란 혼을 이루는 물질입자에 식의 정보가 내장되면서 갖추어진 7식의 면모이다. 혼을 이루고 있는 물질입자들은 양자성을 띠고 있다.

입자성과 파동성을 동시에 갖고 있는 것이다.

식의 정보는 입자공간에도 저장되고 파동공간에도 저장된다. 입자공간은 전자기 기반으로 작동하고 파동공간은 초양자 기반으로 작동한다.

전자기 기반으로 작동하는 입자공간에 저장된 식의 정보는 자장(磁場)의 영역에 포획된 형태로 내장되어 있다. 때문에 정보의 출입이 원활하게 이루어지지 않는다.

반면에 초양자 기반에 내장된 정보는 밝은성품이 표출될 때 함께 드러나기 때문에 출입이 용이하다.

다만 식의 틀 안에서 정보가 표출되는 것은 자연과 인연의 법칙에 순응한다.

자연의 법칙이란 식이 저장된 공간이 내재하고 있는 에너지의 형질과 식업의 성향이 같은 것을 말한다. 부정성으로 인식된 정보는 음에너지 공간에 저장된다. 긍정성으로 인식된 정보는 양에너지 공간에 저장된다.

인연의 법칙이란 비슷한 고유진동수로 내장된 정보는 서로 소통하고 교류하는 것이다. 의도성이 없어도 저절로 생각이 일어나는 것이 인연법칙 때문이다.

자장(磁場)에 포획된 식의 정보와 초양자공간에 내재된 식의 정보들도 자연과 인연의 법칙에 따라 서로 교류한다. 이 상태에서는 공명(共鳴)을 통해 교류한다.

자장에 포획된 정보가 요동하면 초양자공간에 저장된 정보가 함께 요동하면서 파동을 일으킨다. 반대의 경우도 마찬가지이다. 초양자공간의 정보가 요동하면 전자기공간의 정보도 함께 요동한다. 이때의 파동에는 정보 값이 실려 있다. 파동에 내재된 정보의 성향에 따라 서로 다른 감정이 만들어진다.

혼의 몸을 갖춘 이후로 인간 원신에게 생겨난 감정은 희, 노, 애, 락, 우, 비, 고뇌(喜,怒,愛,樂,憂,悲,苦惱)이다.

정보의 요동이 일어나는 것 또한 자연과 인연의 법칙에 의해서다. 인식정보의 성향과 고유진동수에 따라 식의 틀에 내재된 정보의 요동이 촉발된다.

심식의(心識意)의 유희에 빠진 생명들은 스스로의 의도를 통해 내부의식 간에 교류를 행한다.

이런 경우에는 경계에 대한 반응이 없어도 감정이 생겨난다. 이와 같은 과정을 통해 감정이 생겨나기 때문에 감정을 제도하는 것이 대단히 어렵다.

감정의 제도는 크게 두 단계로 이루어진다.

첫 번째 단계는 식의 구조를 바꾸는 것이다.

두 번째 단계는 물질입자에 포획된 정보를 해방시켜 주는 것이다.
식의 구조를 바꾸는 것은 생멸심의 구조에 진여심을 심어주는 것이다.
즉 자연과 인연의 소치로 작동하는 생멸심의 체계에 본성과 각성, 밝은성품의 체계를 더해준다는 말이다.
본성과 밝은성품이 각성을 통해 비춤의 대상이 되는 것이 이때의 진여행(眞如行)이다.
먼저 본제관(本際觀)을 통해 본성을 인식한다.
심의 편안함과 식의 아무렇지 않음이 서로를 비추게 하는 것이 본제관의 시작이다.
이 상태가 한 단계 발전하면 본성이 된다.
편안함이 무심으로 발전하고 아무렇지 않음이 무념이 된다. 무념과 무심이 서로를 비추면 간극이 드러난다.
간극을 주시하면 밝은성품이 인식된다.
무념과 무심이 서로를 비추고 간극에서 생성되는 밝은성품을 인식하면 그 상태를 유지한다. 그렇게 하면 식의 체계에 본성을 갖춰준 것이다.
본성이 갖추어진 식은 세 단계의 변화를 거쳐서 진여문이 된다. 이때의 세 단계 변화가 반야해탈도의 세 단계 과정이다.
혼의 몸을 갖춘 생명들이 감정을 제도하기 위해서는 삼해탈도의 기법을 전체적으로 활용해야 한다.
본성이 인식의 주체가 되면 의식·감정·의지가 본성에 순응한다. 그렇게 되면 탐착과 성냄, 망각의 굴레에서 벗어나게 된다.

의식의 흐름에 종속되어서 자기를 빼앗긴 것이 탐심(貪心)이다. 감정에 치우쳐서 자기를 잃어버린 것이 진심(嗔心)이다. 비교와 분별에 빠져 각성을 잃어버린 것이 망각(忘覺)이다. 이것을 삼독심(三毒心)이라 한다.

삼독심에 빠지면 본성을 잃어버린다. 그 결과 생멸연기가 심화된다.

본각행(本覺行)이 깊어지면 의식과 감정이 본성과 분리된다. 그렇게 되면 진여문에 들어간다.

감정을 제도하기 위해 물질입자에 포획된 정보를 해방하려면 먼저 고유진동수를 낮추어서 물질입자의 분열을 촉발해야 한다.

그런 다음 물질입자를 제도해서 초양자 에너지로 전환시켜야 한다.

고유진동수가 9 이하로 내려가면 물질입자가 붕괴된다. 핵과 전자가 분리되고 쿼크 결속이 깨어진다. 이런 상태가 되면 자기장이 사라진다. 자기장이 사라지면서 표출되는 감정정보를 본제관으로 제도한다.

본성으로 감정정보를 비춰주면 감정정보가 근본정보로 전환된다.

물질입자를 제도해서 초양자 에너지로 전환시켜주는 것은 진여문에 들어가서 행해진다. 사륜삼매의 기법이 쓰이고 등각도의 단계에서 마무리가 된다.
역무촉진(亦無觸盡)의 법이 이 과정에서 쓰여진다.

무촉(無觸)의 과정에서는 기쁨을 탐하는 마음을 제도하는 것이 가장 큰 일이다. 그 마음을 제도하게 되면 자시무명에 빠지지 않게 된다.
생멸연기의 시작이 자시무명에서 비롯되었다. 때문에 자시무명을 제도하면 생멸연기에서 벗어난다.

일곱 가지 감정 중 분노는 두려움에 대상성이 더해져서 생긴 부정적 감정이다.
부정적 거부의식으로 생긴 두려움에 대상성이 부여되면 분노가 된다.
애(愛)는 대상에 대한 그리움이다. 촉의 과정에서 복합 감정을 경험했던 생명들이 자기 상처를 치유하기 위해 일으킨 감정이다.
락(樂)은 현상을 즐기는 마음이다. 본성과 밝은성품을 함께 인식한 아라한은 밝은성품의 작용을 낙(樂)으로 삼아 진여문으로 들어간다. 반면에 심·식·의의 작용을 낙(樂)으로 삼은 중생은 생멸연기에 빠져 고통의 굴레에 들게 된다.
우(憂)는 감정이 침체된 상태를 말한다. 생명 에너지가 급속하게 감소될 때 감정이 침체된다.
우(憂)는 전체적 원신의 합체 이후에 분리체들에게 나타난 상실감이다.
비(悲)는 슬픔을 말한다. 혼의 공간이 수축할 때 슬픔이 일어난다. 고유진동수가 높아지면서 혼의 공간이 급격하게 수축할 때 슬픔이 일어난다.
고뇌(苦惱)는 무작위로 의식이 교류하면서 만들어내는 괴로움이다. 의식의 부정적 성향이 커지고 식의 틀 안에 음기가 정도 이상 누적되면 번뇌가 생긴다.
본각(本覺)이 갖춰지면 일곱 가지 감정이 모두 제도된다.

역무촉진(亦無觸盡)이란 진여문에 들어가서 자기 생멸심을 제도하는 것이다.
혼의 몸을 갖고 있던 생명이 무촉(無觸)을 통해 진여문에 들어가면, 혼의 몸과 생멸심이 생멸문에 남겨진다. 그렇게 남겨진 혼의 몸과 생멸심을 제도하는 것이 진여수행이다.
혼의 몸을 제도할 때는 사륜삼매법(四輪三昧法)이 쓰여진다. 물질입자가 가진 사대의 성향에 따라 각각의 입자들을 제도해서 밝은성품으로 되돌려놓는 것이 사륜삼매수행이다.
사륜삼매는 풍륜(風輪) 삼매, 수륜(水輪) 삼매, 화륜(火輪) 삼매, 지륜(地輪) 삼매를 말한다.
무촉(無觸)을 통해 고유진동수를 조율해서 물질입자를 분열시키게 되면 사대의 성향이 뒤섞이게 된다. 그런 상태의 입자들을 밝은성품으로 감싸 안는다.

거친 파동이 가라앉고 공간이 안정되면 사대의 위치를 잡아준다. 풍륜의 성향은 위로 떠오르게 하고 지륜의 성향은 아래로 가라앉힌다. 수륜의 성향은 중간에 두고 화륜의 성향은 그 상간을 넘나들도록 한다.

이와 같은 방법으로 사대가 제도되면 물질성이 사라지고 밝은성품의 성향을 갖게 된다. 제도된 사대는 여래장공간의 일부가 된다. 그렇게 되면 생멸문을 구분 짓던 경계가 사라진다. 생멸문 전체가 불공여래장으로 제도되어 여래장의 일부가 된다.

물질이 제도되지 못하면 생멸문이 안정되지 않는다. 그렇게 되면 그 거친 파동이 여래장공간에까지 영향을 미친다. 진여보살이 생멸문을 제도하는 것은 두 가지 이유가 있다.

하나는 자기 불국토를 장엄하게 하는 것이다.

또 하나는 여래장의 장엄을 훼손시키지 않는 것이다.

사대를 이루고 있는 물질입자 전체를 자기 밝은성품으로 뒤덮은 때가 등각의 상태이다.

생멸문에 남겨진 심식의를 제도하는 것은 쌍차쌍조법과 삼신구족법, 이무애·사무애법이 함께 쓰인다.

10지, 10행, 등각의 단계를 거쳐서 생멸심이 제도되면 더 이상의 생멸연기가 진행되지 않는다.

무수 역무수진 無受 亦無受盡
무애 역무애진 無愛 亦無愛盡
무취 역무취진 無取 亦無取盡

무수(無受)란 수(受)에 무(無) 하라는 말이다.
수(受)는 촉(觸)의 과정에서 생긴 복합감정이다.
수(受)의 본질은 기쁨이다.
때문에 무수(無受)하는 것은 기쁨에 빠지지 않는 것이다.
본각으로 비추고 본성으로 제도해서 무수에 들어간다.

역무수진(亦無受盡)이란 진여문에 들어가서 수(受)의 원인을 제도한다는 말이다.
수(受) 원인은 촉(觸)을 이루었던 혼의 입자들이다.
자기 혼의 입자들과, 대상이 가진 혼의 입자들이 서로 교류하면서 수(受)가 생겨났다. 기쁨의 원천이며 상처의 원인이 되었던 상대의 혼성을 제도하고 자기 혼성도 제도해야 역무수진(亦無受盡)이 이루어진다.
상대의 혼성을 제도하기 위해 이무애법(理無碍法)과 사무애법(事無碍法)이 쓰여진다.
자기 혼성을 제도하기 위해 쌍차쌍조법(雙遮雙照法)과 삼신구족법(三身具足法)이 쓰여진다.
상대의 혼성을 제도하면서 자기 혼성에 남아있는 상처가 함께 치유된다.

혼의 몸이 생기고부터 영의식은 내부의식이 되었다.
반면에 혼의식은 외부의식이 되었다.
원신에게 있어서 혼은 감정정보가 내재된 밖의 몸이다.
영은 의식정보가 내재된 안의 몸이다.
생명이 혼을 갖고부터는 이원화된 두 개의 의식체계를 갖게 되었다.
처음 촉(觸)이 이루어지는 과정에서는 밖의 몸에서만 교류가 이루어졌다. 하지만 감정의 공감대가 의식의 공감대로 확장되고부터는 안의 몸까지 교류가 이루어졌다.
밖의 몸을 통해 이루어지는 교류를 '부분적 원신의 합체'라 한다. 안의 몸까지 교류의 영역이 확장된 것을 '전체적 원신의 합체'라 한다.
부분적 원신의 합체가 이루어질 때와 전체적 원신의 합체가 이루어질 때는 두 가지 관점에서 차이가 생긴다. 첫째는 공간적 관점이고 둘째는 의식적 관점이다.

수(受)는 부분적 원신의 합체를 통해 만들어진 복합감정이다. 전체적 원신의 합체가 일어나고부터는 더욱더 풍부한 감성을 갖게 되었다. 일체감과 충족감, 충만감이 바로 그것이다.
촉의 과정에서는 혼의 영역 일부에서만 '괴(壞)'가 일어났다. 하지만 전체적 원신의 합체가 일어날 때는 혼의 몸 전체에서 '괴'가 일어났다.

안 몸의 영역까지 합체되고부터는 식의 정보까지 공유하게 되었다. 그 결과 두 가지 변화가 생겨났다.

한 가지 변화는 훨씬 더 풍부한 생멸정보를 내재하게 된 것이다. 이는 식업이 비약적으로 증장되는 원인이 되었다. 또 한 가지 변화는 밝은성품을 생성하는 능력이 향상된 것이다. 이로 인해 인식분리를 할 수 있는 능력이 생겨난다. 신은 혼자서도 인식분리를 할 수 있다. 본성에서 생성되는 밝은성품 에너지가 넘쳐났기 때문이다.

인간 원신들의 경우는 본성에 대한 인식력이 부족해서 충분한 양의 밝은성품을 생성해내지 못했다. 때문에 혼자서는 인식분리를 할 수가 없었다.

하지만 두 명의 원신이 하나로 합쳐지고부터는 인식 분리를 할 수 있는 능력이 생겨났다. 안 몸의 영역이 합쳐지면서 근본정보의 영역도 늘어났기 때문이다. 이런 경험을 한 원신들이 서로 분리되면 극도의 상실감에 빠지게 된다. 더불어서 상처로 인해 생겨난 지독한 공허감에 시달리게 된다. 이때 생겨난 감정이 우(憂)와 비(悲)이다. 우비(憂悲)의 감정이 일어날 때 본성으로 비추어 제도하는 것이 이때의 무수행(無受行)이다.

전체적 원신의 합체를 이루었다가 다시 분리된 존재들을 분리체라 한다.

우(憂)와 비(悲)에 빠져있던 분리체들은 충만감과 충족감,

일체감에 대한 그리움을 갖게 된다. 그때의 그리움을 애(愛)라 한다.

혼과 혼이 전체적으로 합쳐지면 혼의 입자 속에 내재된 생명정보가 서로 공유된다. 그러다가 서로 떨어지게 되면 혼의 공간에 상처가 생긴다.

상처를 입은 분리체들은 더 큰 애심(愛心)을 일으키게 된다. 그러면서 고유진동수가 점점 더 높아진다. 애심이 일어날 때도 본성으로 비추어서 제도해 준다. 그렇게 하면 무애행(無愛行)을 한 것이다.

촉(觸)은 동류의 생명에게서 일어난다.
고유진동수가 비슷하고 식의 구조가 같은 생명끼리 촉이 이루어진다.
서로 다른 종류의 생명들끼리는 영혼의 상태에서 촉이 이루어지지 않는다.
나중 육체를 갖고 나서는 신과 인간이 촉(觸)을 하게 된다. 육체의 상태에서는 신과 동물, 또는 인간과 동물도 촉(觸)을 하게 된다. 촉, 수, 애, 취의 과정에서 생겨난 감성들이 습성화되어 나중에는 성(性)적인 교류를 하게 되었다.

촉의 과정은 여러 생명들 간에 교차적으로 이루어졌다. 그 결과, 하나의 원신 안에 여러 생명들이 가지고 있던 정보가 중첩되게 되었다.

생명공간 안에 정보가 중첩되면서 나타난 것이 유전성이다. 유전적 형질은 세포에서만 나타나는 것이 아니다.
혼을 이루는 물질입자들이 생명정보를 내장한 후에 다른 생명에게 그 정보를 매개하면 유전적 형질이 생겨난다. 이때 정보를 매개하는 인자가 있다. 그것이 바로 체백(體魄)이다.
체백(體魄)은 혼을 이루고 있던 물질입자들이 결합해서 만들어진 일종의 미생물이다.
생명정보를 내장하고 있는 물질입자가 서로 결합하면서 내장정보를 주체의식으로 삼아 탄생한 새로운 생명이다. 백(魄)이 생겨난 시기가 취(取)의 과정이다. 백으로 인해 유(有)의 과정이 전개된다.
인간 원신의 공간에서 탄생한 백은 일곱 종류가 있다.
영의식에 따라 여섯 종류의 백이 만들어졌고, 감정에 따라 한 종류의 백이 만들어졌다. 안백(眼魄), 이백(耳魄), 비백(鼻魄), 설백(舌魄), 신백(身魄), 의백(意魄), 심백(心魄)이 그것이다. 나중 무정의 공간에서는 지, 수, 화, 풍 사대의 백이 만들어진다.
유(有)의 과정에서 생겨난 세포는 체백(體魄)을 통해 공간 형질을 유지한다.
세포의 고유성과 기능성을 결정하는 것이 마스터 유전자이다. 체백이 마스터 유전자의 역할을 담당한다.
마스터 유전자는 영의 정보와 혼의 정보를 근거로 해서

세포 구조물을 유지하고 세포대사를 주관한다.
세포구조 안에서 마스터 유전자의 기능이 정체되면 세포가 병들게 된다.
세포 구조물 안에 내재된 유전사도 백이 지배하는 영역이다.
유전사의 역할은 두 가지가 있다.
하나는 정보를 저장하는 역할이다.
또 하나는 정보를 송수신하는 역할이다.
유전사는 세포의 안테나이다. 세포와 세포가 하나의 전자 기장 안에서 서로 공명할 수 있도록 안테나 역할을 한다.
특정 공간 안에서 특정 유전자의 공명이 펼쳐지면 그 공간은 그 유전자를 갖고 있는 생명들이 살아갈 수 있는 최적화된 환경이 된다.
지구가 물고기의 유전자 공명이 지배하는 세상이 되었으면 대기가 물로 이루어졌을 것이다.
공간을 지배하는 생명이 어떤 생명이냐에 따라, 공간 상태가 달라진다.
밝은성품의 고유진동수와 양자 에너지의 공명, 전자기 에너지의 관계로 인해 유전자가 작동된다.
현재 인간들이 가진 고유진동수는 24이다.
이것이 26으로 올라가면 유전형질이 바뀐다.
또 양자 공명의 균형이 깨지면 유전형질이 바뀐다.
서로 신호를 주고받지 못하기 때문이다. 그런 상태에서는 돌연변이가 일어난다.

전자기 에너지의 세기가 적정 값을 갖고 있지 못해도 유전자 공명이 이루어지지 않는다.
신경은 최대 120mV, 0.02~0.03mA의 조건에서 정상적인 유전자 진동이 일어난다. 이 값이 15mV 이하로 떨어지면 유전자 공명이 차단된다. 그렇게 되면 체백이 유전자를 지배하지 못한다.
현대 과학에서는 체백을 소마티드라고 부른다. 현대에 와서 관찰되는 소마티드는 4000도에서도 죽지 않는다. 수명도 무한하다.

하나의 생명에서 분리된 개체생명들은 다시 하나의 생명으로 합쳐질 수 있는 속성을 갖고 있다. 영혼의 상태에서는 고유진동수만 맞으면 언제든지 합쳐질 수 있다. 또 고유진동수가 달라지면 언제든지 분리될 수도 있다.
원신 구조 안에서는 음기가 정도 이상 많아지면 주체의식이 떨어져 나간다.
합쳐지고 분리되서 형성된 이 몸을 놓고 내 몸이라고 생각하는 것은 어리석은 것이다. 의식 또한 마찬가지이다. 바깥 정보가 쌓아져서 형성된 것이 의식이다. 그것은 내가 아니다.
감정은 물질입자 속에 기록된 정보이다. 그 또한 내가 아니다. 스스로를 망각하도록 하는 의지 또한 내가 아니다. 본래의 나는 비교하고 선택하지 않는다. 그것을 모르는 생명들은 몸도 자기라 생각하고 의식·감정·의지도 자기라고 생각한다. 12연기가 심화될수록 생명들이 갖고 있는 이와 같은 성향들이 더욱더 공고해졌다. 그로 인해 본성을 주시하는 각성을 완전하게 잃어버리고 미시무명에 빠지게 되었다. 그런 존재를 중생(衆生)이라 한다.

'애(愛)'를 일으킨 원신들은 스스로가 생성해내는 양자 에너지를 주변 공간에 펼쳐놓는다. 이렇게 펼쳐진 양자 에너지에는 그리움의 파동이 내장되어 있다.
고유진동수가 비슷한 생명이 그리움이 내장된 양자 파동을 접하게 되면 두 생명이 한 공간에서 만나게 된다. 그런 후에 원신 간에 합체가 이루어진다. 이것을 일러 취(取)라 한다.
취(取)를 거친 원신들은 고유진동수가 점점 더 높아진다. 고유진동수가 높아질수록 생명의 크기가 줄어든다.

무취(無取)란 취를 행하지 않는 것이다. 그러려면 먼저 애심(愛心)을 제도해야 한다.
무애(無愛)하면 무취(無取)가 저절로 이루어진다. 하지만 그렇지 못했으면 취(取)가 진행되는 과정에서 무취(無取)를 해야 한다.
취(取)의 과정에서 전체적 원신의 합체를 이룬 존재를 복합체라 한다. 복합체들은 취의 과정에서 복합분리를 하게 된다. 복합분리란 자연분리와 인식분리가 함께 일어나는 현상이다.
복합체들은 복합분리를 통해 자식들을 만들어낸다. 이로 인해 영혼으로 존재하는 자식들이 생겨났다.
신들은 영의 상태에서 인식분리를 통해 자식을 분리시킨다. 하지만 인간의 원신들은 복합체를 이루고 나서야 자식을 만들 수 있게 된다.
복합분리를 통해 자식이 만들어지면 그 과정에서 상념체가 함께 만들어진다.

복합체를 이루었을 때 무취(無取) 하는 것은 세 단계로 이루어진다. 먼저 일체감과 충족감 충만감에 대해 무취(無取) 해야 한다. 그런 다음 복합분리의 과정에서 무취해야 한다. 분리된 자식을 놓고서 무취해야 한다.

처음 복합체를 이룰 때 두 생명이 하나로 합쳐지면 일순간에 애심이 사라진다.
그리움과 갈망이 쉬어지고 그 자리를 일체감과 충만감이 채워준다.
일체감은 공통의 공감대를 통해 형성된다.
공통의 공감대는 고유진동수가 일치됨으로써 자연스럽게 형성된다.
충만감은 밝은성품 에너지가 증폭되면서 생겨난다. 이 상태에서 생각이 공유되면 그때부터 충족감이 생겨난다.

이 과정에서 무취(無取)하는 것은 일체감과 충만감, 충족감에 빠지지 않는 것이다. 그러려면 본성과 감정을 분리시켜야 한다.

먼저 본성을 세워서 감정을 비추고, 본성에 몰입해서 감정을 인식의 대상으로 삼지 않으면 무취(無取)가 이루어진 것이다. 이 과정을 단계적으로 행해야 한다.

애심이 쉬어졌을 때 본성을 세워주면 가장 좋다. 갈망과 그리움이 쉬어진 자리에서 본성이 드러나기 때문이다.

이때는 별도의 노력을 하지 않아도 본성이 현전한다. 그 상태를 누리기만 하면 된다. 하지만 이 시간이 오래가지 않는다. 잠시 유지되다가 금방 사라진다. 일체감이 일어나서 본성의 자리를 차지해 버리기 때문이다.

안정을 추구하는 원신들은 이 과정에서 본성의 끈을 잡을 수 있지만 그렇지 않은 원신들은 일체감에 빠져 본성을 놓쳐 버린다. 이것을 '애욕(愛慾)에 빠졌다'라고 한다. 이 상태에서 본성을 인식하면 본성을 주체로 해서 취의 과정을 지켜보게 된다.

밝은성품이 증폭되면서 기쁨이 커지는 것을 지켜보고 혼의식 안에 내재된 다른 감정들을 지켜본다. 그런 다음 본성으로 비춰준다. 밝은성품이 증폭되면 충만감이 더 커진다. 이때에도 충만감에 빠지지 말고 본성으로 비춰준다. 본성이 인식의 주체가 되면 생각의 공유가 이루어지지 않는다. 때문에 충족감이 연계되지 않는다. 그 상태로 본성에 머무르면 합쳐졌던 원신들이 서로 분리된다. 그렇게 되면 무취(無取)가 이루어진 것이다.

일단 일체감이 일어나면 본성을 인식하는 것이 쉽게 이루어지지 않는다. 그때는 이미 애욕에 빠진 상태이기 때문이다. 애욕에 빠지게 되면 충만감과 충족감이 연계되어 일어난다. 그 상태에서는 무취(無取)를 이루는 것이 대단히 어려워진다.

처음 복합체를 이룬 존재들은 이 과정에서 무취를 하지 못한다. 취의 과정을 몇 번 반복한 후에야 비로소 무취의 필요성을 느끼게 된다. 취의 과정이 끝난 분리체들은 두 가지 한계성을 맞이하게 된다.

하나는 혼의 공간에 남겨진 상처로 인한 고통이다.

또 하나는 자연분리를 통해 떨어져 나간 객체의식으로 인한 상실감이다. 이런 상황에 처해졌던 분리체들은 그 한계를 극복하기 위해 노력하게 된다. 그러면서 무취가 행해진다.

충만감이 일어났을 때 본성으로 비추는 것은 반야해탈도의 세 단계 공법이 단계적으로 쓰여진다.

복합분리란 자연분리와 인식분리가 함께 일어나는 것이다.

자연분리란 의도하지 않아도 스스로의 원신이 분리되는 것을 말한다.

자연분리를 일으키는 원인이 세 가지가 있다.

첫 번째는 과도하게 음기가 누적된 경우이다.
이런 경우는 주체의식이 떨어져 나가면서 자연분리가 이루어진다.
두 번째는 객체의식이 정도 이상 누적된 경우이다.
이런 상태에서 밝은성품의 공급이 늘어나면 객체의식이 분리되면서 자연분리가 일어난다. 육입의 행이 빈번해지고 생각이 많아지면 객체의식의 쌓아짐이 과도해진다. 때문에, 밖의 경계에 치우쳐있고 번뇌가 많은 생명일수록 객체의식의 분리가 빈번하게 일어난다.
세 번째는 상념체가 분리될 때 자연분리가 함께 일어나는 것이다. 이와 같은 경우도 밝은성품의 생성이 비약적으로 증가했을 때 나타나는 현상이다.

인식분리는 의도를 통해 자기 원신을 분리하는 것이다.
대부분 인식분리를 통해 분리된 생명이 원신의 자식들이다.

복합체의 상태에서 자연분리가 일어나는 것은 공통의 사유를 통해 상념체를 창조할 때이다.
상념체를 창조할 때는 서로의 생각에 공감이 더해진다.
상대가 생각을 일으키면 그 생각을 공유하면서 서로의 견해를 더하게 된다. 그러다가 새로운 생각을 일으키면 먼저 일으켰던 생각은 상념체가 되어 분리된다. 이때 정도 이상 집중했던 생각들은 상념체가 분리될 때 자연분리가 함께 일어난다. 이런 상태로 자연분리가 일어나면 자기도 모르는 사이에 원신의 구조가 훼손된다. 객체의식들이 떨어져 나가기 때문이다.

복합체를 이루고 있을 때는 그 상태를 못 느끼지만, 나중 분리체가 되고 나면 확연한 차이를 알게 된다.

객체의식이 떨어져 나가면 인식이 부자연스럽게 이루어진다. 이런 경우를 '습생(習生)에 들었다'고 한다.

습생을 통해 생명은 퇴화의 길을 걷게 된다. 때문에, 이 과정에서 무취(無取)할 수 있어야 한다.

이때의 무취는 두 단계를 거쳐서 이루어진다.

첫 번째 단계는 관(觀)하는 것이다.

두 번째 단계는 지(止)하는 것이다.

관이란 비추어보는 것이다.

접해진 현상을 중심이나 본성을 통해 비춰보면서 심식의가 가진 탐진치(貪嗔痴)에 빠지지 않도록 하는 것이 관(觀)이다. 관을 하면서 지켜보는 마음을 갖게 되면 자기도 모르게 현혹되는 것에서 벗어날 수 있다. 그렇게 되면 자연분리가 일어나지 않는다.

지(止)란 멈추는 것이다.

관을 하면서 현상과 자신을 지켜보다가 절제할 수 없는 상황에 처해지면 그때 멈춤을 행한다.

지(止)를 행할 때는 무념처와 무심처를 활용하는 법이 있고, 간극을 활용하는 법이 있다.
무념의 텅 빈 공간에 각성을 집중하고 그 상태를 지켜간다. 그러다 보면 경계도 사라지고 자기도 사라진다.
간극에 머물 때도 마찬가지이다.
무념·무심의 상간에서 간극을 세운 다음, 그 자리에 각성을 집중한다.
지(止)가 순일하게 이루어지면 의식과 감정이 본성과 분리된다. 그렇게 되면 무취가 이루어진 것이다.

복합체의 상태에서 인식분리가 일어나는 것은 자식을 만들 때이다.
자식이 만들어지기 위해서는 서로 간에 갈망이 있어야 한다. 복합체를 이룬 뒤에도 상대에 대한 갈망을 유지하는 것 또한 쉽게 이루어지지 않는다. 애욕에 빠지면 갈망도 쉬어지기 때문이다.
상대에 대한 갈망이 유지되기 위해서는 자기 감정에 치우치지 않고 상대의 감정을 살필 수 있어야 한다. 상대를 주체로 삼고 자기는 주시자가 되어 상대의 감성과 상대의 의식을 지켜봐야 한다. 그러다 보면 상대에 대한 지극함이 생겨난다.
복합체를 이룬 상태에서 서로에게 지극함을 갖추기는 쉽지 않다. 더군다나 인식분리가 일어날 만큼 오랜 시간 동안 그 상태를 유지하는 것은 더욱더 어렵다. 때문에, 자식을 만드는 일이 자주 일어나지 않는다. 이때에도 자식은 귀한 존재였다.

복합체 상태에서 감성과 의식을 공유하는 시간이 길어지면 서로를 닮은 상념체가 형성된다. 그렇게 되면 그 상념체에 대해 서로의 견해를 나누게 된다.

상념체에 집중했던 시간이 정도 이상 길어지면 자연분리의 징후가 나타난다. 이때 나타나는 증상이 짜증이다. 짜증은 의식 활동이 둔화하면서 생기는 번뇌이다.

의식계 안에서 음기의 양이 증가되고 밝은성품의 양이 줄어들면서 짜증이 생긴다. 의식계 안에 음기가 많아지면 밝은성품의 유입이 차단된다. 음기로 인해 밀려나기 때문이다. 의식계가 밝은성품을 공급받지 못하면 의식 활동이 둔화된다. 반면에 의식에 의해 소비되지 못한 밝은성품은 복합체의 중심부에 쌓이게 된다.

의식이 밝은성품을 공급받지 못하면 분별력도 줄어든다. 그렇게 되면 창조성이 둔화되면서 충족감이 사라진다. 이런 상황에 처해지면 상념체에 집중했던 관심도 사라진다. 관심이 거두어진 상념체는 복합체의 공간에서 분리되어 나간다. 상념체가 분리될 때 자연분리가 함께 이루어져야 한다. 하지만 이 과정에서는 자연분리가 일어나지 않는다. 음기로 인해 식의 틀에 제공되던 밝은성품이 차단되었기 때문이다.

자연분리는 주체의식과 객체의식이 내재하고 있는 고유진

동수의 차이 때문에 생겨난다.
자연분리가 일어나려면 주체의식과 객체의식에 밝은성품이 제공되어야 한다.
밝은성품이 제공되지 못하면 의식의 활동성이 둔화된다. 그 상태에서는 자연분리가 일어나지 않는다.
상념체가 분리된 다음에도 복합체의 의식에는 짜증이 남아있다. 그런 상태에서 객체의식들이 가진 거친 파동을 접하게 되면 거부의식이 일어난다. 이때 일으킨 거부의식으로 인해 객체의식에 대한 부정적인 인식이 생겨난다. 객체의식에 대한 부정성이 커졌을 때 밝은성품이 식의 틀에 제공되면 인식분리가 일어난다.
그런 과정을 통해 분리된 객체의식이 복합체의 자식이다. 자식을 분리시킨 복합체는 떨어져 나간 객체의식으로 인해서 상실감에 빠지게 된다. 그러면서 생명력이 현격하게 감소한다. 나중 분리체로 돌아간 뒤에는 상처와 상실감으로 인해 괴로움에 빠지게 된다.
자식을 만드는 과정에서 무취(無取) 하는 것 또한 지법(止法)과 관법(觀法)이 쓰인다.
상대의 감성과 의식을 살피는 과정에서부터, 서로를 닮은 상념체가 만들어지는 전체 과정에서 관하는 마음을 유지하고 짜증과 상실감에 빠졌을 때는 지(止)의 상태를 유지한다. 분리체로 돌아간 다음에도 상처와 상실감에 빠지지 말고 오롯하게 멈추어야 한다. 무념, 무심과 간극의 공함으로 멈추게 되면 상실감도 사라지고 상처도 치유된다.
나아가서 무애하고 무수하고 무촉하고 무육입, 무명색, 무식, 무행, 무무명해서 진여문에 들어간다.

성(成), 주(住), 괴(壞), 공(空)은 물질입자가 생명성을 취득하는 과정이다.
촉(觸), 수(受), 애(愛), 취(取)는 영혼으로서 살아가는 삶의 양태이다.
성, 주, 괴, 공을 통해 생명성을 갖게 된 물질은 세포 구조물로 바뀌게 된다. 그중에서 체백들은 유전적 형질의 근원이 된다.
체백의 유전형질은 접촉과 공명을 통해서도 공유된다.
조상의 체백을 잘 모시면 자손이 발복(發福)하는 것은 공명을 통해 체백이 공유되기 때문이다.
고유진동수가 같은 체백끼리 공명하면서 유전성이 매개된다.

역무애진(亦無愛盡)은 애심을 통해 진여수행을 하라는 말이다. 애심은 제도의 대상이지만 애심을 활용해서 생멸심을 제도한다. 애심을 통해 생멸문에 분리해 놓은 자기 생멸심과 일치를 이룬다.
중무상(中無相)을 통해 화신행을 할 때 자기 생멸심에 대해 그리움을 일으키는 것이 애심을 활용하는 것이다.
중생은 자기 애심을 통해 진여보살에 대한 그리움을 일으킬 수 있다.
그 인연으로 보살의 사무애 수행이 진행된다.
애심은 천지만물이 서로 연결될 수 있는 수단이다.
중생과 불보살이 연결되는 것도 애심으로 이루어지고, 등각도에서 생멸문과 진여문이 불이문을 이루는 것도 애심으로 이루어진다. 무애(無愛)를 통해 제도된 애심이 대자비심이다.
무애(無愛)를 통해 진여문에 들어가면 다시 애심을 일으켜서 자기 생멸심을 제도하고 천지만물을 제도한다. 이것이 바로 역무애진의 묘법(妙法)이다.
역무애진에 쓰여지는 과지법은 역무촉진과 같다.

역무취진(亦無取盡)은 취(取)를 활용해서 진여수행을 하라는 말이다.
취를 활용한 진여수행은 두 가지 진로가 있다.
하나는 취의 과정에서 생겨난 모든 현상들을 제도하는 것이다. 또 하나는 취의 성향을 활용해서 불공여래장을 이루는 것이다.

취의 과정에서 생겨난 현상의 제도는 복합체를 이루었던 상대의 제도와 인식분리를 통해 만들어낸 자식의 제도, 그리고 상념체의 제도이다. 이 과정은 쌍차쌍조법, 삼신구족법, 이무애·사무애법 전체가 활용된다.

취의 성향을 활용해서 불공여래장을 이루는 것은 진여연기를 완성하기 위한 노력이다.
진여수행이란 보살도를 완성해서 불(佛)을 이루어가는 절차이다.
진여보살이 불(佛)을 이루기 위해서는 일심법계를 이루어야 한다.
일심법계(一心法界)란 진여문과 생멸문이 불이문을 이룬 상태를 말한다. 불이문이 이루어지려면 진여문으로 공여래장을 이루고 생멸문으로 불공여래장을 이루어야 한다.
진여보살이 공여래장을 갖추려면 자기 진여심을 제도해야 한다. 역무무명진(亦無無明盡)과 역무행진(亦無行盡)을 통해 자기 진여심을 제도한다.
진여보살이 불공여래장을 갖추려면 생멸문을 제도해야 한다. 역무식진(亦無識盡), 역무명색진(亦無名色진), 역무육입진(亦無六入盡), 역무촉수애취진(亦無觸受愛取盡), 역무유진(亦無有盡), 역무생사진(亦無生死盡)을 통해 자기 생멸심을 제도한다.

불이문(不二門)을 이루기 위해서는 화생법(化生法)을 체득해야 한다. 화생(化生)을 이루기 위해 쓰여지는 마음이 제도된 애심(愛心)과 취심(取心)이다. 애심이 제도되어서 대자비심(大慈悲心)이 된다.
제도된 취심(取心)으로 동법계(同法界)를 이룬다.

진여보살이 생멸문에 대한 취심을 일으킬 때 첫 번째 대상이 되는 것이 자기 생멸심이다. 그다음 대상이 복합체를 이루었던 상대이다. 그다음 대상이 자식이다. 그다음 대상이 스스로가 창조했던 상념체들이다. 그런 후에 천지만물을 제도해서 생멸문 전체와 동법계를 이룬다.

생멸연기의 과정에서 이루어지는 생의 형태는 습생(襲生)의 연속이다. 연기가 진행될수록 생명이 분열돼서 작은 생명으로 변화되기 때문이다. 반면에 진여연기의 과정에서 이루어지는 생의 형태는 화생(化生)의 연속이다. 때문에 연기가 진행될수록 생명이 합쳐져서 큰 생명으로 승화된다.
생멸심에서 생겨나는 취심(取心)은 습생의 원인이 된다. 하지만 진여심에 입각해서 쓰이는 취심은 화생을 이루는 방편이 된다. 취심이 화생의 방편으로 쓰이기 위해서는 세 가지 조건이 갖추어져야 한다.
첫째가 자기 본성을 인식할 수 있는 무위각을 갖추는 것이다.
둘째가 자기 습성을 제도하는 것이다.
셋째가 다른 생명의 호응을 얻는 것이다.
자기 습성의 제도는 생멸심의 제도로써 이루어진다. 애심을 제도해서 대자비심으로 바꿔가는 것도 이 과정에서 이루어진다.
다른 생명의 호응은 다른 생명을 이롭게 함으로써 얻어진다.

'상구보리 하화중생(上求菩提 下化衆生)'은 자기 화생을 통해 불공여래장을 이루어가는 진여수행이다.
취심(取心)을 이와 같이 활용했을 때 역무취진(亦無取盡)을 성취한 것이다.

무유 역무유진 無有 亦無有盡
유(有)란 세포 구조물로 이루어진 육체의 몸이 생겨난 것을 말한다.
무유(無有)란 육체의 몸을 제도해서 생멸신의 한계를 벗어나는 것이다.
역무유진(亦無有盡)이란 진여수행을 통해 육체의 몸을 제도하라는 말이다.

촉, 수, 애, 취를 거친 분리체들은 고유진동수가 점점 높아져서 18진동이 되었다.
그 과정에서 혼을 이루던 물질입자들 간에 결합이 일어났다. 물질입자의 결합으로 생겨난 열과 압력으로 인해, 주변 공간이 플라스마 상태가 되었다. 플라스마 공간이 식어가면서 공간이 분할된다.
원신체의 공간과 무정의 공간, 상념체의 공간이 분할되고 그 상간에 물질 공간이 형성된다.
생명공간 사이에 끼어 있는 물질공간을 '궁창(穹蒼)'이라 한다.

이 당시 물질공간에는 무정의 원신과 인간의 원신, 동물, 식물의 원신과 상념체들이 있었다. 특히 무정의 원신 공간 안에 동물, 식물의 원신과 상념체들이 내재되어 있었다. 공간이 플라스마 상태가 된 후에도 이 공간들은 뚜렷하게 구분된 고유 영역을 갖고 있었다.

이 상태에서 공간이 식어가자 각각의 공간 형질에 따라서 물질입자들이 결합하기 시작했다. 그 결과로 새로운 형태의 물질공간이 생겨나게 되었다.

생명공간을 이루고 있던 물질입자들은 세포 구조물로 바뀌게 되었다.

궁창을 이루고 있던 물질입자들은 공간매질이 되었다.

무정을 이루던 물질입자들은 별이 되었다.

이때 무정의 공간 안에 내재되어 있던 식물과 동물, 상념체들도 세포 구조물로 변화되면서 함께 형상화되었다.

진화론에서는 단세포가 진화해서 다세포 구조물이 생겨났다고 주장한다. 하지만 플라스마 상태에서 단세포가 생겨나는 조건이나 다세포가 생겨나는 조건은 다르지 않다.

원초신이 분열될 때 천지만물의 원형이 만들어졌다.

인간의 원형과 식물, 동물의 원형, 신과 원생물의 원형, 무정의 원형이 만들어졌다. 상념체만이 인간과 신에 의해서 창조된 존재이다.

이렇게 만들어진 생명의 원형은 이미 그 자체로 온전한

상태이다. 때문에 진화의 과정을 거치지 않더라도 인간은 이미 인간이고, 원숭이는 이미 원숭이이다. 원숭이가 아무리 진화해도 인간이 되지 않는다. 원숭이가 진화하면 진화한 원숭이지 그것을 인간이라 부르지 않는다. 식의 구조와 형태가 서로 다르기 때문이다.
또한 원생물이 진화해서 인간이 되지 않는다. 원생물이 진화해서 세포 수가 늘어나도 원생물 일 뿐이다.

세포 구조물은 혼의 봉투 속에서 생겨났다.
혼의 몸은 물질 공간에 떠 있는 봉투와 같다.
그 봉투 안에 영의식과 생명 정보를 내장한 물질입자들이 들어있는 상태이다.
공간이 플라스마화 되는 과정에서 혼의 봉투 안에 들어있던 물질입자들이 세포 구조물로 변화된다. 그 결과로 생겨난 것이 육체의 몸이다.
육체가 생기고부터 생명은 세 개의 몸을 갖게 되었다.
영의 몸, 혼의 몸, 육체의 몸이 그것이다.
혼의 몸과 영의 몸은 육체 안에 내재된 상태로 존재한다.
혼의 봉투 속에서 세포가 생겨나기 이전에 소마티드가 먼저 생겨났다. 소마티드로 인해 RNA와 DNA가 생겨난다.
RNA는 정보전달 체계이고, DNA는 정보저장 체계이다.
소마티드는 세포 구조물 안에서 RNA와 DNA의 형질을 지배하면서 세포 대사를 주관한다.

세포는 초양자성과 양자성, 전자기성을 모두 갖고 있다. 각각의 에너지마다 발원처가 있고, 그에 따른 역할이 있다. 초양자 에너지는 공성(空性)에서 생성된다. 성, 주, 괴, 공을 거친 물질입자들이 생명성을 갖추면서 생겨난 기능이다. 물질입자들 중에서 초양자에너지를 생성해내는 입자들이 세포로 변화된다.

세포가 생성해내는 초양자에너지로 인해 세포 내 공생 체계가 유지된다. 소마티드와의 공생이나 미토콘트리아와의 공생이 초양자에너지의 작용으로 이루어진다.

양자에너지의 발원처는 혼의 입자이다.

성, 주, 괴, 공을 통해 분열된 물질입자들이 갖고 있는 입자성과 파동성으로 인해 양자에너지가 생성된다.

양자의 파동성은 초양자성을 띠고 있다.

입자성은 전자기성을 띠고 있다.

양자의 파동성은 정보전달의 수단으로 활용된다. 이때 활용되는 기능이 공명(共鳴)이다.

육체 안에서 이루어지는 정보전달 체계의 70% 이상이 공명을 통해 이루어진다. 대표적인 사례가 유전자 공명이다.

몸을 이루고 있는 60조 개의 세포와 200조 개 이상의 미생물들은 각각의 막으로 독립된 상태에서 정보를 주고받는다. 세포는 호르몬의 분비와 공명을 통해 자기 의도를 다른 세포에게 전달한다.

유전사가 안테나가 되어 파동을 전사하면 다른 세포들이

그 파동과 공명하면서 정보 교환이 이루어진다.
세포 내에서 공생하는 미생물들도 공명을 통해 생명 정보를 공유한다. 대부분의 생각 경로도 공명을 통해 가동된다.
몸을 이루고 있는 구조물끼리도 공명이 이루어진다. 단적인 예로 심장과 혈관이 공명하고, 심장과 적혈이 공명하고, 심장과 관절이 공명한다.

양자의 입자성은 공간의 고유 형질을 유지하는 기능으로 활용된다.
육체 공간의 고유성을 유지시켜 주는 원인이 전자기에너지이다.
60조 개의 세포가 하나의 몸을 이룰 수 있는 것은 전자기에너지 때문이다. 60조 개의 세포가 몸을 구성하는 전자기적 조건이 150mV, 0.2 ~ 0.6mA의 전기와 0.36가우스의 자기이다. 60조 개의 세포가 서로 다른 공간으로 이루어져 있으면서도 하나의 생명 활동에 동참할 수 있는 것은 전자기적 공동체를 형성하고 있기 때문이다.
육체의 몸은 150mV의 전기와 0.36가우스의 자기로 둘러싸여 있다.
그와 같은 전자기적 조건 안에서 양자 공명이 일어난다.
육체의 전자기 조건에 이상이 생기면 양자 공명도 원활하게 이루어지지 않는다. 만약 생체 전기가 15mV 이하로 떨어지면 양자 공명이 차단되고 세포 간에 일어나는 통신이 단절된다. 6개월 이상 그 상태가 지속되면 유전적 변이가 일어난다. 유전자 공명이 일어날 수 있는 생체 전기의 조건이 15mV 이상이다.
세포 구조물 안에 형성된 DNA의 이중나선은 일종의 송수신 안테나이다. 이 안테나는 24진동, 150mV에서 최적화된 기능을 발휘한다.
만약 고유진동수가 25진동이 되면 이때에도 유전자 공명이 일어나지 않는다. 0.2mA ~ 0.6mA의 전류값이 정도 이상 떨어져도 유전자 공명이 차단된다. 유전자 공명이 차단되면 소마티드가 세포에서 분리된다. 그렇게 되면 세포가 붕괴된다.
DNA와 RNA가 제 기능을 하지 못하면 60조 개의 세포가 딴 살림을 차린다. 그 결과로 나타나는 것이 질병이다.

생명의 의식정보로 인해 고유진동수가 생겨난다.
고유진동수는 초양자 파동을 일으키는 원인이 된다.
초양자 파동으로 양자 공명이 촉발된다.
양자 공명은 전자기장 안에서 일어난다.

DNA에 내장된 생명 정보는 세포의 핵 속에 감겨 있다.
DNA에 저장된 유전정보는 습득되는 것이다.
습득되는 정보가 쌓아져서 유전형질이 된다.
RNA는 DNA에서 정보를 받아 생명 정보를 복제해 내는 기능을 한다. 그러면서 스스로가 전달해야 할 정보를 선택하기도 하고 차단하기도 한다.
RNA형 바이러스는 세포의 DNA 정보를 탈취해서 자기 복제를 한다. 그런 만큼 자기 주도적 의지가 있는 것이다.

세포 구조물 안에는 세 가지 혼성(魂性)이 내재되어 있다. 선천혼, 유전혼, 습득혼이 그것이다.
이 세 가지 혼성에 감정이 내재된다.
선천혼(先天魂)은 의식정보가 세포에 내장되게 하는 촉매 역할을 한다. 그러면서 육체 형성에 관여한다. 육체 형성이 끝나면 재생인자로 활동하면서 세포 통신을 주도한다. 세포 통신이 이루어지려면 세포가 50mV 이상의 생체 전기를 충전하고 있어야 한다. 세포 통신이 일어나면 죽어가던 세포도 정상 세포로 복원된다.
습득혼을 유전혼으로 바꾸는 역할도 선천혼이 해준다. 신경재생 세포의 일종인 슈반 세포와 글리아 세포에 선천혼이 내장되어 있다. 수정란이 형성될 때는 매트릭스 세포로 활동하고 체백과 연계해서 마스터 유전자의 역할을 한다.
유전혼(遺傳魂)은 유전사에 내장되어 있다. DNA가 유전혼이다.
습득혼(習得魂)은 교류를 통해 체득된 혼성이다.
두 종류의 습득혼이 있다.
하나는 영양소다. 이는 먹이활동을 통해 섭취된 혼성이다.

또 하나는 감정의 교류를 통해 습득한 혼성이다.
육체를 통해 행해지는 촉, 수, 애, 취의 모든 과정에서 습득혼이 내왕한다.

세포 구조물 안에서 의지가 내재된 경로를 알면 본성이 내장된 형태를 가늠해 볼 수 있다. 의지의 속성은 지각, 분별, 의도이다.
지각의 지(知)는 인지이고 각(覺)은 지켜봄이다.
분별은 정보를 놓고 서로 차이 나는 것을 인식하는 것이다. 의도는 스스로가 일으키는 능동적 발상이다.
감정과 의식의 차이를 구분하는 것도 의지가 한다.
이때 의지는 감정과 의식의 상간에 존재한다.
'배고프다 밥 먹어야지' 하는 것도 의지이다. 이때의 의지는 인식과 기억 사이에 존재한다. 의지는 바람과 같다. 이쪽과 저쪽, 서로 차이 나는 현상만 있으면 언제든지 그 상간에 의지가 존재한다. 몸의 구조물 안에서도 모든 막과 막의 사이에 의지가 존재한다.
본성도 마찬가지다. 본래 본성과 각성은 한 몸이다.
의지와 본성은 같은 영역에 내재되어 있다.
다만 서로가 취하고 있는 관점이 다르다.
의지는 막과 막 사이의 차별적 요소를 취하고, 본성은 간극이 갖고 있는 공성(空性)을 취한다. 막과 막 사이에 본성과 의지가 내재되어 있고, 그 자리에서 초양자에너지가 생성된다.

생명의 몸은 막의 산물이다. 혼의 몸과 영의 몸, 육체의 몸은 막의 변형된 모습이다. 막의 분리로써 개체생명이 출현했고, 막의 결합으로 일심법계를 이룬다. 여래장생명도 막으로 이루어져 있고, 개체생명도 막으로 이루어져 있다. 막이 훼손되면 생명성이 사라진다. 그것이 바로 죽음이다. 육체의 몸은 60조 개의 세포 연합체로 이루어진 독립된 막이다. 그 막이 150mV, 0.2 ~ 0.6mA의 전기와 0.36가우스의 자기로 유지된다. 세포 또한 막으로 이루어져 있다. 세포의 기능과 형태가 다른 것은 막과 막이 형성된 조건이 다르기 때문이다.

생명이 갖고 있는 주체의식의 가짓수가 늘어나면서 고유진동수가 높아진다.
고유진동수가 높아지면서 영의 몸과 혼의 몸, 육체의 몸이 생겨난다.
초양자에너지가 양자화되고, 양자에너지가 전자기화되는 것도 고유진동수의 영향이다.
고유진동수가 18진동이 되었을 때부터 육체의 삶이 시작되었다.
육체란 눈, 귀, 코, 입, 몸, 머리로 이루어진 인식경로와 뼈와 근육, 신경과 경락, 힘줄과 핏줄, 육장 육부로 이루어진 세포 구조물이다.

인간 원신들이 촉, 수, 애, 취를 거쳐올 때 물질공간에 자리하고 있던 무정의 원신에도 공간적 변화가 일어났다. 그것이 바로 별의 형성이다.
현대인들은 별을 생명이 없는 존재라고 생각한다.
하지만 별은 생명이다.
별은 자체적으로 전자기장을 갖고 있다. 그리고 생장한다. 스스로 생장하는 것을 생명(生命)이라 한다.
별 생명의 원형이 무정의 원신이다.
별 생명은 신(身)을 이루는 주체의식과 근본정보로 이루어진 무정의 원신이다.
별 생명이 형상화되기 이전에 별 생명 안에는 인간과 신의 상념에 의해서 창조된 상념체들과 식물, 동물, 원생물들이 함께 내재되어 있었다. 성, 주, 괴, 공을 거치면서 생겨난 엄청난 열과 압력이 공간을 휩쓸고 지나갈 때 별 생명의 공간도 그 영향을 받게 된다.
공간의 고유진동수가 전체적으로 올라가면서 별 생명 안에서도 물질입자의 결합이 일어났다. 그 결과로 형상화된 별들이 생겨났다.
유(有)가 시작될 무렵에는 대부분의 별들이 플라스마 상태의 불안전한 공간을 갖고 있었다.
그러다가 시간이 지나면서 삼체공간(三體空間)의 구조로 안정이 되었다. 지구 같은 경우는 오랜 시간이 흐른 뒤에 삼체공간을 갖게 되었다.

지구는 자연상태에서 삼체 공간이 생긴 것이 아니다.
지구는 천인에 의해서 삼체 공간의 틀을 갖추게 되었다.
지구 공간을 안정시켜 현재의 환경을 만든 것이 마고(麻姑)이다. 마고는 지구의 공간 형태를 땅과 물과 공기가 존재하도록 조율해서 육체 생명이 살아갈 수 있는 최적의 환경을 조성해내었다.
마고가 공간의 형태를 조율하는데 활용했던 방법이 오음칠조(五音 七調)이다.
오음이란 다섯 개의 음(音)을 말한다.
칠조란 일곱 가지 장단을 말한다.
마고는 오음을 통해 공간의 고유진동수를 조율했다.
칠조를 통해 일곱 종류의 상념체들을 형상화시켰다.
그 당시 지구의 고유진동수는 18진동을 넘지 않았다.
헤르츠로 환산하면 5헤르츠 정도이다.
그때에는 지구 자기장이 펼쳐진 범위가 대단히 넓었다.
그러면서 큰 생명들이 태어났다.
그 당시 나무들은 100km가 넘는 키를 갖고 있었다.
인간들도 50m에서 100m 정도의 키를 갖고 있었다.
별이 갖고 있는 고유진동수와 에너지양에 따라 별 안에서 태어나는 생명의 크기가 결정된다.
공간의 고유진동수와 그 공간 안에서 살아가는 생명의 고유진동수는 일치한다.
지구 진동수가 5였을 때는 5의 진동수를 갖고 있는 생명들이 가장 잘 살 수 있는 환경이 되고, 고유진동수가 7.83이라면 7.83의 고유진동수에 최적화된 생명이 살 수 있는 조건이 된다.

7.83헤르츠를 유지하는 지구는 인간 기준으로 보면 알파파에 해당한다.

인간의 알파파가 3에서 8헤르츠이기 때문이다.

하지만 현대의 인간들은 13에서 23헤르츠의 베타파를 갖고 있다.

인간이 지구보다 훨씬 더 불안정한 상태이다.

베타파 상태에서는 인간과 지구가 서로 공명하지 못한다. 인간의 고유진동수가 높아지면서 지구환경이 열악해지고 있다. 바꾸어 말하면 지구가 인간을 수용하기에 한계적 상황에 봉착해 있는 것이다.

인간들의 고유진동수는 점점 더 높아지고 있고, 공간은 수많은 초단파들로 단절되어 있다. 공간이 늙어가고 있다.

별 생명과 그 안에서 살아가는 생명들이 공명하지 못하면 공간 변화가 촉발된다. 공간 분리가 일어나는 것이다.

대기의 헤르츠가 지금보다 높아지면 대기가 얇아진다. 전자기가 방출돼서 지구 자기장이 좁아지기 때문이다. 그렇게 되면 기압이 낮아지고 지진이 일어나고 홍수와 한파가 생긴다.

현재의 인간들은 기로에 서 있다.

지구와의 공명이 단절되는 데서 오는 재앙을 목전에 두고 있다.

처음 만들어진 세포 구조물이 줄기세포이다. 때문에 환경에 맞추어서 몸의 구조나 기능을 바꿀 수 있었다.
육체의 형태적 틀은 주변 환경에 적응하면서 단계적으로 만들어졌다.
생명의 형태를 결정하는 것은 원신의 구조와 주변 환경이다. 이때 원신의 구조에 따라 결정되는 것이 인식경로의 갯수이다.
주체의식의 갯수에 따라 인식경로의 갯수가 만들어진다.
6개의 주체의식을 갖고 있으면 6개의 인식기관이 갖춰진다.
주변 환경에 따라서 결정되는 것이 인식경로의 위치와 육체 구조물의 형태이다. 환경에 따라서 눈이 머리 꼭대기에 있을 수도 있고, 손바닥에 있을 수도 있다.
장시간 동안 지구 바깥에 나가 있으면 뇌 구조가 바뀐다. 육체에 작용하는 중력과 인력이 다르기 때문이다.
별들이 인력을 발생시키기 이전에는 인간 원신들의 육체가 줄기세포 상태를 유지하고 있었다.
그러다가 별의 인력이 생기고부터는 육체 구조에 변화가 일어났다.
외부 인력에 저항하면서 근골격계가 생겨났다.
이 당시 인간 원신들은 별과 별 사이의 공간에 처해 있었다.
처음 물질공간으로 이주해온 원신체들은 별보다 더 큰 몸을 갖고 있었다.
그러다가 촉, 수, 애, 취를 거치면서 점점 작아져서 나중 육체를 갖출 무렵에는 2km 정도의 크기를 갖고 있었다. 분리체들의 고유진동수가 15를 넘어서면서부터 별보다 작은 몸을 갖게 되었다.

원신체의 육체는 별에서 만들어진 것이 아니다.
우주 공간에서 만들어져서 별의 표면으로 이주해온 것이다. 이 당시 인간 원신들은 산소기반의 호흡을 하지 않았다. 그렇기 때문에 육체를 갖고서도 우주 공간에서 살 수가 있었다.
별의 인력에 대항해서 근골격이 생겨나고, 영의식에 내장된 정보와 혼의식에 내장된 정보가 외부 생명과 서로 교류하기 위한 수단으로 눈, 귀, 코, 입, 몸, 머리가 생겨났다.
육체를 갖게 되면서 물질화된 정보의 통로가 생겨났다. 그것이 바로 신경(神經)이다.
물질로 이루어진 세포는 전자기에너지로 가동된다. 신경도 전기로 가동된다.
본성과 각성은 신경세포와 신경세포 사이의 간극에 내재된다. 신경이 간극을 놓고서 신호를 전달하는 것은 본성의 형질을 내재하고 있기 때문이다. 재생인자인 선천혼들도 신경세포에 가장 많이 내재되어 있다.

육체는 불편한 몸이다. 생명의 입장에서 보면 감옥과 같다. 자유분방한 활동성을 갖고 있던 영혼이 세포라는 감옥에 갇혀버린 것이 육체이다.

육장(六腸) 육부(六腑)는 두 가지 기능성을 갖고 있다.
하나는 외부 인력에 저항하기 위해 육체 구조물을 만드는 기능이다.
또 하나는 눈, 귀, 코, 입, 몸, 생각이 활동하는데 필요한 에너지를 생산하고 공급하는 기능이다.
육장 육부의 근본이 육식(六識)이다. 육식이 세포 구조물 안에 갇히면서 육장 육부가 생겨났다.
육부(六腑)는 여섯 가지 주체의식이 활동할 수 있는 에너지를 생성하는 기관이다. 이는 본성과 밝은성품, 의식 간의 관계가 육체 안에서 고착되어 나타난 생명 기관이다.
육장(六臟)은 육부에서 생성되는 에너지를 저장해서 육식에 공급해 주고 육체 구조물에 공급해 주는 역할을 담당한다.
육장 육부의 세포 구조물은 줄기세포가 기능성에 따라 변화된 것이다.
유(有)의 시기에는 육체의 변화가 자유롭게 이루어졌다. 필요에 따라 몸의 구조도 바꿀 수 있었고, 육근의 위치도 고정되어 있지 않았다. 손이 따로 없고 입이 따로 없이, 필요한 대로 기능적인 변화를 일으킬 수 있었다.
인력에 저항하고 의식 활동에 필요한 에너지를 공급하면서 줄기세포가 성체세포로 변화되었다. 이 과정을 거치면서 고유진동수가 높아졌다.
유의 과정을 거친 인간 원신들은 고유진동수가 21진동이 되었다.
고유진동수가 높아진 인간 원신들은 같은 고유진동수를 갖고 있는 공간으로 이주해가게 되었다.
이 당시 21진동을 갖고 있는 공간이 별의 표면이었다.
별의 표면으로 이주해 간 원신들은 각각이 처한 환경에 적응하면서 서로 다른 형태의 육체를 갖추게 되었다.

마고의 의도로 조율된 지구에는 두 종류의 원신족이 이주해 왔다.
한 종류는 마고와 마고의 자손들이다.
또 한 종류는 12연기를 거쳐온 원신들이다.
12연기를 거쳐온 원신들은 후무명이 고착화된 무명신(無明神)들이다. 마고의 후예들은 후무명에 들지 않고 선무명에 머물러있는 명신(明神)들이다.
마고는 지구 공간을 조율해서 상념체들이 살아갈 수 있는 최적화된 환경을 만들어냈다. 상념체들을 땅 생명이라 부른다.
육체를 갖고 별의 표면으로 내려온 인간 원신들은 지금까지 겪어보지 못했던 새로운 고난을 맞이하게 되었다. 그것이 바로 질병으로 생긴 고통이었다.

이 당시 인간 원신들을 괴롭혔던 질병들은 산소(酸素)와 중력(重力)으로 인해 생겨난 것들이었다.
식물이 번성하면서 대기 중에 산소 농도가 높아지게 되었다. 그로 인해 활성산소가 다량으로 생겨나면서 세포 구조물을 훼손하게 되었다. 처음 질병을 겪게 된 원신체들은 고통과 두려움에 빠지게 되었다.

별의 표면으로 이주해 온 인간 원신들은 중력과 기압의 영향을 받게 되었다. 그렇게 되자 몸의 구조를 변화시켜 중력과 기압에 적응하게 되었다. 이때 이루어진 몸의 변화가 뼈와 근육의 강화이다. 뼈와 근육이 강화되면서 육체 전체에 변화가 일어났다. 그 과정에서 육체를 이루는 세포들이 영역별로 고착화되었다.
근육세포, 뼈세포, 장부세포, 피부세포 등등 영역별로 세포들이 고착화되었고 눈, 귀, 코, 입, 몸이 한 자리에 고정되었다. 육체의 몸이 고착화되면서 의식은 더욱더 속박되었다. 그런 과정을 겪으면서 고유진동수가 점점 더 높아졌다. 21진동에서 별의 표면에 정착한 인간 원신들은 육체 구조물이 고착화되고 나서 고유진동수가 한 단계 더 높아졌고, 산소가 갖고 있는 산화성으로 인해 세포막이 훼손되면서 또 한 단계 높아졌다. 세포막의 훼손으로 병고(病苦)가 시작되었다.
병으로 생긴 고통은 고유진동수가 높아지게 하는 또 다른 원인이 되었다.

별의 표면으로 내려오면서 인간 원신들이 갖게 된 또 하나의 특징이 시간에 대한 인식이다. 해가 뜨고 지는 것에서부터 스스로의 몸이 변화되어가는 것에 대한 인식이 생겨나면서 시간적 관념을 갖게 되었다. 그때 생겨난 말이 '어제' '오늘' '내일'이다.
'어제'라는 말은 '사람이 안으로 깃들어서 본성을 회복하고, 성스러움이 안으로 깃들게 한다'라는 뜻이다.
여기서 성스러움이란 본성과 동떨어지지 않은 식의 정보를 말한다. 식의 틀을 이루고 있는 정보들은 과거의 산물이다. 그 정보들이 본성을 여의지 않도록 관리하는 것이 '어제의 일'이다.
어제라는 말 속에는 '지나간 순간들이 성스럽게 내 안에 깃들도록 한다'라는 의미가 내포되어 있다.

'오늘'이라는 말은 '중심에 하늘 성품을 갖추어서 본성을 회복하고, 스스로가 하늘 생명이 되는 것을 즐긴다.'라는 뜻이다.
이 순간을 통해 본성을 회복하고 스스로가 하늘 생명이 되는 기쁨을 맛보는 때가 오늘이다.

'내일'이란 '서로 의지해서 밖으로 확장하고 자기 승화를 이룬다. 사람이 본성을 보는 것을 즐긴다.'라는 의미이다. 내일도 나는 내 본성을 즐긴다. 앞으로 다가올 모든 일이 나를 확장시키고 승화시키는 일이다. 어제와 오늘, 내일이라는 말속에는 '본성을 누리고 즐겨서 하늘 생명이 된다'라는 의미가 내포되어 있다.

이것이 바로 유(有)의 과정에서 무유(無有)하는 방법이다. 어제를 알고, 오늘을 알며, 내일의 일을 하는 사람은 무유를 이룬 사람이다. 어제, 오늘, 내일은 지금까지 한 번도 변하지 않았던 순수한 우리의 말이다. 이런 개념들은 평범한 사람들이 만들어낸 것이 아니다. 그야말로 깨달은 존재가 만들어낸 언어이다.

오늘, 어제, 내일을 이런 관점으로 바라보지 못한 생명들은 시간적 관념이 생겨나면서 고유진동수가 24까지 높아지게 된다. 과거, 현재, 미래라고 하는 시간적 관념이 공고해질수록 생명이 갖고 있는 고유진동수는 점점 더 높아진다.

어제도 오늘도 내일도 중심과 본성을 여의지 않고 그것을 누림의 대상으로 삼는다. 성스럽게 깃들어 있는 심·식·의로 이 순간을 즐기고 다가올 경계와 서로 의지해서 존재적 승화를 이룬다.

고유진동수가 높아지면 몸의 크기가 점점 줄어들게 된다. 육체의 몸이 줄어든 것은 생(生)의 과정을 통해서이다. 육체가 줄어들면서 유전적 변이가 함께 일어났다.

유(有)의 상태에서 일어난 가장 큰 변화(變化)가 호흡과 양분의 섭취, 그리고 생식호르몬의 생성이다.
육체의 몸이 기압에 노출되면서 외부압력에 적응하기 위해 호흡이 시작된다. 본래 호흡은 외부와 내부의 연결을 위해서 행해지는 의식 활동이다. 그러다가 기압에 노출되면서부터는 내부압력을 높이는 기능으로도 쓰여지게 되었다.
생명은 존재 양태에 따라 서로 다른 호흡을 사용한다. 영 생명으로 존재할 때의 호흡은 고유진동수의 변화에 따라 밝은성품 공간이 팽창하고 수축하는 것이다. 고유진동수가 낮아지면 공간이 넓어지고, 고유진동수가 높아지면 공간이 좁아지는 것이 영 생명의 호흡이다.
혼의 몸을 갖고부터는 성, 주, 괴, 공의 과정에서 일어난 물질적 변화로 인해 호흡이 일어난다. 물질입자의 분열과 결합으로 만들어진 에너지가 외부로 방출되는 것도 혼의 호흡이다. 혼과 혼이 접촉되면서 에너지와 정보가 서로 교환되는 것도 혼의 호흡이다.
세포 구조물 안에 갇힌 영의식과 혼의식이 외부 생명의 의식과 서로 연결하는 것은 육체의 호흡이다.
기압의 장애로부터 자유로워지기 위해서 외기를 끌어들이는 것도 육체의 호흡이다. 폐의 구조가 고착되면서 산소와 이산화탄소를 서로 교환하기 위한 호흡이 이루어진다.
호흡을 하게 되면서 인간 원신들의 에너지 생성 기능에 장애가 생겨난다. 외부의 공기로 내부를 채우면서 적정 에너지를 생성해내던 육부의 기능이 저하된 것이 그것이다. 내부의 압력은 높아져서 외부 압력에 저항할 수 있는 조건은 갖추게 되었지만 공기의 거친 파동 때문에 육부가 생성해 내는 밝은성품의 양이 줄어들게 되었다.

그러면서 밝은성품이 갖고 있는 생명에 대한 보호 기능도 약해지기 시작했다.

육부가 공기로 채워지면서 조급하고 격한 성향들이 생겨나게 되었다. 감정이 불안정해지고 의식이 조급해지면서 평온함이 사라졌다.

거부적 인식이 팽배해지고 부정성이 커지면서 생명 에너지가 음화되기 시작했다. 생명 에너지의 음화로 인해 번뇌가 생겨났다.

육체는 그 자체만으로도 번뇌를 일으키는 원인이 된다. 하지만 호흡을 하고부터는 훨씬 더 큰 번뇌에 시달리게 되었다.

초기에 유(有)화되었던 생명들은 육부가 생성해내는 적정 에너지만으로도 자기의식 활동을 할 수가 있었고, 불편했지만 기압과 중력에도 적응할 수가 있었다.

그 상황에서 불편함을 해소하기 위한 수단을 강구하면서 자기의식의 흐름을 통제하지 못하는 번뇌에 시달리게 되었다.

생명 에너지의 음화는 세포 구조물 안에서 초양자에너지의 순환 범위를 축소시키게 된다. 그러면서 우주가 만들어내는 초양자에너지가 세포 안으로 들어오는 틈을 차단하게 된다. 그렇게 되면 본원본제의 밝은성품과 객체 생명의 밝은성품이 서로 공유되지 못하게 된다.
이 과정에서 개체생명들이 고립된다.
우주가 생성해내는 초양자에너지와 개체생명이 생성해내는 초양자에너지가 서로 교류되면 안정되고 평화로운 상태를 유지한다.
반대로 초양자에너지의 교환이 단절되면 외로움과 우울함에 빠지게 되고 고립감에 시달리게 된다.
음기의 양이 점점 더 많아지면 세포를 감싸고 있는 전자기막이 음화된다. 이런 생명들은 자연과 교감하는 힘을 잃어버린다.
스스로가 생성해내는 에너지가 부족하면 우주에서 생성되는 에너지를 흡수해서 다른 생명들과 상생적 관계를 유지할 수 있다. 하지만 음기의 막이 공고해지면서 그 기능성마저도 사라지게 된다.
호흡을 하면서 세포 구조물들이 산화되면 그것을 복구해야 한다. 그러려면 우주의 밝은성품을 받아들여야 한다. 음기로 인해 고립된 생명들은 훼손된 세포를 복구하지 못해서 고통과 두려움에 빠지게 된다. 그러면서 공격성과 이기성을 갖게 된다.
이기성과 공격성은 고립되고 단절된 환경에서 생겨나는 자기방어적 본능이다.
세포막이 훼손되는 것이 병(病)이다.

이런 상황에 처해진 원신 생명들은 병의 고통에서 벗어나기 위해 또 다른 노력을 하게 되었다. 그것이 바로 양분의 섭취이다.

상념체가 물질화된 땅 생명들은 벌이 형상화되는 과정에서 육체를 갖게 되었다. 땅 생명들의 육체도 세포로 이루어져 있다.
땅 생명들은 원신체들보다 월등히 작은 육체를 갖고 있었다. 당시에 원신체들은 100미터 정도의 키를 갖고 있었고 땅 생명들은 30미터 정도의 키를 갖고 있었다.
땅 생명들의 세포와 원신체들의 세포는 기능성에 있어서 서로 다른 차이가 있었다. 땅 생명들은 물질을 양분으로 섭취하면서 영양소를 기반으로 하는 세포대사를 하고 있었고, 원신체들은 밝은성품을 양분으로 삼아서 에너지 기반의 세포대사를 하고 있었다.
물질양분을 기반으로 세포대사를 하는 땅 생명들은 원신체들이 갖고 있지 못하는 특별한 능력을 갖고 있었다. 그것이 바로 세포를 재생시키는 능력이었다.
땅 생명들의 세포 재생력은 물질 양분의 섭취를 통해 갖춰진 자기복원력이다.
무정의 공간 안에 혼의 상태로 공존하던 상념체들은 무정의 혼과 촉(觸)의 상태를 지속하는 관계였다. 때문에 무정의 혼과 땅 생명의 혼 사이에는 성(成)이 빈번하게 일어나고 있었다. 그때에 일어났던 성(成)의 성향이 육체를 갖고 난 다음에도 남아 있었다. 그 성향이 행동으로 나타난 것이 '먹는 것'이다.

'먹는다'는 말은 '고정된 틀 안에 깃들게 하고 편안하게 자기 승화를 도모한다. 다른 생명과 연결을 이루고 밖으로 확장된다.'라는 뜻이다.

땅 생명들은 먹음을 통해 무정과 연결을 이루고 자기 생명성을 승화시켰다.

땅 생명에게 먹는 행위는 이토록 성스러운 것이었다. 하지만 원신체들에게는 극단적 퇴화를 이루는 계기가 되었다.

별 생명과 땅 생명의 이와 같은 관계로 인해, 땅 생명들의 먹는 행위는 자연스럽게 이루어졌다. 하지만 하늘에서 내려온 천인들은 별 생명과 성(成)의 관계를 맺지 않았다. 때문에 먹는 관계가 아니었다.

처음 별로 내려왔을 때에도 먹는다는 의도 자체가 없었다. 천인들은 밝은성품을 생성해서 생명활동을 했기 때문에 외부로부터 양분을 섭취할 필요가 없었다. 호흡을 하게 되면서 먹는 행위가 시작되었다.

세포가 훼손되면 피부병에 걸린 것처럼 흉측해진다. 그러면서 통증에 시달린다. 이런 상황에 처해진 천인들이 땅 생명들을 따라 하면서 먹는 행위가 시작되었다.

양분의 섭취로 인해 세포재생은 이루어졌지만, 육부의 적정성은 훼손되었다.
음식이 육부의 빈 공간을 채우게 되면서 적정력을 완전하게 상실해 버렸다. 그런 천인들은 땅 생명과 비슷한 형체를 갖게 되었다.
땅 생명이 적정력이 없어서 밝은성품을 생성해내지 못했듯이, 적정을 잃어버린 천인들도 밝은성품을 생성해내지 못했다. 그런 천인들은 성스러움을 잃어버렸다.
음식을 먹은 천인들은 이빨이 났다.
침을 흘리고 콧물과 눈물도 나왔다.
오금(五金)을 잃어버리고 서로 다른 언어를 쓰기 시작했다. 그러면서 눈, 귀, 코, 입, 몸, 생각의 활동성이 비약적으로 줄어들었다.

천인들이 죽으면 세포가 와해되면서 혼백의 상태로 되돌아간다. 그때의 형상이 반짝이는 빛무리가 뭉쳐 있는 모양이다. 그 모양을 오금(五金)이라 한다.
음식을 섭취하지 않은 천인들은 죽은 뒤 오금의 상태로 돌아갔지만, 음식을 섭취한 천인들은 오금의 상태로 돌아가지 못했다. 그런 천인들은 몸이 부패되었다.
오금으로 돌아가는 세포들은 영혼이 육체를 벗어나면 그 즉시 오금으로 변화된다. 때문에 시체가 남지 않는다.

먹음으로써 말이 서로 달라지는 것은 육장이 생성해내던 밝은성품이 중단되었기 때문이다. 육장 중 위장과 소장에서 생성되는 밝은성품이 언어 활동에 쓰여진다. 그 에너지가 공급되지 못하면 말을 할 수 없게 된다.

언어가 끊어진 천인들은 자기 의사를 표현할 수가 없었다. 그럼으로써 더욱더 고립된 상황에 처해지게 되었다. 나중에 물질 양분의 에너지가 언어 경로에 제공되고부터는 말을 할 수가 있었다. 하지만 이때는 서로 다른 언어를 사용하고 있었다.

언어가 끊어질 무렵 눈, 귀, 코, 입, 몸, 생각의 기능도 현격하게 퇴화되었다. 신안(神眼)이 육안(肉眼)으로 바뀌고, 신이(神耳)가 육이(肉耳)로 바뀌었다.

밝은성품의 공급이 차단된 생각은 심·식·의의 기반으로 전환되었다. 그런 존재들은 본성을 잃어버렸다.

언어가 달라진 천인들은 교화를 받을 수가 없었다. 결국에는 땅 생명과 섞여 살면서 본래의 광명을 잃어버렸다.

음식을 먹어서 양분을 섭취한 세포들은 제도의 과정이 복잡하게 이루어진다. 그 방법이 무유(無有)의 과지법이다.

유(有)에 무(無)하기 위해서는 유(有)가 생겨난 원인을 제도하고 유(有)로써 드러난 현상도 제도해야 한다.

유(有)의 원인은 탐진치(貪嗔痴)이다.

유로써 드러난 현상은 육체 구조물이다.

때문에 무유(無有)하는 것은 탐진치를 제도하고 육체 구조물을 제도하는 것이다. 탐진치는 의식·감정·의지가 갖고 있는 부정적 성향이다.

탐진치로 인해 생명의 고유진동수가 높아지고, 혼의 몸이 세포 구조물로 바뀌게 되었다. 탐진치를 제도하면 고유진동수도 낮아진다.

의식이 현상에 치중해서 자기를 잃어버리는 것이 탐심(貪心)이다. 감정에 빠져 자기를 잃어버리는 것이 진심(嗔心)이다. 의지가 비교와 분별에 빠져서 지각성을 잃어버린 것이 치심(痴心)이다.

탐심은 무념(無念)으로 제도한다.
진심은 무심(無心)으로 제도한다.
치심은 각성(覺性)으로 제도한다.

육체 구조물의 제도는 크게 두 단계로 이루어진다.
첫 번째 단계는 물질양분 섭취 이전에 행하는 세포 제도이다.
두 번째 단계는 물질양분 섭취 이후에 행하는 세포제도이다.
물질양분을 섭취하기 이전의 세포들은 체백이 생성해내는 에너지와 자기 밝은성품으로 형태적 틀을 유지한다. 때문에 밝은성품만 충분하게 공급해 주면 세포 제도가 이루어진다.
탐진치를 제도하고 본성을 인식하는 각성만 투철하게 유지하면 고유진동수가 안정돼서 별의 표면으로 내려오지 않는다. 그 상태에서 무취(無取)하게 되면 영혼과 육체가 분리된다.
그렇게 되면 영혼은 12연기를 거슬러 올라가면서 진여문을 이루고, 육체의 세포들은 오금으로 변화된다. 나중 진여연기의 과정에서 사대(四大)로 전환된다.

물질 양분을 섭취한 이후에 이루어지는 세포의 제도는 습득혼의 제도와 유전혼의 제도 그리고 습득백의 제도를 통해 이루어진다.
습득혼(習得魂)이란 다른 생명의 혼성이 세포 구조물 안으로 들어온 것을 말한다.
습득혼이 유입되는 경로는 두 가지이다.
하나는 양분섭취를 통해 유입되는 것이다.
또 하나는 감정교류를 통해 유입되는 것이다.
양분섭취를 통해 들어오는 습득혼은 이화와 동화의 과정을 통해 유전혼으로 전환되어 세포 안에 내장된다.
감정교류를 통해 들어오는 습득혼은 오장(五臟)에 내장된다. 이와 같은 경로로 유입된 습득혼을 제도하는 것이 선천혼이다.
선천혼은 습득혼과 성(成)을 이루면서 유전혼으로 전환시킨다. 유전혼으로 전환된 습득혼은 체백과 공조하면서 유전형질로 고착된다. 선천혼이 정상적으로 활동하면 습득혼의 제도가 저절로 이루어진다. 하지만 선천혼은 특정한 조건에서만 활동한다.

선천혼이 활동하는 두 가지 조건이 있다. 그것이 바로 고유진동수와 에너지 상태이다.

선천혼은 18진동 이하에서 활동성이 촉발된다.

선천혼은 밝은성품과 양자에너지, 적정한 세기의 전자기에너지가 공급되면 활동성이 촉발된다.

24진동을 갖고 있는 인간들은 선천혼이 활동하지 않는다. 이 당시 물질 양분을 섭취했던 천인들은 고유진동수가 24였다. 때문에 이들의 세포는 제도되지 못한 상태였다. 그 결과 나타난 것이 오금의 상실이다. 선천혼의 돌봄을 받지 못한 습득혼은 유전혼과 융화를 이루지 못하고 서로 부딪치게 된다. 그 결과 세포대사가 정체된다. 세포대사가 정체되면 육체 기반의 의식체계가 가동되지 못한다. 세포의 호흡이 끊어지고, 양분공급이 중단된다. 이 상태가 길어지면 죽음을 맞이한다.

세포의 제도를 이루기 위해서는 고유진동수를 18진동 이하로 떨어뜨려야 한다.

반야심경에서 제시하는 방법은 조견·오온·개공이다.

중심을 세워 오온을 비춰보면 고유진동수가 18진동 이하로 떨어진다.

선천혼이 활동할 수 있는 에너지 조건을 갖춰주려면 초양자 순환체계와 양자 공명체계, 전자기 균형체계가 갖춰져야 한다.

우주의 본원에서 생성되는 초양자에너지와 세포가 생성해 내는 초양자에너지가 서로 교류할 수 있는 통로를 확보해 주는 것이 초양자 순환체계를 갖춰주는 것이다.

정도 이상 강해진 음기의 틀을 해소시켜서 초양자 순환계를 복원시킨다.

양자 공명체계는 세포 간의 막간 거리와 세포 내 양성자 펌프로 인해 가동된다.

세포와 세포는 적당한 거리를 유지함으로써 서로 간에 공명한다. 세포 간에 거리를 조절해 주는 것이 양자적 관계이다. 세포의 양자적 관계는 세포 외막의 전기적 형질과 초양자에너지의 관계에 의해 만들어진다.

세포의 외막은 양성자 펌프로 만들어진 양이온에 의해 플러스 형질을 갖고 있다.

플러스와 플러스가 서로 척력적 관계를 유지하면서 세포 간의 막간 거리가 형성된다.

육체의 몸은 150mV의 전자기 막으로 둘러싸여 있고 그 안에 60조 개의 세포가 서로 적정한 거리를 유지한 채 다중적 입체구조를 이루고 있다.

세포가 막간 거리를 유지하는 또 하나의 원인이 있다. 그것이 바로 초양자 에너지와 플러스극의 관계이다.

세포는 내부의 중심부에서도 초양자 에너지를 생성해내지만 세포와 세포가 서로 대치된 간극에서도 초양자 에너지를 생성해낸다.
수 많은 세포가 군집을 이루는 것은 최대한의 간극을 확보하기 위해서다.
촉, 수, 애, 취를 거치면서 초양자에너지 생성기능이 저하된 생명들은 세포와 세포의 관계를 활용해서 초양자에너지를 생성해낼 수 있는 구조를 만들었다.
세포의 간극에서 생성된 초양자에너지는 몸 밖의 초양자 에너지와 교류되기도 하고, 세포 내부에서 생성되는 초양자에너지와 교류하기도 한다. 그러면서 플러스극을 갖고 있는 세포 외막과 인력적 관계를 유지한다.
이 관계로 인해 세포와 세포가 정도 이상 멀어지지 않게 된다.
만약 초양자에너지가 정도 이상 많아지던지 세포 외막의 전기적 형질이 바뀌게 되면 세포 간 막간 거리에 이상이 생긴다. 그 결과로 나타나는 것이 늙음과 부종이다.
세포 간 거리가 멀어지면 늙음이 생긴다
세포 간 거리가 가까워지면 부종이 생긴다.
초양자 에너지가 음기의 틀 안에 갇혀버리면 초양자 순환이 이루어지지 않는다.
그렇게 되면 세포 사이의 간극에 초양자에너지가 누적된다. 음기의 틀 안에 갇힌 초양자에너지는 세포 간에 작용하는 인력을 증가시킨다. 그 결과로 세포 간의 막간 거리가 좁아지게 된다.

세포 간에 막간 거리가 정도 이상 가까워지면 세포막의 이온터널이 좁아지게 된다.

이온터널이 좁아지면 영양흡수가 차단되고, 습득혼이 세포 내부로 들어오지 못하게 된다.

세포막에 뚫려있는 이온터널들은 그 크기가 서로 다르다. 영양소의 서로 다른 크기에 맞추어서 이온터널이 형성되어 있기 때문이다. 세포의 이온터널에는 선천혼과 선천백이 내재되어 있다.

선천혼은 이온터널 안에서 습득혼과 성(成)을 이룬다. 이 과정에서 양성자 펌프가 활용된다.

세포막의 이온터널이 막히고 양성자 펌프가 가동되지 못하면 세포막 안팎으로 양자계가 형성되지 못한다.

그렇게 되면 세포 간 막간 거리도 가까워지고 세포 안의 초양자에너지와 세포 밖의 초양자에너지가 서로 교류하지 못한다.

세포 외막에 위치한 양성자들과 세포 내벽에 위치한 전자들은 양자적 공명을 이루면서 분리되기도 하고 합쳐지기도 한다. 이것이 이화와 동화이다.

이화와 동화가 일어날 때 세포 내부의 초양자에너지와 세포 외부의 초양자에너지가 서로 교환된다. 이때 초양자에너지가 교환되는 형태가 나선형 꼬임이다.

세포의 내막과 외막 사이에 양자계가 형성되지 않으면 전자기성이 강해지면서 초양자 순환이 차단된다.
초양자 순환이 차단된 세포는 주변 세포로부터 고립된다.
세포의 고립이 집단으로 이루어지면 질병이 생겨난다.
세포와 세포는 초양자 순환을 통해 서로 간에 통신을 한다. 그러면서 유전정보도 공유하고 상처도 치료해 준다.
세포통신을 통해 세포재생이 일어난다.

세포의 막간 거리가 좁아진 것을 해소해 주려면 피부 쪽에 누적된 음기를 몸 밖으로 배출시켜야 한다.
이때 활용되는 방법이 살갖 수행이다.
세포 간의 막간 거리는 세포 내부에 양성자 펌프를 가동하는 것에도 영향을 미친다.
양성자 펌프는 선천혼과 선천백이 습득혼과 성(成)을 이룰 때 사용하는 양자생성기이다. 양성자 펌프는 섭취된 양분을 이화와 동화를 통해 유전혼으로 바꿔 가는 기능을 한다. 양성자 펌프로 생성된 양성자와 전자는 세포의 안팎에서 양자적 균형을 잡아주는 역할을 한다.
세포의 막간 거리가 비정상적일 때는 세포벽에 뚫려있는 이온터널이 막히게 된다. 그렇게 되면 영양소가 세포 안으로 들어오지 못한다. 먹어도 영양흡수가 되지 않아서 영양실조에 걸리게 된다.
영양소가 이온터널을 통과할 때 양성자펌프가 돌아간다.

그러면서 영양소가 양이온과 전자로 분리된다.
이때 분리된 전자는 세포 내막을 타고 돌면서 외막의 양이온과 양자적 공명을 이룬다.
그러다가 다시 합쳐져서 유전혼으로 전환된다.
유입된 양분이 이 과정을 거치지 않으면 유전혼의 정보를 공유하지 못한다. 양이온과 전자가 세포막을 사이에 두고 서로 공명할 때 물질양분 안에 유전정보가 심어지기 때문이다. 전자가 부족하면 물질양분의 분해와 결합이 이루어지지 않는다. 때문에 적정량의 전자가 여분으로 함축되어 있어야 한다. 그런 전자를 환원전자라 한다. 환원전자를 보유하고 있는 것이 선천백이다. 특히 취(取)와 유(有)의 과정을 겪어왔던 선천백들은 다량의 환원전자를 내포하고 있으면서 습득혼들을 유전혼으로 전환시키는 역할을 한다.

이 당시 세포들은 미토콘드리아와 공생하지 않았다.
때문에 양성자 펌프가 세포막에서 가동되었다.
미토콘드리아와 공생하고부터는 양성자펌프가 미토콘드리아 안에서 가동되었다. 미토콘트리아와의 공생은 후에 선천혼이 세포와 분리되고 나서 이루어졌다.
양성자펌프로 인해 세포 외막은 양이온의 형질을 띠게 된다. 세포와 세포가 서로 달라붙지 않는 것은 양이온 간에 작용하는 척력 때문이다.
이온터널이 정상적으로 작동하지 못하거나 양성자펌프가

가동되지 못하면 세포 외벽의 양성자 양이 줄어든다. 그렇게 되면 양성자 간에 작용하는 척력이 약해져서 세포 간의 거리가 가까워진다.

전자기 균형을 유지하려면 육체를 감싸고 있는 전자기 막이 정도 이상 강해지지 않도록 해야 한다.
이때 필요한 것이 음기와 양기의 균형이다.
세포의 내부와 외부 사이에 양자적 균형이 유지되면 세포 외벽은 양성자로 덮어진다. 그렇게 되면 초양자 순환이 원활하게 이루어진다.
반대로 세포의 양자적 균형이 깨어지면 세포 외벽 쪽에 습득혼이 누적된다. 습득혼은 전자기로 이루어져 있다. 세포 외벽에 전자기성이 강해지면 세포 간의 막간 거리가 멀어진다. 이로 인해 노화가 진행된다.
노화가 진행되는 세포에는 선천혼이 머물지 않는다.
초양자 순환이 정체되고 양자 공명이 차단되었으며 전자기도 정도 이상 강해졌기 때문이다.
선천혼이 탈피한 세포는 오금으로 돌아가지 못한다.
선천혼의 기능을 선천백이 담당하지만 선천백만으로는 세포 제도가 완전하게 이루어지지 않기 때문이다.
세포의 이런 상황이 외부의 체백을 최대한 받아들여야 하는 원인이 되었다. 그 결과 나타난 것이 미토콘드리아와의 공생이다.

외부에서 들어온 체백을 습득백(習得魄)이라 한다.

세포 안으로 들어온 습득백이 선천백과 융화를 이루지 못하면 질병의 원인이 된다.

바이러스나 세균에 감염된 것과 같은 증상이 나타나는 것이다.

습득백이 제도되면 세포 내부에서 공생하게 된다.

나중, 생(生)의 과정에서는 정(精)이 만들어지는 원인이 된다.

습득백이 세포 내부로 들어왔을 때 부정적 환경이 조성되어 있으면 공격성을 띠게 된다. 그렇게 되면 세포핵이나 세포막을 공격해서 전자를 탈취해 간다.

세포핵이 전자를 빼앗기면 유전적 형질에 변화가 생기고, 세포막이 전자를 빼앗기면 세포막이 훼손된다. 그렇게 되면 세포 변이가 일어나고 심한 경우에는 세포가 죽게 된다. 이렇게 되지 않으려면 세포 내부에 긍정적 환경이 조성되어야 한다.

습득백이 좋아하는 것은 먹이이다.

습득백은 밝은성품과 전자를 먹이로 삼는다.

세포 내부에 긍정적 환경이 조성되려면 다량의 밝은성품과 전자가 구비되어 있아야 한다.

긍정적 환경이 갖추어진 세포 안으로 습득백이 들어오면 먹이활동을 하면서도 공격성을 갖지 않게 된다.

그런 습득백은 공생관계를 유지하면서 이화와 동화를 도와준다. 이런 습득백들이 한 개의 세포 안에 2만 개 이상 존재한다. 하지만 늙어가는 세포의 내부는 밝은성품도 부족하고 전자도 부족하다. 그런 경우 습득백을 제도하려면 외부의 초양자 에너지를 몸 안으로 유도해 들여야 한다. 이때 활용되는 방법이 '나선호흡'과 'ㄴ 발성법'이다.
백회에서부터 나선 호흡을 들이쉰 후에 날숨에 길게 니은 발성을 해주면 초양자에너지와 전자가 함께 유입된다. 이 방법을 음식을 먹는 과정에서 틈나는 대로 해주면 습득백이 들어올 때 초양자에너지와 전자가 함께 들어오게 된다. 그렇게 되면 습득백이 세포를 공격하지 않는다.

세포 제도를 위해 습득백을 채집하는 방법으로 별의 체백을 받아들이는 방법이 있다. 별의 체백은 네 종류가 있다. 지, 수, 화, 풍 사대의 체백이 그것이다.
나선 호흡으로 받아들이는 별의 체백은 세포 내부에서 부딪침을 일으키지 않는다. 때문에 받아들이는 순간부터 공조가 이루어진다.
별의 체백이 모여있는 장소를 명당(明堂)이라 부른다. 명당의 형태에 따라 각기 다른 종류의 체백들이 모여 있다. 별의 체백을 흡수하기 위해서는 먼저 명당을 찾아야 한다. 그런 다음 나선 호흡과 발성수행법, 32진로 수행법을 익혀야 한다.
32진로 수행법은 육체안에 12개의 단(壇)을 세워 운용하는 방법이다. 세 개의 단을 삼각형으로 연결해서 32개의 삼각형을 만드는 수행법인데 단(壇)을 세우고 진보시키는 과정에서 별의 체백을 받아들인다.

무유(無有)의 과정에서 세포 제도는 가장 어려운 과정이다. 세포 제도 이전에 장부 순화와 신경 순화, 뼈 순화가 먼저 이루어져야 한다.

역무유진(亦無有盡)에 있어서 몸의 제도는 육체의 상태에서 이루어진다. 때문에 육체의 몸을 유지한 채로 보살도에 들어가서 역무유진을 닦아야 한다.
육체의 상태에서 역무유진의 방법으로 쓰이는 것이 구족색신삼매법(具足色身三昧法)과 32진로 수행법, 그리고 16문자관이다.

역무유진에 있어서 마음의 제도는 진여신의 상태에서 마무리된다.
탐진치를 제도하면서 가장 어려운 부분이 이기심의 제도이다. 이기심은 스스로를 지키고 보호하려는 의도에서 생겨났다. 그 원인을 들여다보면 심·식·의와 몸을 자기라고 생각하는 데서 시작된다.
부처님께서는 이기심을 아상, 인상, 중생상, 수자상으로 구분하셨다.
본성을 인식한 뒤에 해탈도의 과정에서 제도하는 것이 바로 이기심이다. 금강해탈도에서 이기심을 제도하고 반야해탈도에서 이기심의 원인인 심·식·의를 제도한다. 8선정의 비상비비상처정에서 몸의 제도를 이룬다.

이기심은 자기 자신에게 천착되면 언제든지 생겨나는 뿌리 깊은 생멸심이다. 때문에 보살도에 들어서도 이기심에 빠지지 않도록 단도리를 해야 한다.

보살이 열반을 탐하는 것도 이기심에 빠진 것이다. 때문에 부처님께서는 열반상마저도 벗어나라고 말씀하셨다.

진여수행의 과정을 통해 이기심을 제도하는 것은 보살도 7지까지 이어진다. 7지 이전에는 언제라도 이기심에 빠질 수 있다.

진여보살이 이기심을 극복하기 위해 활용하는 방법이 서원을 세우는 것이다.

'상구보리 하화중생'은 역무유진을 하기 위한 보살서원(菩薩誓願)이다.

번뇌무진서원단(煩惱無盡誓願斷)
다함이 없는 번뇌를 반드시 끊기를 서원합니다.
중생무변서원도(衆生無邊誓願度)
변함없는 중생들도 반드시 제도할 것을 서원합니다.
법문무량서원학(法門無量誓願學)
한량없는 법문을 모두 배우기를 서원합니다.
불도무상서원성(佛道無上誓願成)

더 이상 오를 데 없는 최고의 깨달음으로 부처가 되겠습니다.
이것은 생멸문(生滅門)의 중생이 세우는 자기 서원이다.

자성번뇌서원단(自性煩惱誓願斷)
스스로의 본성으로 일체의 번뇌를 끊기를 서원합니다.
자성중생서원도 (自性衆生誓願度)
자기 안의 모든 중생을 본성으로 제도할 것을 서원합니다.
자성법문서원학(自性法門誓願學)
진여수행의 모든 법을 반드시 익힐 것을 서원합니다.
자성불도서원성(自性佛道誓願成)
반드시 일심법계를 이루어서 부처가 되겠습니다.
이것은 진여문(眞如門)의 보살이 세우는 자기 서원이다.

시시때때로 서원을 되새기며 자기 정진심을 놓지 않는 것이 이기심을 제도하고 역무유진하는 것이다.
보살의 진여심에는 번뇌가 없다.
보살의 번뇌는 생멸문에 두고 온 생멸심에서 전이된다.
생멸심이 일으킨 그리움이 보살에게 전해지면 그것이 번뇌가 된다. 보살은 생멸심의 그리움을 도외시하고 열반에 머물 수도 있다. 하지만 그렇게 하면 진여수행이 이루어지지 않는다.
법화경(法華經)에 이르기를 진여수행을 하기 위해 발심하는 것을 진여출가(眞如出家)라 했다.
진여문에 들어가서 열반에 안주하고 진여출가를 하지 못하면 그 이후의 수행을 할 수가 없다.
진여보살이 열반에 머물 때 생멸심의 그리움이 전해지면 그때가 바로 진여출가를 해야 할 때이다.
자성번뇌서원단은 진여출가를 할 때 세우는 첫 번째 서원이다.

중생은 생멸심의 심식의를 자기로 아는 존재이다.
보살은 진여심의 본성·각성·밝은성품을 자기로 아는 존재이다. 보살의 진여심에는 중생이 없다. 때문에 스스로에게는 제도해야 할 중생이 없다.
보살이 제도해야 할 중생은 생멸문에 분리시켜 놓은 생멸심과 생멸심의 원인이 되었던 반연중생이다.
진여출가를 한 이후에 진여수행의 과정이 생멸심의 제도와 반연중생의 제도로 이루어진다. 그 여정은 생멸문의 모든 중생들을 제도한 이후에야 끝이 난다. 때문에 돈독한 정진심과 투철한 서원이 있어야 한다.
자성중생서원도는 진여출가를 이룬 보살이 세우는 두 번째 서원이다.
진여수행을 하기 위해서는 인지법과 과지법을 알아야 한다. 진여수행의 십신, 신주, 십행, 십회향, 십지의 절차를 아는 것이 인지법을 갖춘 것이다.

쌍차쌍조법, 삼신구족법, 이무애·사무애법, 구족색신삼매법, 32진로 수행법, 16문자관법을 아는 것은 과지법을 갖춘 것이다.

보살도를 성취하기 위해 갖추어야 하는 가장 중요한 절차가 이러한 법을 배우는 것이다.

진여출가를 이룬 보살이 이러한 법문을 들을 수 있기를 서원하는 것이 자성법문서원학이다.

열반에 들어서 진여보살이 되고 진여출가를 해서 진여수행을 하더라도 묘각도를 이루어서 부처가 되기까지는 수많은 절차를 거쳐야 한다. 그것은 혼자만의 노력으로는 이루어지지 않는다.

천지만물의 호응과 본불(本佛)의 초대가 있어야 비로소 불세계로 들어갈 수 있다. 때문에 십지보살이라 할지라도 단번에 부처가 되지 못한다. 부처가 될 수 있는 첫 번째 조건이 부처가 되겠다는 서원을 세우는 것이다. 두 번째 조건이 부처님으로부터 수기를 받는 것이다. 세 번째 조건이 본불의 초대를 받는 것이다.

이 세 가지 절차가 이루어졌을 때 비로소 부처가 된다. '자성불도서원성'은 진여출가를 행한 보살이 부처가 되기 위한 첫 번째 절차를 밟는 것이다.

무생 역무생진 無生 亦無生盡
생(生)이란 태어남을 말한다.

무생(無生)이란 태어남에서 벗어나는 것을 말한다.
역무생진(亦無生盡)이란 생을 벗어난 뒤에 행하는 진여수행을 말한다.

生은 생식세포의 출현으로 시작된다.
생식세포는 두 가지 원인으로 만들어진다.
첫째가 세포 수명이다.
둘째가 영양성분의 누적이다.
적정성을 잃어버린 천인들은 수명을 갖게 되었다.
선천혼이 떠나간 세포들도 수명을 갖게 되었다.
죽어가는 세포들은 자기 유전정보를 전해줄 수 있는 대체세포를 선택한다. 그것이 바로 생식세포이다.
세포는 수명이 다하면 생식세포에게 자기 정보를 주고 죽는다.
이화와 동화를 거친 물질양분이 유전혼으로 바뀌면서 생식세포가 생겨난다. 두 종류의 생식세포가 있다. 정자와 난자가 그것이다.
생식세포는 뼈, 성선신경총, 전립선, 뇌하수체호르몬, 줄기세포, 생식기관의 작용으로 만들어진다.
뇌하수체는 세포가 빛의 영향을 받으면서 생겨났다.
시각중추와 피부감각체계가 빛의 자극을 받으면서 뇌하수체가 생겨난다. 나중 물질 양분을 섭취하고부터는 세포의 분열과 성장, 생식세포를 생성하는 역할을 담당하게 되었다.

뇌하수체는 세 영역으로 나누어져 있다.
전엽, 중엽, 후엽이 그것이다.
뇌하수체의 전엽에서 분비되는 호르몬이 세포 간 대화에 관여하고 생장과 생식, 이화와 동화에 관여한다.
중엽에서 분비되는 호르몬은 빛과 반응하며 시각과 피부 기능에 관여한다. 포유류의 중엽은 나중 송과체가 생겨나면서 크기가 줄어든다.
중엽이 갖고 있는 기능도 대부분 송과체가 담당한다.
뇌하수체 후엽은 항이뇨호르몬과 옥시토신을 분비한다.
옥시토신은 자궁 내에서 아기가 태어날 수 있는 환경을 만들어주고 젖샘 기능에 관여한다.
뇌하수체의 세 영역 중 전엽은 입천장 세포와 연결되어 있다. 때문에 양분 섭취와 연관된 기능이 전엽에서 이루어진다. 양분의 섭취로 인해 생식세포가 생겨났기 때문에 생식에 연관된 기능도 전엽에서 이루어진다.
뇌하수체는 중엽이 가장 먼저 형성되었다.
그 후 전엽과 후엽이 비슷한 시기에 만들어졌다.
뇌하수체 호르몬은 크게 네 가지 기능을 갖고 있다.
첫째는 세포의 분열과 성장에 관여하는 것이다.
성장호르몬이 그 기능을 담당한다.
단백질성 호르몬으로 뼈의 성장, 단백질 합성에 관여한다.
둘째는 생식호르몬의 생성에 관여하는 것이다.
성선자극호르몬으로 난포자극호르몬, 황체형성호르몬, 정

자형성호르몬, 간질세포자극호르몬. 황체자극호르몬, 옥시토신 등이 있다.
셋째는 빛 반사에 관여하는 것이다.
항이뇨호르몬과 멜라닌세포자극호르몬이 있다.
넷째는 이화와 동화, 면역에 관여하는 것이다.
갑상선자극호르몬과 부신피질자극호르몬이 있다.

뇌하수체는 삼차신경과 안면신경을 통해 활동에 필요한 정보와 에너지를 제공받는다.
안면신경을 통해 얻은 정보를 바탕으로 혈압조절 기능에 관여한다.
삼차신경을 통해 얻은 정보를 바탕으로 통증 억제 기능과 중추신경 면역기능, 항이뇨호르몬 분비기능, 생식세포 생성 기능, 두부체감각계 지배기능에 관여한다.
삼차신경을 통해서는 호르몬을 생성하고 분비할 때 쓰이는 에너지를 제공받는다. 삼차신경은 이빨의 저작활동을 통해 전자를 생성해서 뇌하수체에게 공급해 준다.

성선신경총은 자율신경의 부교감 체계가 이원화되면서 생겨난 신경이다. 자율신경의 부교감 체계는 머리 영역과 천골 영역으로 나누어져 있다. 그중 천골 영역의 부교감신경이 성선신경총을 이룬다.
성선신경총은 자율적 기능과 의도적 기능이 함께 갖추어져 있다.
자율적 기능은 교감신경과 부교감신경이 함께 주도하고 의도적 기능은 부교감신경이 주도한다.
성선신경총에 의해 자궁과 난소, 전립선과 정소가 만들어진다.
성선신경총과 뇌하수체는 삼차신경 척수핵 경로를 통해 서로 연결되어 있다. 그런 조건에서 생식세포가 만들어지고 포태가 이루어진다.
생식세포의 원형은 뼈에서 만들어진다.
뼈에서 만들어진 줄기세포가 난소와 정소로 이동해서 생식세포로 전환된다. 뇌하수체는 줄기세포가 생식세포로 전환될 수 있는 원인 호르몬을 분비한다. 뇌하수체는 양분의 분해와 흡수, 세포의 성장과 분열, 뼈의 성장에 관여하면서 생식세포를 생성해낸다.

정자와 난자가 갖고 있는 유전성에는 선천성 정보와 습득성 정보가 함께 내장되어 있다. 하지만 습득성이 우성이 되고 선천성이 열성이 된다.
습득성 정보는 정자와 난자가 생성되는 기간에 갖고 있던 의식·감정·의지의 성향이 정보화된 것이다.
선천성 정보는 본래 원신으로 분리되기 이전부터 갖고 있던 정보와 정이 생겨나기 이전까지 체득된 정보이다.
본래 적정성을 갖고 있던 천인들은 물질 양분을 섭취하면서 적정성을 잃어버리고 심·식·의 기반의 의식구조를 갖게 되었다. 때문에 선천성 정보는 본성적 성향을 갖고 있고 습득성 정보는 심·식·의적 성향을 갖고 있다. 정자와 난자에 내장된 유전정보는 습득정보가 우성으로 작용하면서 지극히 심·식·의적인 성향을 띠고 있다.

그런 연유로 생식세포와 기존 세포 간에는 뚜렷하게 구분되는 이원성이 존재한다. 생식세포와 기존 세포의 이러한 관계성은 생명으로 하여금 또 다른 의도를 갖게 하는 원인이 되었다. 그것이 바로 '욕정' 이다.

욕정은 촉, 수, 애, 취의 과정을 거쳐온 생명들에게 남아있는 취의 습성과 생식세포의 성향이 합쳐져서 만들어진 복합감정이다.

생식세포는 기존 세포에서 분리되고자 하는 의도가 있고 기존 세포도 생식세포를 분리시키려는 의도가 있다. 서로의 고유진동수가 차이 나기 때문이다.

선천정보를 기반으로 존재하는 기존 세포들은 생식세포를 인식분리의 대상으로 삼는다. 반면에 습득정보를 바탕으로 존재하는 생식세포들은 기존 세포에서 자연분리된다. 자연분리되는 생식세포는 원신의 취(取)적 습성을 자극한다. 그러면서 욕정이 일어난다. 욕정으로 인해 정과 정이 만나서 생이 이루어진다.

한 부모에서 여러 명의 자식이 태어나지만, 자식마다 성격이 다르다. 유전 기반은 똑같은데 누구는 사과를 좋아하고 누구는 배를 좋아한다. 그런 성향이 나타나는 것이 습득형질이 유전성에 영향을 미쳤기 때문이다.

생이 이루어지려면 먼저 정자와 난자가 만나야 한다.
이 당시에는 신, 인간, 땅생명, 원신형 동물, 땅생명형 동물, 신의 자식들이 정자와 난자를 갖고 있었다.
남신과 여신은 정을 나누는 관계가 될 수 있다.
남자와 여자도 정을 나눌 수 있는 관계가 된다.
땅생명의 남녀도 정을 나눌 수 있다.
동물의 경우 원신형 동물끼리는 정을 나누는 관계가 된다.
하지만 원신형 동물과 땅생명형 동물은 정을 나눌 수 없었다. 땅생명형 동물들은 자기들끼리 정을 나누었다.
이 당시에는 신과 인간, 신과 땅생명, 신과 동물, 인간과 땅생명, 인간과 동물 간에도 정을 나눌 수 있었다.
유전자 구조가 세 줄로 되어있었기 때문이다.
이 당시의 유전자 구조는 중간 줄이 채워져 있었다.
그렇기 때문에 체온이 다르고 원신적 형태가 달라도 자식이 생겨날 수 있었다.

남신과 여신 사이에서 태어난 자식은 신이다.
인간의 자식은 인간이다.
땅생명의 자식은 땅생명이다.

동물의 자식은 동물이다.
신과 천인 사이에서 태어난 자식을 천사라 한다.
천사는 두 종류가 있다.
신과 신 사이에서 태어난 천사와 신과 천인 사이에 태어난 천사이다.
신과 땅생명의 교합을 통해 생겨난 자식을 네피림이라 한다.
신과 원신형 동물의 교합을 통해 생겨난 생명을 키메라라고 부른다.
신과 땅생명형 동물이 합쳐진 것도 키메라라고 부른다.
신과 원신형 동물이 합쳐져서 만들어진 키메라들은 능력이 대단했다. 천사들도 그들을 제어하지 못했다.

네 종류의 生이 있다.
화생, 습생, 태생, 난생이 그것이다.
화생은 영혼이 합쳐져서 태어나는 것이다.
습생은 영혼이 분열돼서 태어나는 것이다.
태생은 태로 태어나는 것이다.
난생은 알로 태어나는 것이다.
화생은 영혼의 상태에서 이루어지는 생의 형태이다.
육도윤회가 이루어지면서 화생이 시작된다.
두 개 이상의 영혼이 하나로 합쳐져서 한 생명으로 태어나면 그것이 화생한 것이다. 이때 생명이 합쳐질 수 있는 대상은 천지만물 모두가 해당된다.

화생을 하기 위해서는 세 가지 조건이 갖춰져야 한다.
첫째가 본성의 인식이다.
둘째가 다른 생명의 호응이다.
셋째가 자기 습성의 제도이다.

습생 또한 영혼의 상태에서 이루어지는 생이다.
습생의 조건이 되는 것이 의식의 집착과 공간의 음화이다.
자연분리, 인식분리, 복합분리가 모두 습생의 형태이다.
생명은 습생을 통해 천지만물로 분열되었다.

태생은 외부에서 영혼이 들어와서 이루어지는 경우도 있고 영혼이 들어오지 않고 이루어지는 경우도 있다.
신과 땅생명의 여자가 만나서 태생이 이루어질 경우에는 외부에서 영혼이 들어오지 않는다. 그런 경우 아버지 신의 정자가 영혼이 되고 어머니 땅생명의 난자가 육체가 된다.
땅생명 어머니의 난자에는 유전정보가 있다.
신의 정자는 신의 원신에서 습생적 성향으로 자연분리된 것이다.
이런 경우는 아버지 신의 영혼이 떨어져 나와 자식 네피림의 영혼이 된다. 제우스의 경우도 자기 영혼이 떨어져 나가 프로메테우스의 영혼이 되었다. 다른 영혼이 들어온 것이 아니다.
네피림들이 신과 같은 권능을 가질 수 있었던 것은 그런 이유 때문이다.

땅생명끼리의 태생은 외부에서 영혼이 들어와야 이루어진다. 땅생명의 정자와 난자가 만나 수정란이 형성되었을 때 영혼이 들어오지 않으면 착상 이후에 세포분열이 일어나지 않는다. 그렇게 되면 유산이 된다.
엄마가 신이고 아빠가 인간인 경우에는 엄마의 난자가 영혼이 되고 아빠의 정자가 유전형질이 된다.
신과 천인들의 정은 그 자체 내에 자기 영혼의 일부를 내포하고 있다. 호모사피엔스의 유전형질은 난자 기반의 유전정보가 훨씬 더 많은 비율을 차지한다.

생이 시작되고부터 후천의 시대가 열린다.
선천의 시대에는 영혼을 분리시켜 자식을 만들었지만, 후천의 시대에는 정의 교류를 통해 자식을 만들게 되었다.

땅생명과 땅생명의 결합으로 포태가 이루어질 때 외부에서 들어오는 혼은 상념체이다. 이때의 상념체는 육입의 과정이나 취의 과정에서 창조된 존재들이다.
상념체의 주체의식은 스스로를 창조한 원신이 갖고 있던 분별의식을 기반으로 형성된 것이다. 때문에 적정성이 없다.
반면에 원신체과 땅생명의 결합으로 만들어진 네피림들은 적정성이 있다. 네피림과 네피림 간에 포태가 이루어지는 것도 수정란에 영혼이 깃들어야 한다.
수정란에 들어오는 영혼은 수정란과 비슷한 고유진동수를 갖고 있다. 수정란에 영혼이 들어오면 세포분열이 급속도로 일어난다.

생의 과정을 통해 생명은 두 가지 큰 변화를 맞이하게 된다.
하나는 생명성의 진화이다.
또 하나는 원신의 구조가 바뀌는 것이다.
여섯 가지 의식구조를 갖고 있던 생명이 다섯 가지 의식구조로 바뀔 수도 있고, 다섯 가지 의식구조를 갖고 있는 생명이 여섯 가지 의식구조로 바뀔 수도 있다.
또 여섯 가지 의식구조 안에서 특정한 영역의 의식이 협소했던 생명이 그 의식을 보완하여 균형있고 원만한 의식구조를 갖출 수도 있다.
영혼이 갖고 있는 의식정보가 대를 이어갈수록 계속 합쳐지면서 의식적 진보를 이룰 수 있는 조건이 만들어진다. 이것이 생이 갖고 있는 긍정성이다.
현재의 인간은 생사를 반복하면서 의식적 진보를 비약적으로 이루었다. 반면에 본성을 지각하는 각성은 완전하게 잃어버렸다. 심·식·의에 치우쳐 있음으로써 본성과 각성과 밝은성품을 더욱더 도외시하게 되었다.

무생(無生)이 이루어지기 위해서는 먼저 욕정을 다스려야 한다. 그런 다음 생식세포를 제도해야 한다.
욕정의 제도는 두 단계를 거쳐서 이루어진다.
첫 번째 단계는 취(取)의 습성을 제도하는 것이다.
두 번째 단계는 생식세포가 생겨나는 경로를 제도하는 것이다.
생식세포의 제도는 정(精)을 생체에너지로 전환시키는 것이다.
취(取)의 습성을 제도하는 것은 무취(無取)의 과지법이 그대로 활용된다.

갈애에서 벗어나고 충만감과 충족감, 일체감에 대한 갈망에서 벗어나면 욕정에 빠지지 않게 된다.
생식세포가 생겨나는 경로를 제도하기 위해서는 삼차신경과 뇌하수체, 성선신경총과 전립선을 제도해야 한다.
삼차신경을 제도하면서 나머지 영역을 함께 제도할 수 있다. 삼차신경의 제도는 뇌척수로 운동법과 발성 수행법을 병행하여 활용한다.
삼차신경은 중뇌핵, 주감각핵, 운동핵, 척수핵 네 개의 신경핵으로 이루어져 있다.
중뇌핵은 중뇌 상부 등 쪽에 위치한다.
동안신경과 연접해 있으면서 시각경로에 작용하고 엔도르핀 생성체계에 영향을 미친다. 시상배쪽후내핵과 시냅스를 하면서 체감각계와 연계된다. 귀의 전정 센서와 연결을 이루고 가로막신경, 천골신경과도 연계되어 있다. 안분지를 통해 뇌하수체와 연결되어 있고 상악신경으로 분지되어 있다. 눈 밑 광대뼈를 싸고돌면서 전립선 기능에 영향을 미친다.

주감각핵은 교뇌에 위치한다.
위로는 중뇌핵과 연결되어 있고 아래로는 미주신경과 연결되어 있다. 머리의 체감각과 하악, 상악의 운동감각을 지배한다. 운동핵과 연접해 있으면서 이빨의 저작 운동에 관여한다.
이빨에서 생성되는 생체 전기를 뇌신경 전체에 공급해 주는 역할을 한다.

운동핵은 교뇌에 위치한다.
위로는 적핵과 연결되어 있고 아래로는 교감신경과 연결되어 있다. 소뇌와 연수의 하올리브핵과 시냅스를 하면서 언어활동에 관여한다.
하악신경에 분지하고 가슴신경, 고관절신경과 연계되어 있다. 코의 후각신경과 연결을 이루고 천골교감신경과 연계되어 있다.
주감각핵과 연접해서 이빨의 저작 운동을 주관하고 생체 전기 생성기능과 공급기능을 담당한다.
중뇌핵과 연계해서 귀의 소리 경로를 조절하는 기능을 한다.

삼차신경척수핵은 연수에 위치한다.
위로는 주감각핵, 운동핵, 중뇌핵과 연결되어 있고 아래로는 미주신경과 연결되어 있다.
척수의 교감신경 경로를 따라 주행하면서 피질, 적핵 경로와 시냅스를 이루고 천골의 부교감신경과 연결되어 있다. 특히 안분지와 시냅스를 하면서 뇌하수체와 연결되어 있다. 머리와 천골부의 부교감신경을 연결하고 천골부의 정보를 뇌하수체에게 전달해 주는 역할을 한다.
운동핵과 주감각핵에서 제공되는 생체전기를 주행경로 전체에 공급해 주는 역할을 한다.

삼차신경은 눈, 귀, 코, 입, 몸, 머리 전체에 분포되어 있다.
이빨이 생성하는 생체전기와 뇌척수액이 파동할때 생성되는 생체전기를 인식기관 전체에 공급해 주면서 인지작용을 조절해준다.
피질, 적핵, 자율신경과 시냅스를 이루고 망상체의 상태를 조장해서 신경전달물질의 분비에 영향을 미친다.
삼차신경은 손가락과 연결되어 있다.
중뇌핵과 주감각핵은 검지와 연결되어 있다.
검지 첫째 마디가 중뇌핵이다.
둘째 마디가 주감각핵이다.
엄지가 운동핵이다.
4지가 척수핵이다.

삼차신경중뇌핵의 제도는 중뇌막관법을 활용한다.
검지 운동으로 중뇌핵을 자극한다.
엄지로 검지 첫째 마디를 지그시 눌러준다.
양손을 똑같은 자세로 한다.
그런 다음 중뇌핵의 위치에 의지를 집중한다.
나선 호흡으로 중뇌까지 숨을 들이쉰 다음 중뇌에 멈추어서 중뇌핵의 위치를 잡아준다.
천천히 숨을 내쉬면서 미심을 관찰한다.
안분지와 동안신경이 항진되면서 미심이 박동한다.
미심이 박동하면 박동을 따라서 중뇌까지 들어간다.
안분지는 중뇌핵에서 발원하고 동안신경 또한 중뇌핵과 연결되어 있다. 두 신경이 만들어내는 진동을 따라들어가면 중뇌핵을 느낄 수 있다.
중뇌핵에 의지를 집중하고 눈, 귀, 코, 입, 몸, 머리의 상태를 관찰한다. 그러면서 중뇌핵과 연결된 몸의 부위들을 차례차례 살펴본다.
미심으로 호흡을 내쉬면서 뇌하수체를 느껴보고 천골부교감신경을 살펴본다. 뇌하수체와 천골을 함께 지켜본다. 양쪽 눈 밑의 광대뼈 감각을 느껴본다.
좌우가 균등하게 느껴지는지 살펴보고 경직감이 느껴지면 그 부위와 반대쪽 중뇌핵을 서로 연결시켜 준다. 반대쪽 검지의 누르는 힘을 서서히 빼주면서 광대뼈의 상태를 관찰한다.

경직감이 풀어지면 광대뼈 감각과 전립선을 서로 연결해서 느껴본다.
호흡이 반복될수록 얼굴 전체에서 자자작 하는 자극감이 커지게 된다. 그러면서 전립선에서 진동이 느껴진다.
진동을 주시하다 보면 전립선 부위가 얼음장처럼 차가워진다. 그러면서 온몸에 오한이 일어날 정도로 엄청난 냉기가 빠져나간다. 전립선의 냉기가 천골로 이어지면 천골도 함께 냉해진다.
그런 상태가 되면 들숨을 꼬리뼈 끝까지 들이쉰다.
그런 다음 숨을 내쉬면서 천골의 냉기를 꼬리뼈 밖으로 내보낸다.
이때 숨을 내쉬면서 '니~~~~은!' 발성을 함께 해준다.
혀끝으로 입천장을 자극하면서 미심을 울려주고 척추를 따라 꼬리뼈를 울려주면 천골과 전립선의 냉기가 몸 밖으로 빠져나간다.
이 과정을 반복하면서 냉기가 제거되면 전립선 부위에서 호두알만한 크기의 빈 공간이 느껴진다. 그렇게 되면 백회와 전립선 부위를 하나로 연결한다.
전립선 부위가 회음혈이다.
중뇌핵을 중심으로 삼고 백회와 회음을 위아래로 비춰본다. 나선호흡을 회음까지 들이쉬고 숨을 내쉬면서 백회와 회음이 서로 마주 보도록 해주면서 중뇌핵에 집중한다. 회음에서 느껴지던 빈 공간이 백회까지 연결되면서 몸통의 중심부가 비워지면 중뇌핵이 제도된 것이다.

주감각핵의 제도는 교뇌막관법을 활용한다.
검지 둘째 마디를 엄지로 지그시 누르면서 굴곡시킨다.
그런 다음 나선 호흡으로 교뇌까지 들이쉰다.
숨을 내쉬면서 두피의 표면 감각과 얼굴의 표면 감각을 전체적으로 주시한다. 그러면서 부담이 느껴지는 부위를 인식한다.
처음에는 부담이 안 느껴질 수도 있다.
반복하다 보면 부담이 나타난다.
부담이 느껴지는 부위를 주시하면서 혀끝을 입천장에 붙인다.
그런 다음 혀끝을 조금씩 움직이면서 입천장의 감각과 부담으로 느껴지는 부위의 감각을 일치시킨다.
혀끝에 두어지는 힘의 세기를 조절하면서 부담의 상태를 느껴본다. 부담이 사라질 때까지 그 상태를 유지한다.
머리와 얼굴의 체감각계는 뇌하수체와 연결되어 있고 입천장은 뇌하수체 전엽과 연결되어 있다.
그 연결을 매개하는 것이 주감각핵이다.
입천장의 감각체계는 뇌하수체 전엽을 자극하면서 두부체감각계 전체와 연결되어 있다.
지름 약 2cm 정도 되는 입천장의 범위에 두부체감각계 전체가 연결되어 있다.
혀끝으로 입천장 앞쪽을 자극하면서 두피 감각과 얼굴 감각을 관찰하다 보면 어느 부위가 어느 영역과 연결되어 있는지를 알게 된다.
두부체감각의 부담이 사라지면 양쪽 어금니를 지그시 물어준다. 이때 혀끝은 입천장에 붙인 상태이다.
어금니를 물어 주면서 어금니의 교합을 느껴본다.
위아래 어금니가 서로 잘 맞닿아 있는지 살펴본다.
떠 있는 느낌이나 틀어진 느낌이면 무는 압력을 조절해서 교합을 맞춰준다.
교합을 맞춘 다음에는 양쪽 관자놀이의 압력을 느껴보고 높이를 가늠해 본다.
좌우 높이가 똑같이 느껴지면 관자놀이에서 주감각핵까지 수평선을 그어준다.
숨을 들이쉬면서 수평선을 따라 주감각핵까지 들어가고 다시 숨을 내쉬면서 관자놀이로 나온다.
이 과정을 반복하다 보면 손오공의 머리띠가 느껴진다.
양쪽 관자놀이에서 뒤통수로 연결되어 있는 수평선이 느껴지고 미심에서 관자놀이로 이어지는 머리띠가 느껴진다.
숨을 들이쉬면서 손오공의 머리띠가 교뇌까지 조여들도록 유도한다. 그런 다음 숨을 멈추고 주감각핵의 상태를 느껴본다.
교뇌부에서 혈관의 박동이 느껴지면 숨을 내쉬면서 머리띠가 확장되도록 한다.
이 과정을 반복하다 보면 온몸의 근육이 퍼득거리는 것이 느껴진다.
그런 상태가 되면 살갗 호흡법으로 몸 전체를 세수한다.
뇌신경을 씻어주고 경수를 씻어주고 흉수, 요수, 천수를 씻어준다.
들숨에는 머리띠를 조여주고 날숨에는 세수를 한다.
근육의 잔떨림이 사라지고 주감각핵이 텅 비워지면 다음 과정으로 넘어간다.

삼차신경운동핵의 제도는 교뇌막관법을 활용한다.
엄지를 굴곡시켜 운동핵을 자극한다.
검지 끝으로 엄지 손톱을 지그시 눌러준다.
백회에서 교뇌까지 나선 호흡으로 들이쉰다.
이때 손오공의 머리띠도 함께 조여서 교뇌까지 수축시킨다. 들숨에 숨을 멈추고 운동핵을 느껴본다. 어금니는 꽉 다문 상태로 혀끝은 입천장에 붙인 상태이다.
교뇌에서 혈관 박동이 느껴지면 천천히 숨을 내쉬면서 머리띠를 확장시킨다. 이 과정을 열 번 반복한다.
그러다 보면 팔다리가 저절로 움직이는 것을 느끼게 된다.
툭툭거리면서 팔다리가 움직이는데, 의도하지 않아도 저절로 움직인다. 관여하지 말고 호흡을 계속한다.
숨을 내쉬면서 양쪽 얼굴의 광대뼈를 느껴본다.
좌우 감각이 똑같은지 비교해 본다.
눈을 감은 상태에서 밝음의 상태를 비교해 본다.

얼굴 면의 상태를 앞뒤로 느껴보고 좌우로 느껴본다.
얼굴 면이 기울어지게 느껴지면 엄지의 굴곡 각도를 조절해서 교정해 준다. 한쪽 면이 뒤로 밀려나 있는 것처럼 느껴지면 그쪽 검지에 힘을 주면서 얼굴 면의 상태를 느껴본다. 좌우 면이 균등하게 느껴지면 다음 과정으로 넘어간다.
호흡을 들이쉬었다가 내쉬면서 위쪽 어금니 상태를 느껴본다. 이때 어금니는 지그시 힘을 줘서 물고 있는 상태이다. 좌우 어금니의 높이를 비교해 본다. 어금니에 가해진 압력을 느껴본다. 좌우가 기울어 있으면 내려와 있는 쪽 어금니에 힘을 주어 압력을 올려준다. 몇 번만 반복하면 높이가 조절된다. 이 과정을 반복하다 보면 온몸에 힘이 빠지면서 허기가 느껴진다. 이런 증상이 나타나면 뇌하수체가 교정되고 있는 것이다.
입술 상태를 느껴본다.
입술 중앙선에서 좌우 상태가 균등하게 느껴지는지 살펴본다. 한쪽으로 기울어 있다든지 어느 한쪽이 부풀어 있는 것처럼 느껴지면 교정을 해준다.
호흡을 들이쉰다. 나선 호흡과 머리띠 호흡을 병행한다.
날숨에 "미~~~~ " 하고 길게 발성한 다음 숨이 다하면 "음!" 하면서 딱 끊어 준다.
미~~~~ 할 때는 양쪽 입술 꼬리의 떨림을 관찰한다.
떨림의 강도가 똑같아질 때까지 발성을 계속한다.
음! 할 때도 입술이 닫히는 느낌을 살펴본다.

균등하게 느껴지면 교정된 것이다.

입술 교정은 안면신경을 교정하는 것이다.

안면신경은 얼굴의 체감각을 뇌하수체에 전달해 주는 역할을 한다.

안면신경이 불균형하면 뇌하수체 호르몬분비가 비정상적으로 이루어진다. 심장박동을 조절하고 뇌혈관 상태를 조절하는 기능이 안면신경과 뇌하수체의 공조로 이루어진다. 미음 발성 시에 입술 떨림을 4뇌실까지 이끌어가는 것이 중요하다.

4뇌실이 미~~~발성으로 파동하면 4뇌실에서 생성되는 생체 전기가 운동핵과 안면신경에 제공되면서 훼손된 영역에 재생이 일어난다.

뇌척수액이 파동하면 850mV의 생체 전기가 생성된다.

그렇게 되면 세포막에서 분리되어 나갔던 선천혼이 다시 활동하게 된다. 선천혼이 활동하면서 세포재생이 일어나고 세포 제도가 진행된다.

세포에서 분리된 선천혼은 별아교세포 속에 내장되어 있다. 그러다가 고유진동수가 안정되고 생체 전기가 강해지면 다시 활동한다. 뇌파가 세타파가 되고 생체 전기가 800mV 이상 생성이 되면 선천혼이 깨어난다.

나선 호흡과 머리띠 호흡을 병행하면서 날숨에 가슴신경 전체를 자극한다. 이때 혀의 위치는 입의 중간에 둔다.

교뇌에서 척수로 숨을 내쉬면서 가슴신경 전체를 자극한다.
심장박동이 느껴지는지 살펴본다.
심장박동이 안 느껴지면 엄지를 더 세게 눌러준다.
심장박동이 느껴지면 날숨을 요수까지 끌어내린다.
그런 다음 양쪽 다리로 호흡을 내린다.
양쪽 발바닥 용천혈에서 심장박동을 느낀다.
용천의 진동과 교뇌의 진동을 일치시킨다.

삼차신경 척수핵의 제도는 연수막관법을 활용한다.
엄지로 4지 첫째 마디와 둘째 마디를 지그시 눌러준다. 혀를 아래 이빨 뒤쪽에 살짝 대고 나선 호흡으로 연수까지 들이쉰다.
숨을 내쉬면서 연수와 천수를 연결한다.
날숨의 감각이 천수를 훑고 지나가도록 한다.
성선신경총이 영입되는 전체 영역을 살펴본다.
전립선, 방광, 직장, 신장의 상태를 살펴본다.
혀끝을 아래 이빨 뒤쪽에 살짝 댄 상태에서 시~~~~ 하고 길게 발성한다.
그런 다음 혀를 입천장에 붙이면서 "옷!" 하고 짧게 끊어준다.
소리는 크지 않아도 된다.
작은 소리로 시~~~ 하면서 이빨 사이로 바람을 일으킨다.
날숨으로 성선신경총이 자극되는 것과 시~~~의 발성이

천골부에서 동치되도록 한다. 호흡의 느낌과 발성의 진동이 동치되면 전립선, 방광, 직장, 신장 부위에서 냉기가 빠져나간다.
이 과정을 반복하다 보면 이빨 사이에서 찬 바람이 느껴진다. 이빨이 시릴 정도로 찬바람이 일어나서 발성과 함께 빠져나간다.
냉기가 해소될 때까지 이 과정을 반복한다.
이빨의 냉기가 사라지면 척수핵이 제도된 것이다.
삼차신경척수핵은 사랑니와 연결되어 있다.
척수핵 경로가 약해질 때 사랑니가 돋아난다.
때문에 사랑니를 함부로 빼면 안 된다.

생식세포가 생겨나는 경로가 제도되면 욕정이 사라진다. 그렇게 되면 생식세포를 제도할 수 있는 근기가 갖춰진 것이다.

정을 제도해서 생체 에너지로 전환하는 방법이 '채약법'이다.
채약법을 통해 정이 제도되면 '환정'을 이루었다 말한다.
채약은 견성오도 이후에 행하는 자기 제도의 과정이다.
밝은성품과 선천기, 후천기를 합쳐서 생식세포를 생체 에너지로 전환했을때 채약을 이루었다 말한다.
생식세포를 제도하면 무생(無生)할 수 있는 몸의 조건을 갖춘 것이다. 이때부터는 공무변처정과 식무변처정, 무소유처정으로 나아가서 의식·감정·의지를 완전하게 제도한다. 무소유처정에 들어가서 반야해탈도를 이루면 무생(無生)을 이룬 것이다.

역무생진(亦無生盡)은 보살도에 들어가서 생멸심을 제도하는 것이다.
생(生)이 있고 나서 보살도에 들어가는 것은 이때나 지금이나 똑같은 과정을 거쳐야 한다. 때문에 역무생진(亦無生盡)하는 방법 또한 보살도 전체 과정이 활용된다.

무사 역무사진 無死 亦無死盡
노사(老死)는 늙고 죽는 것을 말한다.
무노사(無老死)란 늙고 죽음에서 벗어난다는 뜻이다.
역무노사진(亦無老死盡)은 보살도에 들어가서 노사의 원인을 제도하는 진여수행을 하라는 말이다.

원신의 죽음과 네피림의 죽음, 그리고 땅생명의 죽음은 그 형태가 다르다.
땅생명들은 죽게 되면 육체가 부패된다.
자기 제도를 하지 못한 네피림들도 육체가 부패된다.
수행을 통해 적정을 체득한 네피림들은 육체가 오금(五金)으로 변해서 죽음을 맞이한다.
썩는 육체로 죽음을 맞이하는 것은 고통스럽다.

오금으로 죽음에 들어가는 것은 죽음 자체도 환희롭다.
육체의 얽매임에서 해방되기 때문이다.
죽음을 통해 육체에서 분리된 영혼은 자기 고유진동수에 맞는 세계에 처해지게 된다. 그로써 생멸문 안에 육도윤회계가 생겨난다.
죽음을 통해 영혼으로 돌아간 생명들은 새로운 형태의 생을 맞이하게 된다.
영혼이 갖고 있는 고유진동수와 원신적 구조에 따라 태어나는 세계가 달라지고 서로 다른 생의 형태를 갖게 된다.
원신의 구조와 형태에 따라서 일곱 종류의 생명이 나타나고, 여섯 종류의 세계가 펼쳐진다.
식물, 동물, 무정, 인간, 신, 원생물, 땅생명이 일곱 종류의 생명이고 천상계, 인간계, 아수라계, 지옥계, 축생계, 아귀계가 여섯 세계이다.

태생이나 난생을 통해 태어난 생명들은 늙음과 질병의 고통에 처해지게 된다.
늙음과 질병으로 인해 육체의 훼손이 정도 이상 이루어지면 죽음에 들게 된다.
질병의 원인은 수없이 많다.
하지만 질병의 결과로 나타나는 것은 세포 구조물의 훼손이다.
세포는 생명 공간이다.

생명 공간(生命空間)은 생명 정보와 생명 에너지, 고유진동수로 이루어져 있다.
생명 공간을 이루고 있는 세 가지 요소의 불균형과 부조화로 질병이 생긴다.
세포 간에 생명정보가 단절되면 병이 생긴다.
세 종류의 생명에너지 간에 부조화가 이루어지면 병이 생긴다.
고유진동수가 불안정하면 병이 생긴다.
각종 유전병에서부터 난치병에 이르기까지 다양하고 광범위한 질병들이 생명 정보의 단절로 생겨난다.
생명 정보를 단절시키는 원인 또한 수없이 많다.
감염이나 훼손, 스트레스나 중독, 신경 전도의 차단이나 호르몬 불균형 등이 생명 정보를 단절시키는 대표적인 원인들이다.
전자기에너지와 양자에너지, 초양자에너지 간의 불균형이 질병을 일으킨다.
두려움이나 공포, 탐욕과 성냄이 고유진동수를 불안정하게 한다. 그렇게 되면 선천백과 유전백이 변이를 일으키면서 세포 대사가 비정상적으로 이루어진다.
선천백의 변이가 8단계를 넘어서면 세포 구조물이 붕괴되면서 질병이 깊어진다.

늙음은 선천혼(先天魂)이 세포를 떠나면서 시작되었다.

선천혼이 세포 안에 존재하면 세포의 물질성이 오금의 성향을 갖게 된다.

오금으로 이루어진 세포는 훼손되지 않는다. 때문에 수명이 무한하다. 선천혼이 세포를 떠나면 오금이 사라진다. 그때부터 세포는 수명을 갖게 된다.

선천혼이 떠난 세포는 선천백(先天魄)이 대사를 주관한다. 세포가 훼손되면 선천백은 세포를 복원시킨다. 이때 쓰이는 것이 환원전자이다.

선천백이 갖고 있는 환원전자는 다양한 경로로 활용된다. 습득혼을 유전혼으로 전환시키는 데에도 활용되고 이화와 동화에도 활용된다.

텔로미어도 선천백이 갖고 있는 환원전자로 이루어져 있다. 세포가 분열될 때마다 텔로미어가 줄어든다.

선천백이 갖고 있는 전자가 소모되면서 늙음이 생겨나고 수명이 생겨난다.

세포의 막간 거리가 멀어지면서 오는 늙음은 일시적인 것이다. 막간 거리가 조절되면 다시 회복된다.

백이 걷히고 나서 영혼이 정수리로 빠져나가는 것이 가장 편안하다. 코나 입이나 상처로 영혼이 빠져나갈 때는 대단히 고통스럽다. 두정부 피질이 막혀 있으면 영혼이 정수리로 빠져나가지 못한다.

백이 빠져나가고 영혼이 합쳐질 때는 영은 침잠하고 혼은 부상한다. 육체 구조물 안에서 영은 뇌와 척수 영역에 깃들어 있다. 대뇌에는 습득영이 내재되어 있고 소뇌에는 유전영이 내재되어 있으며 척수에서는 선천영이 내재되어 있다. 혼성은 시상과 대뇌변연계에 내재되어 있고 심장, 간, 비장, 폐, 신장에 내재되어 있다.
혼성도 습득혼, 유전혼, 선천혼이 있다.
습득혼은 영양소이고 유전혼은 부모한테서 받은 혼성이다. 선천혼은 영과 함께 들어온 혼이다.
그중에서 5장에 거하는 혼성이 선천혼이다.
5장의 혼성은 시상의 혼성과 서로 공명하면서 감정을 일으키는 원인으로 작용한다. 선천혼은 습득혼들을 유전혼으로 바꾸고 세포재생을 담당한다.

죽음에 이르러서는 장부에 있는 혼성들이 먼저 걷힌다.
그다음에는 감각을 지배하는 혼성이 걷히게 된다. 감각을 지배하는 혼성이 걷힐 때 신경에 남아있던 백이 함께 걷힌다.
혼이 걷힐 때는 오장에 나누어져 있던 혼성과, 시상과 변연계 쪽에 남아있던 혼성이 심장에서 하나로 합쳐진다.
그런 다음 머리 쪽으로 올라간다.
척수, 대뇌, 소뇌에 내재되어 있던 영은 시상부에서 합쳐져서 인후부로 내려온다. 혼이 올라가고 영이 내려오는 것은 동시에 이루어진다.

영성과 혼성이 만나는 자리가 목의 갑상선 부위이다.
영혼이 만나면서 엄청난 에너지가 생성된다.
본성에서 밝은성품이 생성되듯이 초양자에너지와 양 에너지, 전자기에너지가 동시에 생성된다. 그 형상이 백색의 빛무리로 드러나는데 이것을 '원초투휘광채'라고 한다.

이것이 중음(中陰)의 시작이다.
중음이란 육체를 벗어난 영혼이 윤회에 들기 전에 겪게 되는 과정을 말한다. 영혼이 인후부에서 만나 서로 합쳐지면 이것을 '초입 중음에 들어갔다'라고 말한다.
대부분의 사람들은 영혼이 만날 때 정신을 잃어버리기 때문에 원초투휘광채를 인식하지 못한다.
기절하지 않으면 원초투휘광채를 볼 수 있다.
그렇게 되면 원래 자기 몸이 그런 모습인 것을 알게 된다.
기절을 하면 원초투휘광채가 목 부위에서 아랫배 쪽으로 내려와서 성선신경총을 돌고 꼬리뼈로 해서 척추를 타고 머리로 올라간다. 그때 피질 경로가 막혀 있으면 백회로 빠져나가지 못하고 다시 되돌아온다. 그런 다음 코로 빠져 나가던지 입으로 빠져나간다.
영혼이 이렇게 빠져나가면 아주 고통스럽다.
착한 사람은 영혼이 백회로 빠져나간다.
악한 사람은 코나 입으로 빠져나간다.
정신을 잃지 않았다면 영혼이 몸에서 움직이는 것을 볼

수가 있다.
중음의 과정에서 다 걷히지 못하는 혼성들이 있다.
그런 혼들은 나중에 다시 걷혀서 영혼에게 돌아오기도 하고 특정 장소에 묶여있기도 한다.
꿈에 자주 나오는 장소가 있으면 그곳이 내 혼이 묶여있는 장소일 수 있다.

원초투휘광채를 인식하지 못하고 기절하면 이틀 반에서 삼일 사이에 깨어난다. 그렇게 되면 자기 육체를 보게 되고 가족들도 보게 된다. 그때 오장에 남아있던 혼성이 먼저 빠져나간 영혼과 합쳐지는 현상을 접하게 된다. 첫날에는 백이 영혼과 합쳐지는 형상이 나타나고, 그다음 날에는 그 사람의 의식 성향에 따라 오장에서 걷어진 혼성이 차례대로 다가온다. 그때 다가오는 형상이 우릉우릉 소리가 나고 번쩍번쩍 빛이 나는 모습이다.
그런 현상을 접하더라도 무서워하지 말고 거부하지 않아야 한다.
'저것은 중음의 과정에서 다 걷히지 못했던 혼이 다시 돌아오는 것이다.'라고 생각하고 그 빛을 거부하지 말고 받아들여야 한다.

그런 현상이 3, 4, 5, 6, 7, 8일째까지 다가온다.
영혼이 그 빛을 받아들이면 영혼으로 살아갈 수 있는 생명 에너지를 얻게 되지만 그 빛을 받아들이지 못하면 생명 에너지가 고갈되면서 보는 것이 끊기고 듣는 것이 끊기고 느끼고 말하고 생각하고 움직이는 것이 끊기게 된다. 그렇게 되면 중음신이 된다. 중음신들은 어둠에 갇혀 있다.

3일에서 8일까지 혼의 현상이 지나가면 9일째에는 좋고 싫은 것에 대한 기억이 떠오른다. 좋아하는 것이 많았으면 좋아하는 현상이 안, 이, 비, 설, 신, 의를 통해 6일 동안 떠오르고, 싫어하는 것이 많았으면 싫어하는 현상이 안, 이, 비, 설, 신, 의를 통해 6일 동안 떠오른다.
영가가 부정적 성향이 강했느냐 긍정적 성향이 강했느냐에 따라 남은 시간이 달라진다. 부정적 성향이 많았으면 좋아하는 것이 하루 동안 나타나고 싫어하는 것이 6일 동안 나타난다. 반대로 긍정적 성향이 많았으면 좋아하는 것이 6일 동안 나타나고 싫어하는 것이 하루 동안 나타난다. 이때 좋아하는 것에 빠져있으면 좋아하는 것으로 윤회에 든다. 사과를 너무 좋아해서 사과 벌레로 태어날 수도 있는 것이다.
싫어한 것이 많아서 거부하다 보면 그걸 피해 다니다 싫은 것과 반대되는 것으로 태어나게 된다. 그것도 안 좋은 것이다.
그래서 그날이 찾아오면 좋고 싫은 것을 여의어야 한다.
영혼의 삶을 준비하는 사람은 좋은 것도 갖지 말고 싫은 것도 갖지 말아야 한다. 좋은 것에도 아무렇지 않고 싫은 것에도 아무렇지 않은 그런 근기를 쌓아가는 것이 영혼의 삶을 준비하는 것이다.
좋고 싫은 것 때문에 7일이 금방 지나간다.
칭찬받는 것을 좋아하면 6일 동안 칭찬만 듣다가 금세 지나 버린다. 그렇게 되면 그 6일 동안 생명 에너지가 고갈된다. 나중에는 아무것도 보이지 않고 아무것도 들리지 않는 상태가 된다.

그 시간이 지나고 16일째가 되면 그 뒤로 다가오는 것이 탐진치(貪瞋癡)의 길이다.
탐심은 의식에서 오고, 진심은 감정에서 오며, 치심은 의지에서 온다.
의식이 무언가에 집착하면 그것이 탐이다.
감정이 희, 노, 애, 락, 우, 비, 고뇌에 빠져 있는 것이 진심에 빠져 있는 것이다.
의지가 비교하고 분별하고 고집부리고 하면서 자기를 잃어버리는 것이 치심에 빠져 있는 것이다.
탐심의 길은 흰색의 길이고,
진심의 길은 붉은색의 길이고,
치심의 길은 검은색의 길이다.
탐심의 날에 처해지면 영혼은 하얀색의 길을 가게 된다. 소금처럼 하얀 빛으로 뻗어있는 길을 계속 걷게 된다. 의식에 탐심이 있으면 그 길을 걷게 된다. 하루 종일 걷다 보면 그만 걷고 싶다는 생각을 하게 된다. 그래서 앉아서 쉬려고 하면 그 자리가 오물로 덮여 있고 뱀들이 우글거린다.
하루 종일 걷다가 피곤한데 쉬지도 못하니 화가 난다. 그렇게 되면 진심의 길이 열린다.
진심의 길은 붉은색 길이다.
하얀색 길이 끝나고 빨간색 길이 펼쳐지면 그때는 호기심이 발동한다. 신기해서 그 길을 가다 보면 가도 가도 끝없이 붉은색 길이 이어진다. 쉬고 싶어도 쉴 수가 없다. 힘이 빠지고 정신이 혼미해지고 너무 힘들어서 죽을 지경이 된다. 그러면 깜깜한 어둠의 길이 눈 앞에 펼쳐진다. 생명력이 고갈되고 보는 기능이 사라져서 어둠 속을 걸어가게 된다. 그 어둠은 각성이 없어서 생겨난 것이다. 망각의 길이며 치심의 길이다.
그 길을 가다가 아! 난 도저히 못해, 하고 철퍼덕 주저앉아 버리면 길이 뚝 하고 끊어져 버린다. 그 상태에서는 앞을 봐도 낭떠러지, 뒤를 봐도 낭떠러지, 옆을 봐도 낭떠러지이다.
그 상태에서 어! 하다 떨어지면 엄마 뱃속으로 들어간다. 탐, 진, 치의 길에서 윤회에 들면 가장 안 좋은 상태에서 태어나는 것이다. 그렇게 태어나면 좋은 엄마를 만날 수 없다. 두려움과 분노 답답함을 안고 태어나게 된다.

다행히 탐진치의 길에서 윤회에 들지 않게 되면 그때 새로운 마음이 일어나게 된다. 모든 에너지가 고갈된 데서 오는 평안함이 생긴다.
그 평안함으로 인해 4가지 성스러운 몸이 발현된다.
원초신, 법신, 화신, 보신이 성스러운 4가지 몸이다.

죽어서 19일째 되는 날은 대단히 중요한 날이다.
원초신은 본래 한 생명으로 존재했을 때의 몸이다.
천지만물로 세분화되기 이전에 한 생명으로 존재할 때가 원초신이다.
원초신의 의식은 아주 단순하다. 6개의 주체의식과 본성으로 이루어진 상태다. 영혼이 원초신으로 돌아갈 수 있는 기회를 사후 19일째에 맞이하게 된다. 하지만 각성이 없으면 그 상태에 머물지 못한다.
욕심도 없고 감정도 없고 분별심도 없으면 그것이 심심하고 무료하게 느껴진다. 심지어는 답답하게 느껴진다.
그렇기 때문에 원초신의 상태에 머물 수 없게 된다.
생전에 닦음이 있었으면 이날 원초신을 이룰 수 있다.
하지만 심심하고 무료하고 외로운 것을 극복하지 못해서 원초신으로 돌아갈 수 있는 기회를 놓치게 된다.
심심하고 무료한 시간이 지나면 정신이 맑고 투명해진다.
눈으로 보이는 것은 텅 빈 공간뿐이다.
생전에 공관을 해본 사람이라면 이것이 적멸상인 것을 알게 된다.
그러면 그 상태에 머물러서 지극하게 음미하게 된다.
이 과정을 통해 법신(法身)이 이루어진다.
'배고픔도 없고 목마름도 없다.'
법신을 이루게 되면 무생법인(無生法印)을 성취했다 말한다.
공관에 들면 최소한 무색계 4천에서 태어나게 된다.
욕념도 없고 육체에 대한 집착도 없는 존재가 태어나는 세계이다. 하지만 텅 빈 공간을 보는 것을 심심해하면 법신을 이루지 못한다.
자꾸 뭔가를 상상하면서 하루를 허비하게 된다.

그다음 날에는 편안함이 찾아온다.
그날에는 희, 노, 애, 락, 우, 비, 고뇌가 없고 편안한 마음이 생긴다. 그때 누군가를 생각하면 그 사람의 마음이 그대로 느껴진다.
편안함이 중심을 이루고 그 상태에서 일치가 이루어지는 것을 '화신이 발현되었다'라고 말한다.
영혼이 화신을 이루게 되면 그리움을 통해 화생을 이룰 수 있는 능력을 갖추게 된다. 하지만 편안한 마음을 지켜가지 못해서 화생의 능력을 잃어버리게 된다.
보고 싶은 사람을 그리워하면서 일치가 이루어지면 그것에 애착하면서 편안함을 잃어버린다. 때로는 거부하면서 편안함을 잃어버리게 된다.

편안함에 머물러 지극함을 갖추면 그것이 곧 선정인데 선정에 머무르지 못하는 것이다. 슬픈 어머니와 일치되면 슬퍼서 편안함을 잃어버리고, 미운 사람과 일치되면 원망하면서 편안함을 잃어버리게 된다.
그러면서 하루를 지내면 화신을 이룰 수 있는 기회가 사라져 버린다.
편안함을 유지하고 선정을 지키면 2선정, 3선정으로 들어가면서 천상세계에서 화생할 수 있는 조건을 갖추게 된다. 원초신, 법신, 화신은 생전에 수행을 하지 않았으면 성취할 수 없다. 영혼으로 돌아가서 최고의 승화를 이룰 수 있는 기회를 놓쳐버리게 되는 것이다.
죽음을 통해서 얻을 수 있는 두 가지 이로움이 있다.
첫 번째 이로움이 원신적 진화를 이루는 것이고,
두 번째 이로움이 더 큰 생명으로 더 좋은 세상에 태어날 수 있는 기회를 갖게 되는 것이다.

화신의 날이 지나가면 그다음에 찾아오는 것이 원만보신의 날이다.
이날은 사후 22일째 되는 날이다.
이날에는 이런저런 잡다한 생각들이 일어난다.
특히 비교되는 상황들이 떠오른다.
좋은 것과 싫은 것, 큰 것과 작은 것, 옳은 것과 그른 것 등등 서로 상반되는 기억들이 잡다하게 떠오른다.

그런 상황에 처해지면 좋은 것도 편안하게 지켜보고 싫은 것도 편안하게 지켜본다. 현상에 치우쳐서 분별과 편견에 빠지지 말고 '어떻게 쓸 것인가?'를 생각해야 한다. 떠오르는 기억들을 천도하는 마음으로 하나하나 승화시켜 아름다운 모습을 갖게 하면 그것이 바로 원만보신을 이룬 것이다.

성스러운 네 가지 몸을 발현시킬 기회를 놓치게 되면 육도윤회계가 열린다. 그날이 23일째 되는 날이다.

죽음은 식의 틀이 바뀌는 것이다.
식의 틀은 크게 세 개로 이루어졌다.
영의식의 틀, 혼의식의 틀, 육체의 틀이 그것이다.
12연기 전체를 놓고 보면 유, 생, 사(有, 生, 死)는 육체가 일으키는 식의 변화이다.
촉, 수, 애, 취는 혼이 일으키는 식의 변화이다.
육입, 명색, 식은 영이 일으키는 식의 변화이다.
죽음은 육체를 갖고 있는 생명이 영과 혼으로 식의 틀을 바꾸는 것이다.
중음의 과정을 통해 식의 틀이 바뀌는 과정을 상세하게 들여다볼 수 있다.
중음의 시작은 체백이 걷히는 것이다. 이것을 초입중음이라 한다.
그다음에 혼이 걷히고 영이 걷힌다.

영혼이 합쳐져서 육체를 빠져나가면 이때가 중간중음에 든 것이다.
원초투휘광채를 인식할 때가 만중음의 상태이다.
정신을 잃어버렸다가 깨어나는 경우도 만중음에 든 것이다.
만중음의 과정을 통해 식의 틀이 변화된다.
원초투휘광채를 인식하는 경우에는 그 상태 그대로 영의 몸을 갖추게 된다.
그렇게 되면 윤회에 들더라도 무색계에 태어난다.
원초투휘광채를 인식하지 못한 경우에는 정신이 깨어난 이후에 다가오는 현상들을 얼마만큼 수용했느냐에 따라서 서로 다른 식의 틀을 갖게 된다.
셋째 날에 다가오는 체백의 몸을 받아들이면 생명 에너지가 충분하게 갖추어진 영혼의 몸을 갖게 된다.
넷째 날부터 여덟째 날까지 다가오는 혼의 빛을 받아들이면 혼의 몸이 온전해지고 안, 이, 비, 설, 신, 의가 활동할 수 있는 힘을 얻게 된다.
아홉째 날부터 십오일 째까지 다가오는 안, 이, 비, 설, 신, 의의 좋고 싫은 것을 극복하면 영의 몸이 온전해진다.
16일째부터 18일까지 다가오는 탐, 진, 치를 극복하면 생멸심을 벗어나게 된다. 19일째부터 22일째까지 다가오는 성스러운 4가지 몸을 성취하게 되면 진여문에 들어가게 된다.
이렇듯 중음을 거치면서 생명이 걸어왔던 12연기의 과정을 거슬러 올라간다. 중음은 생명으로 하여금 12연기를 벗어날 수 있는 최고의 기회를 제공해 준다.
깨달음을 얻은 존재는 중음의 과정을 거치면서 자기 생멸심을 제도하고 진여문에 들어간다. 하지만 깨닫지 못한 존재는 중음에 적응하지 못하고 육도윤회에 들게 된다. 생전에 견성오도를 이룬 존재는 중음을 통해 생멸문을 벗어나서 진여문으로 들어갈 수 있다.
중음에서 나타나는 현상은 사람마다 다르다.
살아오면서 쌓아진 업식이 다르기 때문이다.
하지만 전체적인 과정은 다르지 않다. 12연기의 과정을 그대로 거쳐간다.

영혼에서 다시 육체로 태어나면 그 또한 식의 틀이 바뀌는 것이다.
생사(生死)는 서로 붙어있다.
이쪽에서 생이 일어나면 저쪽에서는 사하고, 저쪽에서 사에 들면 이쪽에서 생이 이루어진다.

12연기를 거쳐온 생명들은 각각의 성향에 따라 여섯 세계를 이룬다. 그 세계를 육도윤회계(六道輪迴界)라 한다. 육도윤회계는 지옥계, 아귀계, 아수라계, 축생계, 인간계, 천상계로 이루어져 있다.
천상계는 신들이 창조한 세계다.

무명(無明)으로 창조된 천상계가 있고, 명(明)으로 창조된 천상계가 있다.

지옥계는 영혼의 생명력이 고갈된 존재들이 처해지는 세계이다. 때문에, 보고 듣고 느끼고 생각하고 말하고 냄새 맡고 생각하는 기능이 원활하게 이루어지지 않는다. 지옥계는 공포와 두려움, 분노가 지배하는 세계이다.

아귀계는 영혼으로 돌아가서도 먹는 습성을 버리지 못한 생명들이 처해지는 세계이다. 영혼으로 돌아가서도 계속 먹으려고 하다 보니 배고픔이 해소되지 않는다.

아귀계에 들어가면 배고픔의 고통에서 벗어나지 못한다. 그런 생명을 아귀라고 한다.

아수라는 투쟁심과 경쟁심으로 살아가는 생명이다. 싸워서 이겨야 하고 경쟁해서 최고가 되어야 하는 생명들이 아수라가 된다. 깨달음을 얻었어도 경쟁의식을 갖고 있으면 아수라가 된다.

견성오도를 했어도 투쟁심을 제도하지 못했으면 아수라로 태어난다.

축생계는 원신의 구조가 5개 이하로 갖춰진 생명들로 이루어진 세계이다. 식물이나 동물, 원생물들이 축생계에 속해있다.

인간들로 이루어진 세계가 인간계다.

인간은 6개의 주체 의식으로 이루어진 생명이다.

인간은 의식과 감정이 균등하게 갖춰진 생명이다.

인간 중에는 아수라의 성향을 갖고 있는 존재도 있고, 신의 성향을 갖고 있는 존재도 있다.
천상계의 신들은 6개의 주체의식을 갖고 있으면서 적정성을 함께 갖추고 있다.
인간은 적정성이 부족한 반면에 분별성이 발달되어 있다.
신들은 분별성이 부족한 반면에 적정성이 발달되어 있다.

사후 23일째부터 28일까지 육도윤회계가 열린다.
육도윤회계가 열리는 순서는 망자가 갖고 있는 생명적 성향에 따라 서로 다르다.
투쟁심이나 경쟁심이 많은 사람은 아수라계가 먼저 열린다.
아수라계가 열릴 때는 우중충한 녹색 빛이 사방에 깔려있다.
번쩍번쩍 빛나는 녹색 빛은 부처님의 광명이다.
하지만 우중충한 녹색 빛은 아수라의 광명이다.
투쟁하기 좋아하고 경쟁하기 좋아하고 지고는 못 사는 성격을 갖고 있는 사람은 육도윤회계가 시작될 때 녹색 빛이 먼저 나타난다. 녹색 빛이 나타나면 그 빛을 편안해 하고 좋아한다. 그렇게 되면 아수라계에 태어난다.
인간이 아수라계에 태어나면 큰 아수라들에게 핍박받고 괴롭힘을 당하게 된다. 우중충한 녹색 빛에 처하게 되면 그 자리에 앉아서 참회를 해야 한다. 경쟁심과 투쟁심을 제도하지 못해서 이와 같은 과보를 받았다고 생각하고 고요히 앉아서 참회하고 수행심을 일으켜야 한다.

"지금 이 순간 모든 투쟁심과 경쟁심을 버립니다. 오로지 편안한 것으로 돌아가고자 하니 부처님께서 참회를 받아주시고 미천한 중생을 이 세계에서 거두어 주십시오. 다시는 투쟁심과 경쟁심을 갖지 않겠습니다" 이렇게 참회하고 발원한 다음, 고요하게 앉아서 수행을 해야 한다. 마음이 편안해지면 그때 주변에서부터 우릉! 우릉! 하는 소리가 들린다. 그때 눈을 뜨고 주변을 보면 넘실거리는 오색빛이 다가온다.

그 빛은 사후 3일째부터 8일째까지 다가왔던 혼백의 빛이다. 그 빛이 다가오면 기꺼운 마음으로 그 빛을 받아들여야 한다. 그렇게 되면 오색 빛의 몸으로 천상세계에 태어난다.

지옥계가 열릴 때는 우중충한 갈색빛이 안개처럼 깔려있다. 지옥계에 처해지는 것은 중음의 기간 동안 쫓기고 도망다니면서 자기 생명력을 잃어버렸기 때문이다.

중음의 시간 동안 죽은 영혼이 갖고 있는 생명력을 뺏어가는 영혼들이 있다. 그런 영혼들은 살아있는 사람의 생명력도 뺏어간다.

중음신이나 천신들 중에 그런 존재들이 있다.

천신은 생명이 갖고 있는 밝은성품을 탐한다.

중음신들은 혼의 에너지를 탐한다.

그런 영혼들에게 생명 에너지를 뺏기는 것은 자기 에너지가 음화되어 있기 때문이다. 생명 에너지가 음화된 사람은 고통스럽게 죽음을 맞이한다. 그런 사람은 영혼의 에너지도 음화되어 있다. 그런 영혼이 중음신을 만나면 자기 생명력을 빼앗기게 된다.

부정적인 의식이나 거부 의식, 분노는 영혼의 주체의식을 분리시키게 된다. 지옥 생명들은 대부분 생명력이 고갈돼서 안, 이, 비, 설, 신, 의의 주체의식들이 훼손되어 있다. 그런 조건에서는 편안함을 갖추는 것도 어렵고 주체 의식을 다시 회복시키는 것도 어렵다. 때문에 한번 지옥계에 들어가면 장구한 세월을 보내게 된다.

우중충한 갈색빛에 처해지면 지옥계에 든 것이다.

그런 상태에 빠지면 참회를 해야 한다.

"내 마음의 부정의식이 생명력을 음화시켜 그 과보로 지옥계에 처해졌습니다. 다시는 분노하지 않고 미워하지 않겠습니다. 용서해 주십시오."

그런 다음 그 자리에 앉아 마음을 편안히 하기 위한 노력을 해야 한다. 마음이 편안해지면 우릉우릉 소리가 나고 번쩍번쩍 빛나는 오색의 빛이 다가온다. 그 빛을 받아들이면 생명력이 채워지면서 지옥계를 벗어난다.

그 일이 오늘 일어날 수도 있고 내일 일어날 수도 있다. 10년 뒤에 일어날 수도 있고 100년 뒤에 일어날 수도 있다. 100년 뒤에라도 마음이 편해지면 언제라도 그 빛은 다가온다.

중심을 세워서 마음을 편안히 하고 생각이 아무렇지 않도록 하는 것이 영혼의 양식을 얻는 최고의 방법이다. 무념과 무심이 서로를 비추면서 만들어내는 밝은성품이 영혼에게는 최고의 양식이다.
생전에 무념·무심과 친숙해지지 못한 중생은 죽어서도 그 상태에 머물지 못한다.
생전에 사마타를 닦고 선나를 닦아서 편안함과 아무렇지 않음에 친숙해지도록 하는 것이 대단히 중요하다.
최고의 공덕과 보시는 다른 생명에게 편안함을 주는 것이다. 편안함과 친숙해지도록 그 환경을 만들어주는 것이 최고의 보시이다. 편안하면 착한 마음도 저절로 생겨난다. 잠시라도 편안함이 주는 기쁨을 느껴본 사람은 언젠가는 해탈의 길에 들어설 수 있게 된다.

아귀계가 열리면 우중충한 붉은빛이 주변을 덮게 된다. 그때가 되면 배가 고파진다. 그냥 고픈 것이 아니고 허기가 진다.
투쟁심이나 경쟁심이 많지 않은 사람은 처음 육도윤회계가 열릴 때 아귀계가 먼저 깨어난다. 배가 고프면 여기저기 먹을 것을 찾아서 헤매게 된다.
이 음식에도 붙었다, 저 음식에도 붙었다 하는데 그런 음식은 아무리 먹으려고 해도 먹을 수가 없다.
영혼으로 존재하면서 자기 스스로 생명 에너지를 생성할 수 있는 생명들은 많지 않다. 최고의 신만이 그런 능력을 갖추고 있다.
그런 생명들은 생멸문 전체를 맘대로 다닐 수도 있다. 대부분의 영혼들은 땅의 에너지나 공간 에너지를 취식해서 살아간다.
영혼이 스스로 먹고사는 법을 모르면 의지해서 살아야 한다. 그러다 보니 얽매여 살게 된다.
몸을 갖고 있었을 때의 먹던 습성을 버리지 못하면 아귀가 된다.
붉은빛에 처했을 때 배고픔이 일어나면 이와 같이 생각해야 한다.
"나는 영혼이다. 나는 이미 육신이 없으니, 나의 배고픔과 나의 목마름은 몸에서 오는 것이 아니다. 그것은 습성에서 오는 것이다. 영혼의 양식은 먹어서 얻어지는 것이 아니다. 그러니 먹는 습성을 버리고 편안한 마음으로 영혼의 양식이 도래하는 것을 지켜보자."
마음을 편안하게 하고 기다리다 보면 우릉우릉 소리가 나고 번쩍번쩍 빛나는 다섯 색깔의 빛이 다가온다. 그 빛을 받아들이면 아귀계에서 벗어나게 된다.

축생계가 열릴 때는 우중충한 청색 빛이 펼쳐진다.
축생의 성향을 갖고 있는 사람은 집착이 강하고 상처에 약하다. 이런 사람들은 우중충한 청색 빛이 아름답게 보인다. 그런 사람이 푸른빛을 보면 휘황찬란하게 보인다. 그래서 쉽게 현혹된다.
축생적 습성은 주체의식의 가짓수에 의해 생겨난다.
집착이나 거부로 인해 주체의식이 떨어져 나갔으면 그 자체가 축생의 상태이다. 그 상태에서 청색 빛을 보게 되면 아름답게 보인다.
축생적 습성이 없는 영혼은 우중충한 청색 빛이 차갑게 느껴진다. 그래서 청색 빛을 싫어한다.
축생은 의식보다 감정이 발달되어 있다.
우중충한 청색 빛이 예쁘게 보이면 축생보에 들어있는 것이다. 그럴 때는 자신을 돌이켜봐야 한다.
"감정을 너무 앞세우고 감정적으로 살아왔기 때문에 내가 지금 축생보를 받는구나. 내가 우매해서 내 영혼이 떨어져 나갔구나. 무엇에 집착해서 나의 영혼이 떨어져 나갔는가?" 이렇게 스스로를 돌이켜봐야 한다.
보는데 집착되어 있으면 아무렇지 않게 보고자 노력을 하고 촉감에 집착되어 있으면 그 마음을 아무렇지 않게 바라봐야 한다. 이렇게 하면 우중충한 청색 빛이 아름답게 보이지 않는다. 이때부터는 더 깊은 편안함을 얻기 위해 노력해야 한다.
마음이 편안해지면 우릉우릉 하는 소리가 들리면서 번쩍번쩍 빛나는 오색빛이 다가온다.
축생보를 받은 사람이 혼의 빛을 맞이하는 것은 쉽지 않다. 주체의식이 분리될 정도로 집착이 강했던 영혼이 원신적 구조를 회복하는 것이 쉽게 이루어지지 않기 때문이다.
사람의 주체의식이 하나 떨어져 나가면 동물로 태어난다.
그런 경우 떨어져 나간 주체의식을 다시 만나려면 수많은 세월을 기다려야 한다.

떨어져 나간 주체의식이 나무 한 그루로 태어났으면 그 나무가 죽을 때까지 기다려야 한다. 나무가 죽었을 때 그 옆에 있다가 다시 합쳐지는 인연을 만나야 인간이 될 수 있다. 한번 동물이 되면 다시 인간으로 돌아오는 것이 대단히 어렵다. 그러니 그런 과보에 빠지지 말아야 한다.

인간계가 열릴 때는 우중충한 황색 빛이 펼쳐진다.
사람으로 태어날 때는 좋은 부모를 만난다는 것이 가장 큰 일이다.
황색 빛에 처해지면 밝고 좋은 공간이 있고 어둡고 침침한 공간이 있다. 그것이 부모에게서 오는 빛이다.
자기 업보와 맞는 부모는 밝게 보인다.
반대로 업보에 맞지 않는 부모는 어둡게 보인다.
그런 상황에 처해지면 스스로 살아왔던 삶을 돌이켜 본다.
'남을 위해 봉사했고 남의 이로움을 위해서 노력했다.
원만한 성품을 갖추기 위해 노력했다.'
만약 그런 삶을 살았으면 밝은 황색 빛을 선택한다.
반대로 잘못된 삶을 살았다고 생각되면 어두운 황색 빛을 선택한다. 자신을 돌아봤을 때, 나 같은 사람을 만나는 것이 싫으면 우중충한 황색 빛을 선택하면 되는 것이다. 그렇게 했을 때 수정이 안 될 수도 있다. 고유진동수가 너무 많이 차이가 나면 수정이 안 되기 때문이다. 고유진동수가 적당하게 차이가 나면 입태가 된다. 하지만 태어날 때까지 많은 괴로움을 겪게 된다.
착하게 잘 살아서 밝은 빛을 선택하면 좋은 부모를 만나게 된다.
인간으로 태어나기 싫으면 아무것도 선택하지 말고 편안하고 고요한 마음을 유지하면 된다. 그러다 보면 우릉우릉 소리가 나고 번쩍번쩍 빛나는 오색 빛이 다가온다. 그 빛을 받아들이면 태어남에 얽매이지 않는 자유로운 영혼이 된다.

천상세계가 열릴 때는 우중충한 백색 빛이 펼쳐진다.
천상세계에 태어나려면 화생을 해야 한다.
인간의 영혼으로는 천상세계에 태어나지 못한다.
화생을 하려면 본성을 인식하고 다른 생명의 호응을 얻어야 한다. 그리고 인간적 습성을 버려야 한다.
천상세계에 태어나려면 이 세 가지 조건을 갖추어야 한다.
무념·무심이 갖추어져서 본성을 인식하고 다른 생명의 호응을 통해 큰 영혼을 갖게 되면 천상세계 중에서도 높은 세계에서 태어날 수 있다. 우중충한 백색 빛에 처해지면 스스로를 돌이켜 봐야 한다.

"나는 어떤 노력을 했는가?
본성을 인식하기 위해 얼마나 노력했는가?
각성은 갖추었는가?
다른 생명에게 어떤 이로움을 줬고, 얼마만큼 호응을 받았는가?
인간의 습성을 얼마나 제도했는가?
중심은 돈독한가?"
이렇게 스스로를 점검해야 한다.
그 결과를 놓고 세 가지 갖춤을 이루었으면 백색 빛 중에서도 밝은 빛을 취한다.
만약 세 가지 갖춤이 부족하다 판단되면 다시 황색 빛으로 돌아온다.
백색 빛의 상태에서 편안한 마음을 유지하면 우릉우릉 소리가 나고 번쩍번쩍 빛나는 오색 빛이 다가온다.
그 빛을 받아들인 후에 편안하게 기다리면 다시 황색 빛이 도래한다. 황색 빛을 취하면 인간으로 태어난다.
육도윤회에 들지 못한 영혼이 29일째를 맞이하면 그때 저승사자의 인연이 다가온다.
처음 죽음을 맞이했던 생명들은 사자의 인연이 없었다. 그 당시에는 사자의 역할을 해줄 수 있는 존재들이 나타나지 않았기 때문이다.
나중에 죽음의 장애에서 벗어난 생명들이 뒤에 오는 생명들을 위해 사자의 역할을 하게 된다. 그런 생명들이 만든 세계가 지상신명계(地上神明界)이다.
지상신명계를 관장하는 사자들의 왕이 염라대왕이다.
염라대왕은 지역을 관장하는 지상 신명이다.
우리나라에는 지구 중심에서부터 표출되는 네 개의 큰 에너지장이 있다. 이것이 4개의 산맥을 이룬다.
그 생명 에너지를 의지해서 살아가는 수많은 영혼들이 있다. 그들 중 가장 안정된 영혼이 지상신명계를 지배한다. 4개의 에너지장은 각기 8개의 작은 에너지장을 거느리고 있다. 그래서 우리나라 전체를 놓고 보면 36개의 염왕부가 있다. 그곳에 사는 가장 안정된 신명이 죽은 영혼들을 가르쳐서 죽음에 적응하도록 이끌어 준다. 저승사자들은 육도윤회에 들지 못한 영혼들을 가르쳐서 죽음에 적응시키는 역할을 한다. 그런데 그것조차도 거부하는 영혼들이 있다.
사자가 영혼을 찾아올 때는 영혼이 가장 좋아했던 존재의 모습으로 온다. 불교를 믿었으면 스님의 모습이나 관세음보살님, 부처님 모습으로 오고 기독교를 믿었으면 천사나 예수님의 모습으로 온다.
저승사자를 거부한 영혼들은 중음신이 된다.
사자에게 교육을 받고 조율된 영혼들은 다시 윤회에 들게 된다.
36개의 염왕부를 통치하는 염라대왕은 임기가 정해져 있지 않다. 어떤 때는 1년 만에 바뀌기도 하고 어떤 때는 4년 만에 바뀌기도 한다. 어떤 때는 몇백 년 동안 바뀌지 않는 경우도 있다.
염왕으로 선출되는 두 가지 조건이 있다.
많은 양의 천기가 도래하는 땅의 주체 신명이 염왕이 되고, 수행을 해서 더 안정된 의식을 갖고 있는 신명이 염왕이 된다.
36개의 각 지점에서는 죽은 영혼들을 일차적으로 조율한다. 그런 다음 염라대왕에게 교육을 받고 육도윤회계에 배치를 받게 된다.
대부분 저승사자들은 아기 때 죽은 영혼들이다. 아기 영혼들을 가르치고 키워서 사자의 직책을 준다.
일부는 사자 서원을 통해 사자가 된 존재들도 있다.
'나로 하여금 사자로써 봉사하게 해주십시오.'라고 서원한 영혼들이 사자가 되어 다른 영혼들을 안내한다.
서울에는 북한산에 염왕부가 있다.

인간이 인간으로 윤회에 들 때는 체백의 인연을 우선시한다. 때문에 대부분의 영혼들이 자기 자손에게서 태어난다. 같은 체백을 공유할수록 태어나고 성장하는 것이 순탄하게 이루어진다.
윤회의 주체는 의식·감정·의지로 이루어진 식의 틀이다. 의식·감정·의지는 6식, 7식, 8식으로 이루어진 식의 틀 안에 내재되어 있다. 6식의 틀에서 7식의 틀로, 7식의 틀에서 8식의 틀로, 8식의 틀에서 7식, 6식의 틀로 식의 틀이 바뛰는 것이 죽음이다.
의식·감정·의지가 죽음과 태어남을 통해 6식, 7식, 8식의 틀을 돌고 도는 것이 윤회이다. 그러면서 지옥계, 아귀계, 아수라계, 축생계, 인간계, 천상계라고 하는 육도의 세계를 돌고 도는 것이 육도윤회이다.
연기는 의식·감정·의지가 만들어지는 과정과 식의 틀이 만들어지는 과정을 말한다. 8식으로써 영과 7식으로써 혼, 6식으로써 육체가 만들어지는 과정이 연기이다.
윤회와 연기는 생명이 일으키는 변화를 말한다.
연기는 생명의 면모와 구조가 갖추어지는 과정을 말하고 윤회는 생사를 통해 식의 틀이 바뀌는 현상을 표현한 것이다.
윤회는 죽음 이후에 나타난 생명적 현상이다.

의식·감정·의지를 자기라고 생각하는 생명이 6식, 7식, 8식의 틀을 벗어나서 본성·각성·밝은성품으로 이루어진 9식을 증득하는 것을 해탈이라 한다.
무안·이·비·설·신·의, 무색·성·향·미·촉·법이 6식으로써 의식·감정·의지를 벗어나는 방법이고, 무안계 내지 무의식계는 7식으로써 의식·감정·의지를 벗어나는 방법이다.
무무명 역무무명진 내지 무노사 역무노사진은 생멸식을 벗어나서 진여식을 이루고 진여수행을 하는 방법이다.

무노사(無老死)를 이루기 위해서는 세포제도를 해야 한다. 그러기 위해서는 세포내부에 선천혼이 활동할 수 있는 여건을 갖춰줘야 한다.

적정력을 회복하고 고유진동수를 18진동 이하로 낮추고 생체 전기가 800mV 이상 생성되면 선천혼이 깨어난다. 선천혼이 세포로 돌아오면 세포가 오금으로 전환된다. 그렇게 되면 늙음이 사라진다.

늙음은 생명 공간에서 나타나는 공간 형태의 변화이다. 늙음의 원인은 공간의 음화이다. 영혼 공간에서도 늙음이 일어난다. 생명의 부정성이 밝은성품을 음화시키면 영혼 공간 안에 음기가 많아지면서 늙음이 일어난다.

공간이 늙어지면 공간이 세분화 된다.

영혼이 습생에 드는 것은 공간이 늙어서 세분화되었기 때문이다. 습생에 들어간 영혼은 그 세계에서는 죽은 것이다. 때문에 영혼의 상태에서도 늙음과 죽음이 이루어진다.

세포 공간 안에서 일어나는 늙음 또한 음기의 양이 늘어나면서 시작된다. 세포가 분열되고 밝은성품과 전자기에너지의 공급이 제한적으로 이루어지는 것은 음기와 밝은성품 간에 작용하는 척력 때문이다.

세포가 늙어가면서 육체의 수명이 생겨났다.

선천혼이 활동하면서 세포의 양자적 균형을 회복시켜주면 음기가 해소되면서 밝은성품의 순환이 이루어진다. 그 과정에서 세포가 오금으로 전환된다. 그렇게 되면 늙음이 진행되지 않는다. 오금으로 전환된 세포는 수명이 없다.

노사(老死)의 원인은 생명 공간을 음화시키는 모든 습성이다. 때문에 무노사(無老死)하기 위해서는 생명 공간을 음화시키는 심·식·의의 모든 습성을 제도해야 한다. 허공해탈과 금강해탈, 반야해탈을 통해 심식의의 모든 습성과 식의 틀을 제도한다.

역무노사진(亦無老死盡)은 중음의 과정을 통해 이루어진다. 중음의 과정에서 체백을 받아들이는 것과 혼의 몸을 갖추는 것도 역무노사진을 이루는 것이고, 안·이·비·설·신·의의 습성을 제도하는 것도 역무노사진을 이루는 것이다. 탐진치를 제도하고 성스러운 네 가지 몸을 갖추는 것도 역무노사진 하는 것이다. 성스러운 네 가지 몸을 갖추어서 육도윤회에 들지 않으면 그대로 진여문을 이룬다. 생멸연기를 거쳐온 생명이 역무노사진의 죽음을 맞이할 수 있는 것은 크나큰 축복이다. 다만 이와 같은 죽음을 맞이하려면 생전에 반야해탈도를 성취해야 한다.

《금강삼매경 진성공품 眞性空品 第六》

본문

爾時. 舍利弗而白佛言. 尊者. 修菩薩道無有名相. 三戒無
이시. 사리불이백불언. 존자. 수보살도무유명상. 삼계무
儀. 云何攝受為眾生說？願佛慈悲. 為我宣說.
의. 운하섭수위중생설？원불자비. 위아선설.
佛言. 善男子. 汝今諦聽. 為汝宣說. 善男子. 善不善法.
불언. 선남자. 여금체청. 위여선설. 선남자. 선불선법.
從心化生. 一切境界. 意言分別. 制之一處. 眾緣斷滅.
종심화생. 일체경계. 의언분별. 제지일처. 중연단멸.
何以故？善男子. 一本不起. 三用無施. 住於如理. 六道門
하이고？선남자. 일본불기. 삼용무시. 주어여리. 륙도문
杜. 四緣如順. 三戒具足.
두. 사연여순. 삼계구족.

그때 사리불이 부처님께 사뢰어 여쭈었다. "세존이시여, 보살
도를 닦는 데는 명상(名相)이 없으며, 세 가지 계(戒)2)에는 위
의가 없습니다. 어떻게 수용하여 중생에게 설하겠습니까? 원
컨대 부처님의 자비로 저희에게 말씀해 주십시오."
부처님께서 말씀하셨다. "선남자여, 그대는 이제 자세히 듣도

---

2) 보살의 삼계(三戒)는 섭률의계, 섭선법계, 섭중생계이다.

록 하라. 그대를 위해 설하여 주겠다. 선남자여, 선법(善法)과 불선법(不善法)은 마음으로부터 화해서 생긴다. 일체의 경계는 뜻과 말로 분별한 것이니, 그것을 한 곳에서 억제하면 온갖 연(緣)이 끊어져 없어지리라. 어떤 까닭인가? 선남자여, 하나의 근본이 일어나지 않으면 세 가지 용(用)이 베풀어지지 않을 것이요, 여(如)의 이치에 머무르면 육도의 문이 닫힐 것이다. 네 가지 연(四緣)은 여(如)에 순하고, 세 가지 계(三戒)를 구족한다."

강설

그때 사리불이 부처님께 사뢰어 여쭈었다. "세존이시여, 보살도를 닦는 데는 명상(名相)이 없으며(修菩薩道無有名相), 세 가지 계(戒)에 위의가 없습니다. 어떻게 수용하여 중생에게 설하겠습니까? 원컨대 부처님의 자비로 저희에게 말씀해 주십시오."
명상(名相)이란 오공(五空) 중에 명상공(名相空)을 말한다.
'보살도를 닦는 데는 명상이 없고'는 '보살도를 닦는 데는 오공이 없고'로 해석해야 한다.
'보살도를 닦는 데는 오공이 없고 삼계의 위의가 없는데 어떻게 섭수해서 중생에게 설해야합니까?'라고 질문하는 대목이다.
오공(五空)이란 삼유(三有)가 공(空)하고, 육도(六道)가 공하고, 법상(法相)이 공하고, 명상(名相)이 공하고, 심식(心識)의 뜻(義)이 공한 것이다.
삼유(三有)란 삼계를 말한다. 세간을 이루고 있는 색계, 욕계, 무색계를 말한다.
육도(六道)란 육도윤회계를 말한다. 천상계, 인간계, 아수라계, 축생계, 지옥계, 아귀계를 말한다.
법상(法相)은 생멸연기의 과정에서 일어나는 모든 변화를 말한다.
명상(名相)은 명색(名色)의 결과로 나타난 천지만물의 모습을 말한다.
심식(心識)의 뜻은 심과 식으로 드러나는 생멸 정보를 말한다.
삼유와 육도, 법상과 명상, 심과 식은 본연(本緣)의 환(幻)에서 출현했기 때문에 실제가 아니다. 그러하기에 허망하고 공(空)하다는 뜻이다.
'**오공이 없는**' 것은 이미 진여심을 이루었기 때문이다.
삼계(三戒)란 섭률의계, 섭선법계, 섭중생계를 말한다.
'**삼계의 위의가 없다**'는 것은 보살이 지켜야 하는 삼계를 갖추지 않는다는 말이다.
'이미 진여심을 이루어서 오공이 없는데 진여수행이 왜 필요합니까?
또한 진여수행을 하면서도 삼계를 지키지 않는데, 어떻게 진여수행을 성취합니까?

그 도리를 어떻게 이해하고 받아들여서 중생에게 말해줍니까?' 이렇게 여쭙는 대목이다.

6념처관으로 보살도 수행을 할 때는 오공(五空)을 놓고서 취하지도 않고 버리지도 않는다. 취하지도 않는 것은 탐, 진, 치에 빠지지 않기 위해서다. 버리지도 않는 것은 오공을 제도해서 암마라식을 갖추고 대지혜와 대자비를 증득하기 때문이다.

삼계(三戒)의 위의가 없는 것은 6념처관 자체로 삼계가 성취되기 때문이다.

부처님께서 말씀하셨다. "선남자여, 그대는 이제 자세히 듣도록 하라. 그대를 위해 설하여 주겠다. 선남자여, 선법(善法)과 불선법(不善法)은 마음으로부터 화해서 생긴다."

'선법(善法)'은 삼계(三戒)중에 섭선법계(攝善法戒)를 말한다. 섭선법계는 밝은성품의 자연적 성향을 다스리기 위해서 수지하는 계율이다. 진여보살이 여래장연기의 원인 중 하나인 밝은성품의 자연적 성향을 제도하기 위해 섭선법계를 수지(受持)한다.

'선법(善法)과 불선법(不善法)은 마음으로부터 화해서 생긴다'는 것은 생멸심에서 선(善)과 불선(不善)의 마음이 생겨난다는 말씀이시다. 섭선의계를 수지하는 것은 불선을 버리고 선을 취하는 것이 아니라는 말씀이시다.

"일체의 경계는 뜻과 말로 분별한 것이니"
선과 불선의 경계는 생멸심으로 분별한 것이라는 말씀이다.
"그것을 한 곳에서 억제하면"
'한 곳'이란 본성의 적멸상(寂滅相)을 말한다.
'한 곳에서 억제하는 것'은 본성의 적멸상에 머물러서 생멸심으로 일어나는 일체의 분별을 쉬인다는 뜻이다.
금강심지(金剛心地)와 불념처관(佛念處觀)을 병용하는 것이다.
"온갖 연(緣)이 끊어져 없어지리라."
온갖 연이란 생멸심으로부터 도래하는 모든 연을 말한다. 그 연을 끊어서 없앤다는 말씀이시다.

"어떤 까닭인가? 선남자여, 하나의 근본이 일어나지 않으면(一本不起), 세 가지 용(用)이 베풀어지지 않을 것이요(三用無施)"
하나의 근본은 본성의 적멸상을 말한다. 본성의 적멸상은 불생불멸(不生不滅)하고 부증불감(不增不減)한다.
세 가지 용(用)은 삼계(三戒)의 용(用)을 말한다.
'세 가지 용이 베풀어지지 않는다'는 것은 삼계(三戒)를 통해 제도해야 할 대상이 생기지 않는다는 말씀이시다..

"여(如)의 이치에 머무르면 육도의 문이 닫힐 것이다."
적상·정상·적멸상에 머물러서 육도의 공상(空相)을 벗어난다는 말씀이시다.

"네 가지 연(四緣)은 여(如)에 순하고(四緣如順)"
사연(四緣)의 첫째는 섭률의계(攝律儀戒)의 연이다.
둘째는 섭선법계(攝善法戒)의 연이다.
셋째는 섭중생계(攝衆生戒)의 연이다.
넷째는 일각(一覺)통지력(通智力)의 연(緣)이다.
'사연이 여에 순한다'는 것은 본성을 이루고 있는 적상·정상·적멸상에 의거해서 사연(四緣)이 성취되었다는 말씀이다.
"세 가지 계(三戒)를 구족한다."
본성의 적상·정상·적멸상에 머물러서 삼계를 구족한다는 말씀이시다.

본문

舍利弗言. 云何四緣如順. 三戒具足? 佛言. 四緣者. 一謂
사리불언. 운하사연여순. 삼계구족? 불언. 사연자. 일위
作擇滅力取緣. 攝律儀戒. 二謂本利淨根力所集起緣.
작택멸력취연. 섭률의계. 이위본리정근력소집기연.
攝善法戒. 三謂本慧大悲力緣. 攝衆生戒. 四謂一覺通智力
섭선법계. 삼위본혜대비력연. 섭중생계. 사위일각통지력
緣. 順於如住. 是謂四緣. 善男子. 如是四大緣力. 不住事
연. 순어여주. 시위사연. 선남자. 여시사대연력. 부주사
相. 不無功用. 離於一處. 則不可求. 善男子. 如是一事通
상. 불무공용. 리어일처. 즉불가구. 선남자. 여시일사통

攝六行. 是佛菩提薩婆若海.
섭륙행. 시불보리살바야해.

사리불이 여쭈었다. "어떻게 네 가지 연(四緣)이 여(如)에 순하며, 삼계(三戒)를 구족합니까?"
부처님께서 말씀하셨다. "네 가지 연(四緣)이란, 첫째는 선택하여 없애는 힘으로 연(緣)을 취하는 것이니, 섭률의계(攝律儀戒)이다. 둘째는 본리(本利)의 청정한 근본(根)의 힘(力)으로 일으키는 연(緣)이니, 섭선법계(攝善法戒)이다. 셋째는 근본지혜(本慧)와 대비(大悲)의 힘으로 연(緣)하는 것이니, 섭중생계(攝衆生戒)이다. 넷째는 일각통지력(一覺通智力)에서 연(緣)하는 것이니, 여(如)에 머무는데 순조로운 것이다. 이것을 네 가지 연(緣)이라 하느니라. 선남자여, 이와 같은 네 가지 큰 연(緣)의 힘은 현상과 모습(事相)에 머물지 않고, 공용(功用)이 없는 것이 아니며, 한 곳을 떠나서는 구할 수 없느니라. 선남자여, 이와 같이 한 가지 일은 육행(六行)을 통틀어 잡으니, 이것이 불보리(佛菩提)인 살바야{薩婆若/일체종지(一切種智)}의 바다이다."

강설

사리불이 여쭈었다. "어떻게 네 가지 연(四緣)이 여(如)에 순하며, 삼계(三戒)를 구족합니까?"

사연(四緣)이 여(如)에 순(順)해서 삼계를 구족하는 이치에 대해 여쭙는 대목이다.

부처님께서 말씀하셨다. "네 가지 연(四緣)이란, 첫째는 선택하여 없애는 힘으로 연(緣)을 취하는 것이니, 섭률의계(攝律儀戒)이다."
'선택하여 없애는 힘'이란 무위각(無爲覺)을 말한다.
연(緣)을 취하는 것은 적상(寂相)과 적상(靜相)을 연(緣)하도록 하고 적멸상(寂滅相)을 취하는 것이다. 본각(本覺)으로 대적정(大寂定)에 들어있는 것이 섭률의계를 지키는 것이라는 말씀이시다.

"둘째는 본리(本利)의 청정한 근본(根)의 힘(力)으로 일으키는 연(緣)이니, 섭선법계(攝善法戒)이다."
'본리(本利)의 청정한 근(根)'이란 적상(寂相)의 무념(無念)과 정상(靜相)의 무심(無心), 적멸상(寂滅相)의 간극(間隙)을 말한다. 식(識)의 바탕이 갖고 있는 청정함이 무념(無念)이고 심(心)의 바탕이 갖고 있는 청정함이 무심(無心)이다.
력(力)이란 본성의 간극에서 생성되는 밝은성품을 말한다. 심과 식의 바탕이 갖고 있는 청정함과 간극의 적멸상, 밝은성품의 관계를 통해 일으킨 연(緣)으로 섭선법계 한다는 말씀이시다. 법념처관(法念處觀)을 행하는 것이 섭선법계를 수지하는 것이다.

"셋째는 근본지혜(本慧)와 대비(大悲)의 힘으로 연(緣)하는 것이니, 섭중생계(攝衆生戒)이다."

'근본지혜(本慧)'란 본성의 지혜를 말한다. 대적정의 일체지(一切智)가 본혜이다.

대비심이란 제도된 애심(愛心)이다.

일체지와 대비심이 연(緣)해서 섭중생계를 수지한다는 말씀이시다.

"넷째는 일각통지력(一覺通智力)에서 연(緣)하는 것이니, 여(如)에 머무는데 순조로운 것이다. 이것을 네 가지 연(緣)이라 하느니라."

'일각통지력'이란 본성을 이루고 있는 적상·정상·적멸상을 놓고 25원통을 행할 줄 아는 것이다.

25원통행과 25가지 대사는 같은 과정이다.

아라한은 25원통을 통해 생멸연기를 벗어나고, 본원본제는 25가지 대사를 통해 여래장연기에 들어간다.

아라한이 25원통을 임의롭게 행하게 되면 여(如)에 머무는 것이 순조롭게 이루어진다. 이것이 네 번째 연(緣)을 성취한 것이다.

"선남자여, 이와 같은 네 가지 큰 연(緣)의 힘은 현상과 모습(事相)에 머물지 않고,"

'사상(事相)'은 생멸심으로 일어나는 모든 일을 말한다.

'사연(四緣)의 힘'은 생멸심으로 일어나는 모든 일에 머물지 않는다는 말씀이시다.
"공용(功用)이 없는 것이 아니며,"
공용이란 노력해서 활용하는 것이다. 각성으로 비추어보는 노력을 공용(功用)이라 표현하셨다.
"한 곳을 떠나서는 구할 수 없느니라."
한 곳이란 본성의 적멸상(寂滅相)을 말한다.

"선남자여, 이와 같이 한 가지 일은 육행(六行)을 통틀어 잡으니, 이것이 불보리(佛菩提)인 살바야{薩婆若/일체종지(一切種智)}의 바다이다."
한 가지 일이란 본성의 적멸상(寂滅相)에 머물러서 적상(寂相)과 정상(靜相)을 껴안고 대자비심을 일으키는 것이다.
육행(六行)이란 보살도 50과위 전체와 등각도를 말한다.
대정적행과 대자비행으로 보살도 50과위와 등각도를 통섭한다는 말씀이시다. 연(緣)을 통해 해탈도와 보살도, 등각도를 이룰 수 있는 방법을 네 단계로 말씀하신 대목이다.

본문

舍利弗言. 不住事相. 不無功用. 是法眞空. 常樂我淨. 超
사리불언. 부주사상. 불무공용. 시법진공. 상락아정. 초
於二我. 大般涅槃. 其心不繫. 是大力觀. 是觀覺中. 應具

어이아. 대반열반. 기심불계. 시대력관. 시관각중. 응구
三十七道品法. 佛言. 如是. 具三十七道品法. 何以故？四
삼십칠도품법. 불언. 여시. 구삼십칠도품법. 하이고？사
念處. 四正勤. 四如意足. 五根. 五力. 七覺分. 八正道等.
념처. 사정근. 사여의족. 오근. 오력. 칠각분. 팔정도등.
多名一義. 不一. 不異. 以名數故. 但名. 但字. 法不可得.
다명일의. 불일. 불이. 이명수고. 단명. 단자. 법불가득.
不得之法一義無文. 無文相義. 真實空性. 空性之義如實
불득지법일의무문. 무문상의. 진실공성. 공성지의여실
如如. 如如之理具一切法. 善男子. 住如理者. 過三苦海.
여여. 여여지리구일체법. 선남자. 주여리자. 과삼고해.

사리불이 여쭈었다. "사상(事相)에 머물지 않고 공용(功用)이 없지 않은 이 법은 진공(眞空)이며, 상락아정(常樂我淨)입니다. 두 가지 자아를 초월하는 대반열반(大般涅槃)이며, 그 마음에는 얽매임이 없습니다. 대력관(大力觀)으로 관(觀)하는 각(覺) 가운데, 삼십칠도품(道品)의 법을 마땅히 갖추겠습니다."
부처님께서 말씀하셨다. "그러하다. 삼십칠도품을 갖추느니라. 어떤 까닭인가? 사념처(四念處), 사정근(四正勤)[3], 사여의족(四如意足)[4], 오근(五根), 오력(五力), 칠각분(七覺分)[5], 팔정

---

[3] 사정근(四正勤). 네 가지 바른 노력.
(1) 단단(斷斷). 이미 생긴 악을 끊으려고 노력함.
(2) 율의단(律儀斷). 아직 생기지 않은 악은 미리 방지함.
(3) 수호단(隨護斷). 아직 생기지 않은 선은 생기도록 노력함.
(4) 수단(修斷). 이미 생긴 선은 더욱 커지도록 노력함.

도(八正道) 등은 이름은 많지만 올바름은 하나이고, 같은 것도 아니고 다른 것도 아니니 이름과 숫자인 까닭이다. 다만 이름일 뿐이요 문자일 뿐, 불가득(不加得)의 법이다. 불득(不得)의 법은 하나의 올바름이요 문자에는 없나니, 문자가 없는 올바름의 모습이며(無文相義), 진실(眞實)의 공한 바탕(空性)이다. 공성의 올바름은 실(實)다운 여(如)이며 여여(如如)이고, 여여(如如)의 이치는 일체법을 갖추었느니라. 선남자여, 여(如)의 이치에 머무는 자는 세 가지 고해(苦海)[6]를 건너게 되느니라."

강설

---

4) 사신족(四神足). 신통(神通)을 얻기 위한 뛰어난 선정(禪定)에 드는 네 가지 기반.
  (1) 욕신족(欲神足). 신통을 얻기 위한 뛰어난 선정에 들기를 원함.
  (2) 정진신족(精進神足). 신통을 얻기 위한 뛰어난 선정에 들려고 노력함.
  (3) 심신족(心神足). 신통을 얻기 위한 뛰어난 선정에 들려고 마음을 가다듬음.
  (4) 사유신족(思惟神足). 신통을 얻기 위한 뛰어난 선정에 들려고 사유하고 주시함.
5) 칠각지(七覺支). 깨달음에 이르는 일곱 가지 갈래.
  (1) 염각지(念覺支). 가르침을 명심하여 마음챙김.
  (2) 택법각지(擇法覺支). 지혜로써 바른 가르침만을 선택하고 그릇된 가르침은 버림.
  (3) 정진각지(精進覺支). 바른 가르침을 사유하면서 수행함.
  (4) 희각지(喜覺支). 정진하는 수행자에게 평온한 기쁨이 생김.
  (5) 경안각지(輕安覺支). 평온한 기쁨이 생긴 수행자의 몸과 마음이 경쾌해짐.
  (6) 정각지(定覺支). 몸이 경쾌한 수행자가 정신을 집중·통일시킴.
  (7) 사각지(捨覺支). 집중·통일된 마음을 평등하게 잘 응시함.
6) 삼계의 고해

사리불이 여쭈었다. "사상(事相)에 머물지 않고 공용(功用)이 없지 않은 이 법은 진공(眞空)이며, 상락아정(常樂我淨)입니다.

진공(眞空)은 참다운 공이라는 뜻이다.

상락아정(常樂我淨)은 항상하고, 즐겁고, 주체가 있고, 맑고 청정하다는 말이다. 열반의 상태를 말한다.

"두 가지 자아를 초월하는 대반열반(大般涅槃)이며, 그 마음에는 얽매임이 없습니다. 대력관(大力觀)으로 관(觀)하는 각(覺) 가운데, 삼십칠도품(道品)의 법을 마땅히 갖추겠습니다."

'두 가지 자아를 초월한다'는 것은 생멸 자아와 진여 자아를 초월한다는 뜻이다.

'대반열반(大般涅槃)'은 묘각열반을 말한다.

'그 마음에 얽매임이 없다'는 것은 대비심을 일으키되 생멸심에 얽매이지 않는다는 의미이다.

'대력관(大力觀)'은 대적정관(大寂定觀)과 대자비관(大慈悲觀)이 합쳐진 것이다.

'관(觀)하는 각(覺)'이란 대력관을 할 때의 각(覺)을 말한다. 등각(等覺)을 말한다.

'삼십칠도품(道品)의 법'이란 부처님의 가르침을 서른일곱 가지로 분류한 것이다.

대자비관과 대적정관을 함께 닦게 되면 그 과정에서 삼십칠도품을 갖추게 된다는 말이다.

부처님께서 말씀하셨다. "그러하다. 삼십칠도품을 갖추느니라. 어떤 까닭인가? 사념처(四念處), 사정근(四正勤), 사여의족(四如意足), 오근(五根), 오력(五力), 칠각분(七覺分), 팔정도(八正道) 등은 이름은 많지만 올바름은 하나이고, 같은 것도 아니고 다른 것도 아니니 이름과 숫자인 까닭이다. 다만 이름일 뿐이요 문자일 뿐, 불가득(不加得)의 법이다.

'사념처(四念處)'는 신념처, 수념처, 심념처, 법념처를 말한다. 6식의 몸과 마음(身念處), 7식의 몸과 마음(受念處), 8식의 몸과 마음(心念處), 진여의 몸과 마음(法念處)을 관찰하는 네 가지 관법이다.

'사정근(四正勤)'은 네 가지 바른 노력을 말한다. 단단(斷斷), 율의단(律儀斷), 수호단(隨護斷), 수단(修斷)의 네 가지 노력이다.

'사여의족(四如意足)'은 신통을 얻기 위해 선정에 드는 네 가지 절차를 말한다. 욕신족(慾神足), 정진신족(精進神足), 심신족(心神足), 사유신족(思惟神足)의 네 가지 절차이다.

'오근(五根)'은 깨달음을 이루는 다섯 가지 근기를 말한다. 신근(信根), 정진근(精進根), 념근(念根), 정근(定根), 혜근(慧根)을 말한다.
신근(信根)이란 믿음으로 갖추어지는 근기이다.

정진근(精進根)이란 노력으로 갖추어지는 근기이다.
념근(念根)이란 마음챙김으로 갖추어지는 근기이다.
정근(定根)이란 선정으로 갖추어지는 근기이다.
혜근(慧根)이란 본성을 자각함으로써 갖추어지는 근기이다.

'오력(五力)'은 깨달음을 성취하게 하는 다섯 가지 힘을 말한다. 신력(信力), 정진력(精進力), 염력(念力), 정력(定力), 혜력(慧力)이 다섯 가지 힘이다.
신력(信力)이란 믿음으로써 갖추어지는 힘이다.
유상의 믿음으로 안식을 얻고 무상의 믿음으로 지혜를 얻는다.
정진력(精進力)이란 정진으로써 갖추어지는 힘이다.
염력(念力)이란 마음챙김으로써 갖추어지는 힘이다.
정력(定力)이란 선정으로써 갖추어지는 힘이다.
혜력(慧力)이란 본성을 활용하면서 갖추어지는 힘이다.
오근(五根)으로써 오력(五力)이 성취된다.

'칠각분(七覺分)'은 깨달음을 지탱하는 일곱 가지 조건을 말한다. 택법각지(擇法覺支), 정진각지(精進覺支). 희각지(喜覺支), 제각지(除覺支), 사각지(捨覺支), 정각지(定覺支), 염각지(念覺支)가 칠각분이다.
택법각지(擇法覺支)란 바른 법을 선택하는 지혜를 말한다.
정진각지(精進覺支)란 올바른 정진의 방법과 방향을 알고 쉼 없이 노력하는 것이다.

희각지(喜覺支)란 참다운 깨달음에 들어가서 기뻐하는 것이다.

제각지(除覺支)란 의식·감정·의지로 생겨나는 생멸심을 다스리고 각성을 키워가는 것이다.

사각지(捨覺支)란 생멸심을 버리고 진여심을 증장시키는 것이다.

정각지(定覺支)란 선정의 힘을 키워서 대적정(大寂定)에 들어가는 것이다.

염각지(念覺支)란 올바른 마음챙김을 통해서 생멸심과 진여심을 제도하는 것이다.

'팔정도(八正道)'는 올바름을 성취하는 여덟 가지 방법을 말한다. 정견(正見), 정사유(正思惟), 정어(正語), 정업(正業), 정명(正命), 정정진(正精進), 정념(正念), 정정(正定)이 팔정도이다.

정견(正見)이란 바른 견해를 말한다.

본성·각성·밝은성품에 입각한 견해가 바른견해이다.

정사유(正思惟)란 바른 생각을 말한다.

생멸심을 일으키지 않고 암마라식과 원통식으로 사유하는 것이 바른 사유이다.

정어(正語)란 바른말을 말한다.

생멸의 이치로 말하지 않고 진여의 이치로 말하는 것이 바른말이다.

정업(正業)이란 바른 업을 쌓는 것을 말한다.
생멸업을 쌓지않고 진여업을 쌓는 것이 정업이다. 육념처관(六念處觀)으로 천념(天念)함으로써 정업을 쌓는다.
정명(正命)이란 바른 명을 닦는 것을 말한다. 바른 명을 닦는 것은 바르게 생명성을 증장시키는 것이다. 생명성의 증장은 밝은성품의 자연적 성향을 제도함으로써 이루어진다. 무행(無行)의 법으로써 정명을 닦는다.
정정진(正精進)이란 바르게 노력하고 바르게 발전하는 것을 말한다. 바른 노력이란 인지법행(因地法行)에 입각한 노력을 말한다. 바른 발전이란 과지법행(果地法行)을 통한 성취를 말한다.
정념(正念)이란 바른 마음챙김을 말한다.
바른 마음챙김이란 불념(佛念), 법념(法念), 승념(僧念), 계념(戒念), 시념(施念), 천념(天念)을 행하는 것을 말한다. 일체의 생멸심과 진여심을 놓고 6념처관을 행하는 것이 정념이다.
정정(正定)이란 바른 선정에 들어가는 것을 말한다.
바른 선정이란 본성의 적멸상에 머물러서 대적정을 이루고 대자비관으로 각성의 무명적 습성을 제도해서 불이문을 성취하는 것이다. 등각을 성취한 것이 정정에 들어간 것이다.
'37도품은 이름은 많지만 올바름은 하나이고, 같은 것도 아니고 다른 것도 아니니'
살펴보았듯이 진여수행의 관점으로 바라보는 37도조품은

대적정(大寂定)과 대자비(大慈悲)를 함께 닦아가는 대력관(大力觀)의 심지법이다.
이때의 '올바름'이란 대적정과 대자비가 함께 갖춰지는 것이다.

'이름과 숫자인 까닭이다. 다만 이름일 뿐이요 문자일 뿐, 불가득(不加得)의 법이다.'
일체의 생멸심은 불가득(不加得)이고 진여심은 가득(加得)이다. 이름과 글자로 취하는 것은 생멸을 취하는 것이기 때문에 '불가득(不加得)'하라는 말씀이시다.

"불득(不得)의 법은 하나의 올바름이요 문자에는 없나니(不得之法一義無文), 문자가 없는 올바름의 모습이며(無文相義), 진실(眞實)의 공한 바탕(空性)이다."
'**불득(不得)의 법**'은 진여법(眞如法)을 말한다. 진여법은 대적정문과 대자비문을 함께 닦아가기 때문에 하나의 올바름이고 문자가 없다는 말씀이시다.
글이 없는 것이 올바름의 모습이며 참되고 실다운 공성(空性)이라는 말씀이시다. 실다운 공성은 본성의 적멸상과 적상, 정상이다.

"공성의 올바름은 실(實)다운 여(如)이며 여여(如如)이고(空性之義如實如如), 여여(如如)의 이치는 일체법을 갖추었느니라.(如如之理具一切法)."

'**공성의 옳바름이 실다운 여(如)라는 것**'은 대적정에 들어가 있으면서 대자비를 함께 갖추고 있는 것이 실다운 여라는 말씀이시다.

여여(如如)는 공여래장에 머물지 않고 불공여래장도 함께 갖춘다는 뜻이다.

여여(如如)의 이치는 일체법을 갖춘다는 것은 대적정과 대자비로써 모든 생멸심을 제도하고 공여래장과 불공여래장을 갖춘다는 말씀이시다.

"**선남자여, 여(如)의 이치에 머무는 자는 세 가지 고해(苦海)를 건너게 되느니라.**"

'**세 가지 고해**'에는 좁은 의미가 있고 넓은 의미가 있다.
좁은 의미는 삼계의 고해이다. 즉 생멸문을 이루고 있는 욕계, 색계, 무색계의 고해이다.
넓은 의미는 생멸연기의 고해와 진여연기의 고해, 여래장연기의 고해이다.
대적정을 성취해서 삼계의 고해를 넘는다.
대적정과 대자비를 함께 성취해서 생멸연기와 진여연기의 고해를 넘는다.
묘각오지(妙覺五智)를 성취해서 여래장연기의 고해를 넘는다.

본문

舍利弗言. 一切萬法. 皆悉言文. 言文之相. 即非爲義. 如
사리불언. 일체만법. 개실언문. 언문지상. 즉비위의. 여
實之義. 不可言議. 今者如來云何說法? 佛言. 我說法者.
실지의. 불가언의. 금자여래운하설법? 불언. 아설법자.
以汝眾生在生說故. 說不可說. 是故說之. 我所說者.
이여중생재생설고. 설불가설. 시고설지. 아소설자.
義語非文. 眾生說者. 文語非義. 非義語者. 皆悉空無. 空
의어비문. 중생설자. 문어비의. 비의어자. 개실공무. 공
無之言. 無言於義. 不言義者. 皆是妄語. 如義語者. 實空
무지언. 무언어의. 불언의자. 개시망어. 여의어자. 실공
不空. 空實不實. 離於二相. 中間不中. 不中之法離於三相.
불공. 공실불실. 리어이상. 중간부중. 부중지법리어삼상.
不見處所. 如如如說. 如無無有. 無有於無. 如無有無. 有
불견처소. 여여여설. 여무무유. 무유어무. 여무유무. 유
無於有. 如有無不在. 說不在說故. 不在於如. 如不有如.
무어유. 여유무부재. 설부재설고. 부재어여. 여불유여.
不無如說.
불무여설.

사리불이 여쭈었다. "일체 만법은 모두 말씀과 글일 뿐, 말씀과 글의 모습이 올바름이 되지 못하기에, 여실(如實)한 올바름은 말로써 분간할 수 없다 하셨습니다. 그럼 이제 여래께서는 어떻게 설법하십니까?"

부처님께서 말씀하셨다. "내가 법을 설한 대상은 중생이다. 이 중생들은 생(生)으로 존재하기 때문에 설(說)하느니라. 설할 수 없는 것을 설하는 것이기에 그것을 설한다. 내가 설한 것은 올바름이요, 말과 글이 아니다. 중생이 설하는 것은 글과 말이요, 올바름이 아니다. 올바름의 말이 아닌 것은 모두 다 공(空)하고 무상(無常)한 것이다. 공(空)하고 무상(無常)한 말은, 그 말에 올바름이 없다. 올바름을 말하지 못한 것은 다 망령된 말이다. 여(如)의 올바름을 말하는 사람은(如義語者) 실공(實空)이 불공(不空)이며(實空不空), 공실(空實)이 불실(不實)이고(空實不實), 이상(二相)을 떠나고(離於二相), 중간의 중(中)도 아니다(中間不中). 중(中)이 아닌 법은 세 가지 모습을 떠나며(不中之法離於三相), 처소를 보지 못한다(不見處所).

'여여(如如)로 여(如)를 설(說)하면(如如如說), 무(無)의 여(如)에는 유(有)가 없다(如無無有) 유(有)가 없는 것이 곧 무(無)이다(無有於無). 무(無)의 여(如)에는 무(無)가 있다(如無有無).

무(無)가 있음(有)이 곧 유(有)이다(有無於有). 있다(有) 없다(無)로 여(如)는 존재하지 않는다(如有無不在).

불재(不在)를 설(說)하는 고로 설(說)이고(說不在說故), 불재(不在)가 곧 여(如)이다(不在於如).

유여(有如)는 여(如)가 아니며(如不有如), 무여(無如)를 설(說)한 것이 아니다(不無如說).

강설

사리불이 여쭈었다. "일체 만법은 모두 말씀과 글일 뿐, 말씀과 글의 모습이 올바름이 되지 못하기에, 여실(如實)한 올바름은 말로써 분간할 수 없다 하셨습니다. 그럼 이제 여래께서는 어떻게 설법하십니까?"

'여실(如實)의 상태는 말로써 분간할 수 없다.'

여실이란 대적정의 적멸상을 말한다. 적멸상은 말로써 설명할 수 없다. 마치 허공이 어떻게 생겼다고 설명하는 것과 같다.

손가락을 들어서 허공을 보라고한다. 손가락을 세우기 전에는 허공을 보지 못하지만, 손가락을 세우면 허공을 구분할 수 있다. 대적정의 적멸상은 허공과 같다. 무념과 무심을 손가락으로 삼아서 적멸상을 드러낸다.

그 적멸상에 대해 어떻게 설명하시겠냐는 질문이다.

부처님께서 말씀하셨다. "내가 법을 설한 대상은 중생이다. 이 중생들은 생(生)으로 존재하기 때문에 설(說)하느니라. 설할 수 없는 것을 설하는 것이기에 그것을 설한다. 내가 설한 것은 올바름이요, 말과 글이 아니다. 중생이 설하는 것은 글과 말이요, 올바름이 아니다. 올바름의 말이 아닌 것은 모두 다 공(空)하고 무상(無常)한 것이다. 공하고 무상한 말은, 그 말에 올바름이 없다. 올바름을 말하지 못한 것은 다 망령된 말이다."

부처님이 법을 설하신 대상이 중생이고 그 중생들은 생으로써 생겨난 허상 생명이다. 때문에, 그들에게 실제의 이치를 알려주기 위해서 법을 설하신다는 말씀이시다. 실제의 법을 알려주기 위해 설할 수 없는 것을 설하고 방편을 들어서 무상의 이치를 말씀하셨다. 오로지 올바름의 관점에서 말씀하셨을 뿐이지 문자로 말씀하신 것이 아니다. 중생이 설한 것은 글과 말이고 올바름이 아니다. 올바름의 말이 아닌 것은 공허하고 무상(無常)하다는 말씀이시다.

"여의 올바름을 말하는 사람은(如義語者) 실공(實空)이 불공(不空)이며(實空不空), 공실(空實)이 불실(不實)이고(空實不實), 이상(二相)을 떠나고(離於二相), 중간의 중(中)도 아니다(中間不中). 중(中)이 아닌 법은 세 가지 모습을 떠나며(不中之法離於三相), 처소를 보지 못한다(不見處所)."

'여(如)의 올바름을 말하는 사람은 실공(實空)이 불공(不空)이며(實空不空)'

실공(實空)이란 공(空)의 실상(實相)을 말한다. 불공(不空)이란 공(空)이 아니라는 뜻이다.

여(如)의 상태에서 공(空)의 실상은 진공묘유(眞空妙有)이다. 진공(眞空)은 본성의 모습이고 묘유(妙有)는 밝은성품의 모습이다. 여(如)의 모습은 본성과 밝은성품이 항상 함께한다. 때문에 진공묘유라 한다. 묘유(妙有)이기에 불공(不空)이고 진공(眞空)이기에 실공(實空)이다.

'공실(空實)이 불실(不實)이고(空實不實)'

묘유(妙有)가 함께하기 때문에 실(實)의 공(空)이 실(實)이 아니다.

'이상(二相)을 떠나고(離於二相)'
이상(二相)이란 실공(實空) 불공(不空)의 상(相)을 말한다.

'중간의 중(中)도 아니다(中間不中)'
중간(中間)의 중(中)이란 이상(二相)의 중간을 말한다. 그것도 아니라는 말씀이시다.

'중(中)이 아닌 법은 세 가지 모습을 떠나며(不中之法離於三相)'
중(中)이 아닌 법이란 본성의 적멸상(寂滅相)을 보지 못하는 법을 말한다.
세 가지 모습이란 본성의 적상·정상·적멸상을 말한다.
본성의 적멸상을 보지 못하면 적상과 정상에도 머물지 못한다는 말씀이다.

'처소를 보지 못한다(不見處所).'
처소란 여(如)의 상태, 즉 본성을 말한다. 본성에 머물지 못한다는 말씀이다.

"여여(如如)로 여(如)를 설(說)하면(如如如說), 무(無)의 여(如)에는 유(有)가 없다(如無無有). 유(有)가 없는 것이 곧 무(無)이다(無有於無)."

'여여(如如)로 여(如)를 설(說)한다'는 것은 여(如)에 머물지 않는 이치로 여(如)를 설(說)하는 것이다. 즉 불공여래장의 관점에서 공여래장을 설하고 공여래장의 관점에서 불공여래장을 설하는 것이다.

'**무(無)의 여(如)에는 유(有)가 없다**'는 것은 무(無)로써 존재하는 여(如)에는 유(有)가 없다는 뜻이다.

'**유(有)가 없는 것이 곧 무(無)이다**'라는 것은 유(有)가 없기 때문에 무(無)라는 뜻이다.

즉 여(如)에 머물지 않는 이치로 여(如)를 말하면, 무(無)로써 존재하는 여(如)에는 유(有)가 없고, 유(有)가 없기 때문에 무(無)라는 말씀이다.

여여(如如)란 여(如)에서 벗어난 여(如)의 상태이다. 다른 표현으로는 무여(無如)라 한다. 무여(無如)의 견지에서는 오로지 무(無)만 있을 뿐 유(有)가 없다는 말씀이시다. 등각의 불이문을 말한다.

'**일체의 유(有)가 없다**'는 것은 밝은성품도 생성되지 않는 상태이다. 간극(間隙)의 적멸상(寂滅相)에 머물러서 적상(寂相)과 적상(靜相)을 균등하게 비추어보면 밝은성품도 생성되지 않는 무여(無如)에 들어간다.

25가지 대사(代謝) 중 오로지 한 가지 대사만이 무여(無如)를 이루고 나머지 24가지 대사는 진공묘유(眞空妙有)로써 유여(有如)를 이룬다. 유여(有如)로 인해 본연(本緣)이 생겨나고 여래장연기가 시작된다.

"**무(無)의 여(如)에는 무(無)가 있다(如無有無)**"

무여(無如)에는 무(無)가 있다(有)는 뜻이다.

"무(無)가 있음(有)이 곧 유(有)이다(有無於有)"
무(無)가 있음을 있다(有)라고 표현한다는 말씀이다.

"있다(有) 없다(無)로 여(如)는 존재하지 않는다(如有無不在)"
있다(有) 없다(無)의 관점으로는 여(如)는 존재하지 않는다(不在)는 뜻이다.

"불재(不在)를 설(說)하는 고로 설(說)이고(說不在說故), 불재(不在)가 곧 여(如)이다(不在於如)."
'불재(不在)를 설(說)한다'는 것은 있다(有) 없다(無)를 떠난 여(如)의 모습을 설(說)하는 것이다. 그런 관점으로 여(如)를 설(說)하기 때문에 그것을 '**설(說)이라고 한다**'는 말씀이시다.
'불재(不在)가 곧 여(如)이다(不在於如)'라는 것은 여(如)를 벗어나지 못한 여(如)는 있음(有)과 없음(無)이 함께하고 있다는 말씀이시다.

"유여(有如)는 여(如)가 아니며(如不有如)"
있음(有)과 없음(無)이 함께하는 유여(有如)는 여(如)가 아니라는 말씀이시다. 즉 24가지 유여(有如)의 대사(代謝)를 일으키는 본원본제는 여(如)가 아니라는 말씀이시다.

"무여(無如)를 설(說)한 것이 아니다(不無如說).
있음(有)과 없음(無)이 함께하는 유여(有如)의 이치를 말하는 것은 무여(無如)를 설(說)한 것이 아니라는 말씀이시다.

본문

舍利弗言. 一切眾生從一闡提. 闡提之心住何等位. 得至
사리불언. 일체중생종일천제. 천제지심주하등위. 득지
如來如來實相? 佛言. 從闡提心乃至如來. 如來實相住五等
여래여래실상? 불언. 종천제심내지여래. 여래실상주오등
位. 一者. 信位.信此身中眞如種子爲妄所翳. 捨離妄心. 淨
위. 일자. 신위.신차신중진여종자위망소예. 사리망심. 정
心淸白. 知諸境界意言分別. 二者. 思位. 思者. 觀諸境界
심청백. 지제경계의언분별. 이자. 사위. 사자. 관제경계
唯是意言. 意言分別隨意顯現. 所見境界非我本識. 知此
유시의언. 의언분별수의현현. 소견경계비아본식. 지차
本識非法. 非義. 非所取. 非能取. 三者. 修位. 修者.
본식비법. 비의. 비소취. 비능취. 삼자. 수위. 수자.
常起. 能起. 起修同時. 先以智導. 排諸障難. 出離蓋纏.
상기. 능기. 기수동시. 선이지도. 배제장난. 출리개전.
四者. 行位. 行者. 離諸行地. 心無取捨. 極淨根利. 不動
사자. 행위. 행자. 리제행지. 심무취사. 극정근리. 부동
心如. 決定實性. 大般涅槃. 唯性空大. 五者. 捨位. 捨者.
심여. 결정실성. 대반열반. 유성공대. 오자. 사위. 사자.
不住性空. 正智流易. 大悲如相. 相不住如. 三藐三菩提虛

부주성공. 정지류역. 대비여상. 상부주여. 삼막삼보리허
心不證. 心無邊際. 不見處所. 是至如來. 善男子. 五位一
심부증. 심무변제. 불견처소. 시지여래. 선남자. 오위일
覺從本利入. 若化眾生從其本處.
각종본리입. 약화중생종기본처.

사리불이 여쭈었다. "일체중생은 일천제(一闡提)로부터 시작됩니다. 일천제의 마음은 어떤 등위(等位)에 머물러야 여래와 여래의 실상에 도달할 수 있겠습니까?"
부처님께서 말씀하셨다. "일천제의 마음으로부터 여래와 여래의 실상에 도달하기까지 다섯 등위(等位)에 머무느니라. 첫째, 신위(信位)이다. 이 몸 가운데 진여(眞如)의 종자가 망령된 마음으로 가려져 있으나 망령된 것을 버리면 마음이 청정해지는 것을 믿는 것이니, 청정한 마음으로 청백(淸白)하면, 모든 경계가 뜻과 언어로 분별한 것임을 안다. 둘째, 사위(思位)이다. 사유(思)라는 것은, 모든 경계는 오직 뜻과 언어일 뿐이요, 뜻과 언어로 분별한 것은 뜻에 따라 나타난(顯現) 것이요, 보게 된 경계는 자아의 본식(本識)이 아님을 관(觀)하는 것이다. 이 본식(本識)은 법이 아니며, 올바름도 아니요, 취해지는 것도 아니요, 능히 취할 수 있는 것도 아님을 안다. 셋째, 수위(修位)이다. 닦는다는 것(修)은, 늘 일어나고, 능히 일으키며, 일어남과 닦음이 동시이니라. 먼저 지혜로써 이끌어서 여러 장애와 어려움을 물리치고, 덮개(蓋)와 얽매임(纏)을 벗어나는 것이다. 넷째, 행위(行位)이다. 행(行)이라는 것은, 여러 행함(行)의 경지를 벗어나 마음에 취하고 버림이 없느니라. 지극히 청정한 근(根)의 이로움이고, 움직이지 않는 마음의 여(如)이고, 결정(決定)의 실성(實性)이며, 대반열반(大般涅槃)이니, 오직 성(性)이 공(空)하고 크다. 다섯째, 사위(捨位)이다. 버린다는 것(捨)은, 성공(性空)에도 머물지 않는다. 바른 지혜(正智)로 흘러서 바뀌지만, 대비(大悲)의 여(如)한 모습이고, 그 모습은 여(如)에 머물지 않느니라. 삼먁삼보리(三藐三菩提)를 허심(虛心)으로 증명하지 않고, 마음에 테두리가(邊際) 없으며, 처소를 보지 않고, 이와 같이 여래에 도달한다. 선남자여, 오위(五位)의 일각(一覺)은 본리(本利)로부터 들어가나니, 중생을 교화하려면 그 본처(本處)를 따라야 하느니라."

강설

사리불이 여쭈었다. "일체중생은 일천제(一闡提)로부터 시작됩니다. 일천제의 마음은 어떤 등위(等位)에 머물러야 여래와 여래의 실상에 도달할 수 있겠습니까?"
일천제(一闡提)란 선근이 끊겨서 성불할 가능성이 없는 사람을 말한다. 즉 미시무명에 빠져 의식·감정·의지를 자기라고 생각하는 중생들을 일컫는 말이다. 그런 중생들이 어떤 절차로 여래의 실상에 이르게 되느냐고 여쭙는 대목이다.

부처님께서 말씀하셨다. "일천제의 마음으로부터 여래와 여래의 실상에 도달하기까지 다섯 등위(等位)에 머무느니라."
일천제의 마음으로부터 여래실상까지 다섯 등위가 있다고 말씀하신다.

"첫째, 신위(信位)이다. 이 몸 가운데 진여(眞如)의 종자가 망령된 마음으로 가려져 있으나 망령된 것을 버리면 마음이 청정해지는 것을 믿는 것이니, 청정한 마음으로 청백(淸白)하면, 모든 경계가 뜻과 언어로 분별한 것임을 안다.
'신위(信位)'란 믿음으로 세워지는 등위이다.
이 몸 가운데 진여의 종자가 미시무명과 의식·감정·의지로 인해 가려졌다고 믿고, 그 마음을 버리고 떠나며, 깨끗한 마음으로 청백(淸白)하며, 여러 경계는 뜻과 말씀으로 분별한 것임을 아는 것이 신위라고 말씀하신다.
'청정한 마음으로 청백하면'은 식근(識根)과 심근(心根)의 형상이다.
'모든 경계가 뜻과 언어로 분별한 것임을 아는 것'은 경계 또한 허망한 것이지만 그 경계를 통해서도 올바른 면모를 보라는 말씀이시다.
내처(內處)의 업식(業識)과 외처(外處)의 경계를 통해 육근청정(六根淸淨)을 이루라는 말씀이시다.

"둘째, 사위(思位)이다. 사유(思)라는 것은, 모든 경계는 오직 뜻과 언어일 뿐이요, 뜻과 언어로 분별한 것은 뜻에 따라 나타난{顯現} 것이요, 보게 된 경계는 자아의 본식(本識)이 아님을 관(觀)하는 것이다. 이 본식(本識)은 법이 아니며, 올바름도 아니요, 취해지는 것도 아니요, 능히 취할 수 있는 것도 아님을 안다."

사위(思位)는 생각으로 이해하는 것이다.

여러 경계를 대할 때 오직 뜻과 말씀임을 관(觀)하고, 뜻과 말로 분별한 것은 뜻에 따라서 나타난 것이며, 보게 된 경계는 자아의 본식(本識)이 아니라고 이해하는 것이다. 또한 이 본식(本識)은 법이 아니고, 뜻이 아니고, 취해지는 것이 아니고, 능히 취할 수 있는 것도 아님을 아는 것이다.

'본식(本識)'은 본성을 이루고 있는 식(識)의 바탕을 말한다. 육근을 통해 식의 틀 안으로 들어온 경계는 업식이 된다. 그 경계를 식근(識根)의 청정함과 본성으로 제도해서 본식(本識)의 바탕에 내장하는 것이 6념처관이다.

"셋째, 수위(修位)이다. 닦는다는 것(修)은, 늘 일어나고, 능히 일으키며, 일어남과 닦음이 동시이니라. 먼저 지혜로써 이끌어서 여러 장애와 어려움을 물리치고, 덮개(蓋)와 얽매임(纏)을 벗어나는 것이다."

수위(修位)란 닦음을 말한다. 닦음의 대상은 본성이 아니다. 닦음은 생멸심과 각성을 대상으로 이루어진다.

먼저 각성을 증장시켜서 본성을 인식하고, 본성을 주체로 해서 생멸심을 제도한다. 이것이 수행(修行)이다.

각성이 갖추어지면, 닦음(修)은 늘 일어나고 능히 일으킬 수 있다. 또한 일어남과 닦음이 동시에 이루어질 수 있다. 생멸심을 닦음의 대상으로 삼게 되면 먼저 지혜로써 본식(本識)으로 인도하고, 여러 장애와 어려움을 물리친다. 그런 다음 덮개(蓋)와 얽매임(纏)에서 벗어난다.

지혜란 본성에 입각해서 육근육식(六根六識)을 활용하는 것이다.

'**덮개(蓋)와 얽매임(纏)**'이란 가려진 것과 구속되어있는 것을 말한다. 가려진 것은 본성이다. 구속되어있는 것은 각성이다. 심·식·의(心識意)에 의해 본성이 가려져 있고 각성이 구속되어 있다.

"넷째, 행위(行位)이다. 행(行)이라는 것은, 여러 행함(行)의 경지를 벗어나 마음에 취하고 버림이 없느니라. 지극히 청정한 근(根)의 이로움이고, 움직이지 않는 마음의 여(如)이고, 결정(決定)의 실성(實性)이며, 대반열반(大般涅槃)이니, 오직 성(性)이 공(空)하고 크다.

행위(行位)란 각성의 일을 말한다.

미시무명에 빠져 있는 중생들은 각성이 없다. 의지가 각성의 역할을 대처한다. 그런 중생들에게 의지를 각성으로 전환시키는 법을 알려주어야 한다. 중생이 본성을 인식의 대상으로 삼기까지는 세 단계로 각성을 증장시켜야 한다. 첫 번째 단계가 상사각(想思覺)이다. 두 번째 단계가 수분각(隨分覺)이다. 세 번째 단계가 시각(時覺)이다.

중생이 시각을 증득하면 본성을 일시적으로 인식하게 된다. 그 상태에서 본각(本覺)을 갖추려면 금강해탈도와 허공해탈도를 거쳐서 반야해탈도에 들어가야 한다.

본각을 증득하게 되면 여러 행함(行)의 경지를 떠나고, 마음에 취하고 버림이 없다. 본각은 지극히 청정한 근(根)의 이로움이고, 움직이지 않는 마음의 여(如)이고, 결정(決定)의 실성(實性)이다. 본각으로 대자비와 대지혜를 함께 갖춘 것이 대반열반(大般涅槃)이다. 그 상태에서는 오직 성(性)이 공(空)하고 크다.

'**여러 행함(行)의 경지**'란 생멸수행에 있어서의 각성의 단계를 말한다. 본각을 증득하면 생멸수행의 세 단계 각성에서 벗어나게 된다는 말씀이시다. 하지만 진여수행에 들어오려면 새로운 단계를 밟아가야 한다. 구경각, 원각, 등각, 묘각이 진여수행을 통해 체득해야 하는 각성의 절차이다.

"**다섯째, 사위(捨位)이다.** 버린다는 것(捨)은, 성공(性空)에도 머물지 않는다. 바른 지혜(正智)로 흘러서 바뀌지만, 대비(大悲)는 여(如)한 모습이고, 그 모습은 여(如)에 머물지 않느니라. 삼먁삼보리(三藐三菩提)를 허심(虛心)으로 증명하지 않고, 마음에 테두리가(邊際) 없으며, 처소를 보지 않고, 이와 같이 여래에 도달한다."

사위(捨位)는 버림을 말한다. 어떠한 성취에도 머물지 않는 것이 버림(捨)이다.

사위에 들어간 사람은 본성의 공(性空)에도 머물지 않고, 정지(正智)로 흘러서 바뀐다. 정지란 일체종지(一切種智), 무사지(無師智), 자연지(自然智), 불지(佛智), 여래지(如來智)를 말한다.

본성의 공에 들어가면 일체지(一切智)를 체득한 것이다. 일체지는 아라한이 성취한 정지(正智)이고, 일체종지는 등각보살이 성취한 정지이다. 아라한과 등각보살 사이에는 보살도 50과위의 절차가 있다. 또한, 불지와 여래지 사이에도 다섯 단계의 아뇩다라삼먁삼보리가 있다.

'**대비(大悲)는 여(如)의 모습**'이라는 것은 일심법계의 면모를 말한다. 즉 등각보살의 상태를 말하는 것이다. 본원본제와 아라한은 대비심과 대지혜가 없다. 때문에 이 대목에서 말씀하시는 여(如)는 등각보살이다.

등각보살이 사위(捨位)를 갖추게 되면 여(如)의 모습에 머물지 않는다. 때문에 대적정문과 대자비문에 안주하지 않고 대지혜를 갖추기 위해 노력한다. 또한 삼먁삼보리(三藐三菩提)를 허심(虛心)으로 증명하지 않고, 마음에 테두리(邊際)가 없으며, 처소를 보지 않고, 이와 같이 여래에 도달한다.

'**허심(虛心)으로 증명하지 않는다**'는 것은 무명적 습성이 제도되지 않은 각성으로 삼먁삼보리를 증명하지 않는다는 뜻이다.

'마음의 테두리(邊際)가 없다'는 것은 유상의 마음으로 지어진 식의 틀이 없다는 뜻이다.
'처소를 보지 않는다'는 것은 본성의 적멸상에 머무르지 않는 것이다.
'이와 같이 여래에 도달한다'는 것은 불지(佛智)를 얻고 나서도 여래지(如來智)를 얻기 위해 쉼 없이 노력한다는 말씀이다.

"선남자여, 오위(五位)의 일각(一覺)은 본리(本利)로부터 들어가나니, 중생을 교화하려면 그 본처(本處)를 따라야 하느니라."

오위(五位)의 일각(一覺)이란 등각(等覺)을 말한다. 등각은 본각과 본성을 이루고 있는 세 가지 요소간의 관계로부터 들어간다는 말씀이시다.
중생을 교화하는 것도 그 본처(本處)를 따른다는 말씀이시다. 본처(本處)란 적상·정상·적멸상을 말한다.

본문

舍利弗言. 云何從其本處？佛言. 本來無本. 處於無處. 空
사리불언. 운하종기본처？불언. 본래무본. 처어무처. 공
際入實. 發菩提心. 而滿成聖道. 何以故？善男子. 如手執
제입실. 발보리심. 이만성성도. 하이고？선남자. 여수집

彼空. 不得非不得.
피공. 부득비부득.

사리불이 여쭈었다. "어떻게 그 본처(本處)를 따릅니까?"
부처님께서 말씀하셨다. "본래 근본이란 없느니라. 처소가 없는 곳에 거처하면서, 공제(空際)에서 실다움에 들어가고, 보리심을 일으켜서 성스러운 길(聖道)를 원만하게 성취하는 것이니라. 어떤 까닭인가? 선남자여, 마치 손으로 저 허공을 잡는 것처럼, 얻은 것도 아니요, 얻지 못한 것도 아니기 때문이니라."

강설

사리불이 여쭈었다. "어떻게 그 본처(本處)를 따릅니까?"
본처(本處)를 따르는 방법에 대해서 여쭙는 대목이다.
부처님께서 말씀하셨다. "본래 근본이란 없느니라. 처소가 없는 곳에 거처하면서, 공제(空際)에서 실다움에 들어가고, 보리심을 일으켜서 성스러운 길(聖道)을 원만하게 성취하는 것이니라."
'본래 근본이 없고, 처소가 없는 곳'이란 본성의 적멸처이다. 그 적멸처에 거처한다는 말씀이시다.
'공제(空際)에서 실다움에 들어가는 것'은 '적상·정상·적멸상을 함께 관(觀)하면서 실상(實相)에 들어간다'는 뜻이다.
'보리심을 일으킨다'는 것은 대적정과 대자비, 대지혜를 함께 성취한다는 뜻이다.
'성스러운 길을 (聖道)를 원만하게 성취하는 것'은 묘각을 성취하는 것을 말한다.

"어떤 까닭인가? 선남자여, 마치 손으로 저 허공을 잡는 것처럼, 얻은 것도 아니요, 얻지 못한 것도 아니기 때문이니라."
손으로 허공을 잡는 것처럼 본처를 따른다는 말씀이시다.

본문

舍利弗言. 如尊所說. 在事之先. 取以本利. 是念寂滅. 寂
사리불언. 여존소설. 재사지선. 취이본리. 시념적멸. 적
滅是如. 總持諸德. 該羅萬法. 圓融不二. 不可思議. 當知
멸시여. 총지제덕. 해라만법. 원융불이. 불가사의. 당지
是法即是摩訶般若波羅蜜. 是大神呪. 是大明呪. 是無上呪.
시법즉시마하반야바라밀. 시대신주. 시대명주. 시무상주.
是無等等呪. 佛言. 如是. 如是. 眞如空性. 性空智火燒滅
시무등등주. 불언. 여시. 여시. 진여공성. 성공지화소멸
諸結. 平等平等. 等覺三地. 妙覺三身. 於九識中皎然明淨.
제결. 평등평등. 등각삼지. 묘각삼신. 어구식중교연명정.
無有諸影. 善男子. 是法非因. 非緣. 智自用故. 非動.
무유제영. 선남자. 시법비인. 비연. 지자용고. 비동.

非靜. 用性空故. 義非有無. 空相空故. 善男子. 若化眾生.
비정. 용성공고. 의비유무. 공상공고. 선남자. 약화중생.
令彼眾生觀入是義. 入是義者是見如來.
령피중생관입시의. 입시의자시견여래.

사리불이 여쭈었다. "세존께서 설하신 것과 같이, 사건(事)에 앞서 본리(本利)로써 취한다 하셨는데, 이 염(念)은 적멸(寂滅)이고, 적멸은 여(如)입니다. 여러 공덕을 총지(摠持)하고, 만법을 갖추고 포괄하며, 원과 융이 불이(圓融不二)입니다. 불가사의합니다. 마땅히 이 법을 알면 이것이 곧 마하반야바라밀입니다. 큰 신주(神呪)이고, 큰 명주(明呪)[7]이고, 무상(無上)의 주(呪)이고, 무등등(無等等)의 주(呪)입니다."

부처님께서 말씀하셨다. "이와 같고 이와 같다. 진여(眞如)의 공한 바탕(空性)에서 공(空)을 성(性)하게(性空)[8] 하면, 지혜의 불(火)이 여러 결사(結使)를 태워 없애서 평등하고 평등하니라. 등각(等覺)의 삼지(三地)와 묘각(妙覺)의 삼신(三身)이, 구식(九識) 가운데 명백하게 밝고 깨끗해서 가지가지 그림자가 없느니라. 선남자여, 이 법은 비인비연(非因非緣)이니, 지혜가 스스로를 쓰는 까닭이다. 움직임도 아니고, 고요함도 아니니, 성공(性空)을 쓰는 까닭이다. 올바름은 유무(有無)에 있는 것

---

7) 다라니를 뜻 번역을 하면 명(明)이고, 한자로 번역하면 주(呪)이다. 이 둘을 합쳐서 명주(明呪)라고 하며, 명주를 보호하는 신중(神衆)을 신명(神明)이라고 한다.
8) 성공(性空). 성(性)이 동사로 쓰였으며, 공(空)을 성(性)하게 하면 지수화풍(地水火風)이 나온다.

이 아니다. 공상(空相)이 공(空)하기 때문이다. 선남자여, 중생을 교화하고자 하면, 저 중생으로 하여금 이러한 올바름에 들어가도록 관(觀)하게 해야 하느니라. 이러한 올바름에 들어간 자는 여래를 본다."

강설

사리불이 여쭈었다. "세존께서 설하신 것과 같이, 사건(事)에 앞서 본리(本利)로써 취한다 하셨는데, 이 염(念)은 적멸(寂滅)하고, 적멸은 여(如)입니다."
마음이 움직이고 경계에 집착하는 것이 사건(在事)이다.
'사건이 생기기 전에 먼저 본리로써 경계를 취한다'는 것은 육근(六根)의 청정함(戒念)과 본성으로(佛念) 경계를 비춰본다(觀)는 뜻이다.
'이 염(念)은 적멸(寂滅)하고, 적멸은 여(如)입니다.'
이때의 염(念)은 불념(佛念)과 계념(戒念)을 말한다.
불념(佛念)을 이루는 적상·정상·적멸상은 적멸(寂滅)하고, 계념(戒念)을 이루는 식근(識根)도 청정하고 적멸하다. 이와 같이 적멸하기에 여(如)라는 말이다.

"여러 공덕을 총지(摠持)하고, 만법을 갖추고 포괄하며, 원과 융이 불이(圓融不二)입니다."
'여러 공덕을 총지하고'는 여러 가지 삼매를 갖추었다는 말이다.

여(如)를 이루는 불념(佛念)의 금강심지(金剛心地)와 육근의 청정함(戒念處)으로 여러 가지 삼매를 갖추고, 그로써 만법을 포괄하며, 원(圓)과 융(融)이 불이(不二)를 이루도록 하였다는 말이다.

"불가사의합니다. 마땅히 이 법을 알면 이것이 곧 마하반야바라밀입니다."

이 법이 곧 마하반야바라밀법이라는 말이다.

'**마하**'는 무상(無相)을 뜻한다.

'**반야**'란 쉴 줄 아는 지혜를 말한다.

'**바라밀**'은 건넘을 말한다.

유상을 건너서 무상으로 나아가는 쉴 줄 아는 지혜가 마하반야바라밀이다. 반야해탈도를 성취하고 생멸열반에 들어갔어도 그 상태에 머무르지 않는 것이 마하반야바라밀이다.

"큰 신주(神呪)이고, 큰 명주(明呪)이고, 무상(無上)의 주(呪)이고, 무등등(無等等)의 주(呪)입니다."

신명(神明)이란 무명을 제도한 밝은마음을 말한다.

무상(無上)이란 최상을 말한다.

무등등(無等等)이란 등각을 벗어나서 묘각으로 간다는 뜻이다. 이 가르침을 통해 그와 같이 깨달음을 얻을 수 있다는 의미이다.

부처님께서 말씀하셨다. "이와 같고 이와 같다. 진여(眞如)의 공한 바탕(空性)에서 공(空)을 성(性)하게(性空) 하면, 지혜의 불(火)이 여러 결사(結使)를 태워 없애서"
'진여(眞如)의 공성(空性)'이란 보살의 본성을 이루고 있는 적상·정상·적멸상을 말한다.
'공(空)을 성(性)하게(性空) 한다'는 것은 본성의 적멸상에 머무르는 것을 말한다.
'지혜의 불(火)'이란 일체종지(一切種智)와 자연지(自然智), 무사지(無師智)를 말한다.
'여러 결사(結使)를 태워 없앤다'는 것은 각성의 무명적 습성과 밝은성품의 자연적 성향, 제도되지 못한 생멸심을 제도한다는 뜻이다.

"평등하고 평등하니라. 등각(等覺)의 삼지(三地)와 묘각(妙覺)의 삼신(三身)이, 구식(九識) 가운데 명백하게 밝고 깨끗해서 가지가지 그림자가 없느니라."
'평등하고 평등한 것'은 대적정문과 대자비문이 평등하고 공여래장과 불공여래장이 평등한 것이다.
'등각삼지(等覺三地)'란 백겁위(百劫位), 천겁위(千劫位), 만겁위(萬劫位)를 말한다.
백겁위(百劫位)는 정적정(頂寂定)에 머물러서 백겁 동안 천 가지 삼매를 닦고 금강삼매에 들어가는 것이다. 그 상태에서 법성(法性)으로 2제(二諦)를 1제(一諦)가 되도록 하고 일합상을 이룬다.

정적정(頂寂定)이란 정수리 단(壇)에 머물러서 대적정에 들어가는 것이다. 나중에 묘각에 들어갈 때는 정수리 단을 활용해서 수기불(受期佛)과 동법계(同法界)를 이루게 된다.

법성(法性)은 등각보살의 대자비심을 말한다.

2제(二諦)는 진여심을 제도해서 공여래장을 이루고 생멸심을 제도해서 불공여래장을 이루는 것이다.

1제(一諦)는 대자비심으로 공여래장과 불공여래장을 하나로 끌어안는 것이다.

일합상(一合相)은 공여래장과 불공여래장이 불이문을 이루고 있는 상태를 말한다.

천겁위(千劫位)는 천 겁의 수명 동안 부처님의 위의를 배우고, 부처님이 가신 곳에 들어가 부처님 도량에 앉고, 3마(번뇌마, 오음마, 천마)를 넘어서는 것이다.

'부처님의 위의를 배운다'는 것은 일심법계(一心法界)의 구조를 원만하게 갖추어가는 것이다.

'부처님이 가신 곳'은 열반(涅槃)을 말한다.

'부처님 도량'은 금강심지(金剛心地)를 말한다.

3마(三魔)란 생멸심과 생멸신, 밝은성품으로 일어나는 세 가지 마장을 말한다. 생멸심(心)으로 일어나는 것이 번뇌마(煩惱魔)이다. 생멸신(身)으로 일어나는 것이 오음마(五陰魔)이다. 밝은성품으로 일어나는 것이 천마(天魔)이다. 3마 중에서 천마는 마왕천으로부터 도래하는 마장이다. 마왕천을

굴복시켜야 3마의 장애에서 벗어날 수 있다. 3마를 굴복시켜서 불공여래장을 성취한다.

만겁위(萬劫位)는 만 겁의 수명 동안 변화신(變化身)으로 성불하는 모습을 보이고, 부처님들과 똑같이 언제나 중도를 행하고 대락무위(大樂無爲)를 누리는 것이다.

변화신이란 분신불(分身佛)을 말한다. 역무행진(亦無行盡)의 법으로 밝은성품의 자연적 성향을 제도해서 천백억 분신불을 나투게 된다.

'부처님들과 똑같이 언제나 중도를 행한다'는 것은 대적정과 대자비를 평등하게 활용하고 항상 적멸상을 여의지 않는다는 의미이다.

'대락무위(大樂無爲)'란 열반의 락(樂)에도 머물지 않는 것이다.

'묘각(妙覺)의 삼신(三身)이 구식(九識) 가운데 명백하게 밝고 깨끗해서 가지가지 그림자가 없느니라.'

'**묘각의 삼신**'은 법신(法身), 보신(報身), 화신(化身)을 말한다.
구식(九識)은 암마라식과 원통식을 말한다.
묘각의 구식은 수정처럼 맑고 깨끗하다. 때문에 일체의 생멸심에 물들지 않는다.

"선남자여, 이 법은 비인비연(非因非緣)이니, 지혜가 스스로를 쓰는 까닭이다."

'비인비연(非因非緣)'이란 인(因)도 아니고 연(緣)도 아니라는 뜻이다. 인연(因緣)으로 만들어지는 법은 생멸법이다. 이 법은 생멸법이 아니라는 말씀이시다.
'**지혜가 스스로를 쓴다**'는 것은 제도된 진여심을 이루고 있는 일체종지와 무사지, 자연지, 불지가 쓰여지는 것이다.

"**움직임도 아니고 고요함도 아니니, 성공(性空)을 쓰는 까닭이다.**"
'**움직임이 아닌 것**'은 항상 본성의 적멸상을 여의지 않기 때문이다.
'**고요함이 아닌 것**'은 일체중생들의 마음을 져버리지 않기 때문이다.
'**성공(性空)을 쓰는 것**'은 본성의 적상과 정상, 적멸상을 함께 활용하는 것이다.

"**올바름은 유무(有無)에 있는 것이 아니다. 공상(空相)이 공(空)하기 때문이다.**"
'**올바름은 유무(有無)가 아니다**'라는 것은 이 법의 올바름은 있고 없음을 말하는 것이 아니라는 말씀이다.
'**공상(空相)이 공(空)하다**'는 것은 공상에 머물지 않는 것을 뜻한다.

"**선남자여, 중생을 교화하고자 하면, 저 중생으로 하여금 이러한 올바름에 들어가도록 관(觀)하게 해야 하느니라. 이**

러한 올바름에 들어간 자는 여래를 본다."

'이러한 올바름에 들어가도록 관(觀)하게 한다'는 것은 불념처관(佛念處觀)으로 금강심지(金剛心地)에 들어가고, 법념처관(法念處觀)으로 진여문(眞如門)에 들어가고, 시념처관(施念處觀)과 승념처관(僧念處觀)으로 업식과 경계를 제도하고, 계념처관(戒念處觀)으로 심식의 바탕을 관(觀)하고, 천념처관(天念處觀)으로 대지혜(大智慧)를 성취하는 것을 말한다.

본문

舍利弗言. 如來義觀不住諸流. 應離四禪而超有頂.
사리불언. 여래의관부주제류. 응리사선이초유정.
佛言. 如是. 何以故? 一切法名數. 四禪亦如是. 若見如來
불언. 여시. 하이고? 일체법명수. 사선역여시. 약견여래
者. 如來心自在. 常在滅盡處. 不出亦不入. 內外平等故.
자. 여래심자재. 상재멸진처. 불출역불입. 내외평등고.
善男子. 如彼諸禪觀. 皆爲想空定. 是如非復彼. 何以故?
선남자. 여피제선관. 개위상공정. 시여비부피. 하이고?
以如觀如. 實不見觀. 如相諸相. 相已寂滅. 寂滅卽如義.
이여관여. 실불견관. 여상제상. 상이적멸. 적멸즉여의.
如彼想禪定. 是動非是禪. 何以故? 禪性離諸動. 非染.
여피상선정. 시동비시선. 하이고? 선성리제동. 비염.
非所染. 非法. 非影. 離諸分別. 本利義故. 善男子. 如是

비소염. 비법. 비영. 리제분별. 본리의고. 선남자. 여시
觀定. 乃名爲禪.
관정. 내명위선.

사리불이 여쭈었다. "여래의 올바름으로 관(觀)하는 것은 여러 가지 흐름(流/육도에 흘러감)에 머무르지 않고, 마땅히 사선(四禪)을 여의고, 유정천(有頂天)9)을 초월하겠습니다."
부처님께서 말씀하셨다. "이와 같다. 어떤 까닭인가? 일체법은 이름과 숫자일 뿐이니 사선(四禪)10) 또한 이와 같으니라. 여래를 보게 되면 여래는 마음이 자재(自在)롭고, 늘 멸진처(滅盡處)에 있으며, 나오는 것도 아니고 또한 들어가는 것도 아니니, 그것은 안팎으로 평등한 까닭이다. 선남자여, 저러한 가지가지의 선관(禪觀)은 모두 상공정(想空定)이거니와, 이 여(如)이고 다시 저것이 아니다. 어떤 까닭인가? 여(如)로써 여(如)를 관(觀)하는데 실(實)을 보고 관(觀)한 것이 아니며, 여(如)의 모습은 여러 모습이고 모습은 적멸하니, 적멸은 곧 여(如)의 올바름이다. 저 상선정(想禪定)처럼 이러한 움직임은 선(禪)이 아니다. 어떤 까닭인가? 선(禪)의 성(性)은 여러 움직임을 떠나고, 오염시키는 것이 아니고, 오염된 것이 아니고, 법이 아니고, 그림자가 아니고, 여러 분별을 떠나니, 본리(本

---

9) 유정천은 색구경천 또는 비상비비상처천이다.
10) 사선(四禪)은 색계천의 네 가지 선(禪)의 경지이다. 색계천은 선(禪)도 되고 정(定)도 되며, 무색계천은 정(定)에 해당한다. 합하면 사선팔정(四禪八定)이다.

利)의 올바름이기 때문이다. 선남자여, 이와 같은 관정(觀定)이라야 비로소 선(禪)이라 이름하느니라."

강설

사리불이 여쭈었다. "여래의 올바름으로 관(觀)하는 것은 여러 가지 흐름(流/육도에 흘러감)에 머무르지 않고, 마땅히 사선(四禪)을 여의고, 유정천(有頂天)을 초월하겠습니다."
육념처관(六念處觀)으로 대력관(大力觀)을 행하는 것은 생멸수행과 진여수행을 더불어서 행하는 것이며, 보살도와 등각도를 총섭(總攝)하는 것이다. 때문에 육도윤회를 벗어나고 생멸문을 초월한다.

부처님께서 말씀하셨다. "이와 같다. 어떤 까닭인가? 일체법은 이름과 숫자일 뿐이니 사선 또한 이와 같으니라."
육념처관으로 일체법을 총섭하고 사선(四禪) 또한 총섭한다는 말씀이시다. 일체법이란 생멸법을 말한다.

"여래를 보게 되면 여래는 마음이 자재(自在)롭고, 늘 멸진처(滅盡處)에 있으며, 나오는 것도 아니고 또한 들어가는 것도 아니니, 그것은 안팎으로 평등한 까닭이다."
'여래의 마음이 자재(自在)로운 것'은 여(如)에도 머물지 않기 때문이다.

'늘 멸진처(滅盡處)에 있다'는 것은 적멸상을 여의지 않는다는 뜻이다.

'나오는 것도 아니고 또한 들어가는 것도 아닌'것은 대자비심으로 불이문(不二門)을 이루어 각조(覺照)를 행하지 않는다는 뜻이다.

'안팎으로 평등한 것'은 대비심과 대적정이 평등하고 공여래장과 불공여래장이 평등한 것이다.

여래의 마음이 이와 같다는 말씀이시다.

"선남자여, 저러한 가지가지의 선관(禪觀)은 모두 상공정(想空定)이거니와, 이 여(如)이고 다시 저것이 아니다."

'저 여러 가지 선관(禪觀)'이란 생멸수행의 선정체계를 말한다.

'모두 상공정(想空定)이다'라는 것은 상념으로 공정(空定)을 이루는 것이다.

'이 여(如)이고 다시 저것이 아니다'는 것은 2제(二諦)의 한쪽 열반이지 1제(一諦)의 불이문은 아니라는 말씀이시다.

"어떤 까닭인가? 여(如)로써 여(如)를 관(觀)하는데 실(實)을 보고 관(觀)한 것이 아니며,"

불이문(不二門)의 상태에서 불공여래장이 공여래장을 관(觀)하고 공여래장이 불공여래장을 관(觀)하는 것은 각조(覺照)로써 비추는 것이 아니다. 대자비심의 그리움으로 서로를 비추는 것이다.
'여(如)로써 여(如)를 관(觀)한다'는 것은 공여래장이 불공여래장을 관하는 것이다.
'실(實)을 보고 관(觀)한 것이 아니라'는 것은 각성으로 서로를 비추는 것이 아니라는 말씀이다.
실(實)은 공여래장과 불공여래장을 말한다.
'보고 관한다(見觀)'는 것은 각성으로 비추는 것을 말한다.
"여(如)의 모습은 여러 모습이고 모습은 적멸하니, 적멸은 곧 여(如)의 올바름이다. 저 상선정(想禪定)처럼 이러한 움직임은 선(禪)이 아니다."
'여(如)의 모습은 여러 모습인 것'은 아라한도 如이고, 8지 보살도 如이고, 10지 보살도 如이고, 등각보살도 如이고, 묘각부처님도 如이기 때문이다. 또한 본원본제도 如이다. 如가 如인 것은 적멸상을 갖추고 있기 때문이다. 하지만 각각의 如는 같은 如가 아니다.
아라한의 如와 본원본제의 如는 참다운 如가 아니다. 더군다나 4선정으로 견성오도를 이루는 것은 참다운 선(禪)을 성취한 것이 아니라는 말씀이시다.

"어떤 까닭인가? 선(禪)의 성(性)은 여러 움직임을 떠나고, 오염시키는 것이 아니고, 오염된 것이 아니고, 법이 아니고, 그림자가 아니고, 여러 분별을 떠나니, 본리(本利)의 올바름이기 때문이다. 선남자여, 이와 같은 관정(觀定)이라야 비로소 선(禪)이라 이름하느니라."
선(禪)의 성(性)은 본성(本性)과 각성(覺性)이다. 이것은 여러 움직임을 떠나고, 오염시키는 것이 아니고, 오염된 것이 아니고, 법이 아니고, 그림자가 아니고, 여러 분별을 떠나있다. 하지만 견성오도(見性悟道)의 시각(時覺)은 아직도 생멸심에 천착되어 있고 가려져 있다. 때문에 올바른 선(禪)을 성취하지 못한다. 반야해탈도에 들어가서 본각(本覺)을 증득해야 참다운 선행(禪行)에 들어가게 된다.
'이와 같은 관정(觀定)'이란 반야해탈도를 뜻한다.

본문

舍利弗言. 不可思議. 如來常以如實而化眾生. 如是實義.
사리불언. 불가사의. 여래상이여실이화중생. 여시실의.
多文廣義. 利根眾生乃可修之. 鈍根眾生難以措意. 云何方
다문광의. 리근중생내가수지. 둔근중생난이조의. 운하방
便令彼鈍根得入是諦?
편령피둔근득입시제?

사리불이 여쭈었다. "불가사의합니다. 여래는 늘 여실(如實)한 것으로써 중생을 교화합니다. 이와 같은 실의(實義)에는 많은 글과 넓은 뜻이 있고, 예리한 근기의 중생이라야 비로소 닦을 수 있으려니와, 둔한 근기의 중생은 뜻을 두기가 어렵습니다.

어떠한 방편으로 저 둔한 근기로 하여금 이러한 진리에 들어가게 합니까?"

강설

부처님께서는 늘 여실(如實)의 이치로써 중생을 교화하셨다. 하지만 그 실의(實義)가 난해해서 근기가 부족한 중생들은 이해할 수가 없었다. 근기가 둔한 중생들을 여(如)의 실상(實相)으로 이끌어 갈 수 있는 방편을 알려달라고 간청하는 대목이다.

본문

佛言. 令彼鈍根受持一四句偈. 即入實諦. 一切佛法.
불언. 령피둔근수지일사구게. 즉입실제. 일체불법.
攝在一四偈中. 舍利弗言. 云何一四句偈？願為說之於是.
섭재일사게중. 사리불언. 운하일사구게？원위설지어시.
尊者而說偈言. 因緣所生義. 是義滅非生. 滅諸生滅義.
존자이설게언. 인연소생의. 시의멸비생. 멸제생멸의.
是義生非滅. 爾時. 大眾聞說是偈. 僉大歡喜. 皆得滅生滅
시의생비멸. 이시. 대중문설시게. 첨대환희. 개득멸생멸
生般若性空智海.
생반야성공지해.

부처님께서 말씀하셨다. "저 둔한 근기로 하여금 하나의 사구게(四句偈)를 수지하게 하면, 곧 실제(實際)에 들어간다. 일체 불법은 하나의 사구게(四句偈) 가운데 함유되어 있기 때문이니라."
사리불이 여쭈었다. "어떠한 사구게입니까? 원컨대 설하여 주십시오."
세존께서 게송으로 말씀하셨다.
"인연소생(因緣所生)의 올바름(義),
그때의 올바름은 생(生)이 아니고 멸(滅)이다(是義滅非生).
제멸을 이루면 생멸의 올바름이 실현된 것이니(滅諸生滅義),
이때의 올바름은 멸이 아니고 생이다(是義生非滅)."
그때 대중들은 이 게송을 설하시는 것을 듣고 모두 기뻐하였으며, 모두 멸생(滅生)과 멸생(滅生)반야(般若)와 성공지해(性空智海)를 얻었다.

강설

부처님께서는 사리불의 간청에 사구게를 말씀해 주셨다.
'**인연소생(因緣所生)의 올바름(義),**
그때의 올바름은 생(生)이 아니고 멸(滅)이다(是義滅非生)'
인연으로 생기는 것은 실재(實在)의 생(生)이 아니고 환(幻)의 생(生)이다. 때문에 그런 존재에게 있어서 올바름이란 멸도(滅道)를 이루는 것이라는 말씀이시다.

'제멸을 이루면 생멸의 올바름이 실현된 것이니(滅諸生滅義), 이때의 올바름은 멸이 아니고 생이다(是義生非滅).'
제멸(諸滅)이란 멸도(滅道)를 말한다. 멸도를 이루면 생멸심을 벗어난 것이다. 생멸심을 벗어나서 진여문에 들어간 보살이 올바름을 성취하는 것은 멸도(滅道)를 행하는 것이 아니고 생(生)을 이루는 것이라는 말씀이다.
이때의 생(生)이란 암마라식을 갖추고 대비심을 갖추고 원통식을 갖추는 것이다.
진여수행을 하면서 생멸의 경계를 만나면 그 경계를 멸(滅)의 대상으로 삼지 말라는 말씀이다. 오히려 시념(施念)으로 제도하고, 암마라식과 원통식이 생(生)하도록 하라는 말씀이다.

"그때 대중들은 이 게송을 설하시는 것을 듣고 모두 기뻐하였으며, 모두 멸생(滅生)과 멸생(滅生)반야(般若)와 성공지해(性空智海)를 얻었다.
'멸생(滅生)'은 생멸심을 벗어날 수 있는 본각을 체득한 것이다.
'멸생(滅生)반야(般若)'는 생멸연기를 벗어날 수 있는 대적정을 체득한 것이다.
'성공지해(性空智海)'는 본성의 적멸상에 머물러서 일체지를 얻었다는 것이다.

《금강삼매경 여래장품 如來藏品 第七》

본문

爾時. 梵行長者從本際起. 而白佛言. 尊者. 生義不滅. 滅
이시. 범행장자종본제기. 이백불언. 존자. 생의불멸. 멸
義不生. 如是如義即佛菩提. 菩提之性則無分別. 無分別智
의불생. 여시여의즉불보리. 보리지성즉무분별. 무분별지
分別無窮. 無窮之唯分別滅. 如是義相不可思議. 不思議中
분별무궁. 무궁지상유분별멸. 여시의상불가사의. 부사의중
乃相無分別. 尊者. 一切法數無量無邊. 無邊法相一實義性
내상무분별. 존자. 일체법수무량무변. 무변법상일실의성
唯住一性. 其事云何？佛言. 長者. 不可思議. 我說諸法
유주일성. 기사운하？불언. 장자. 불가사의. 아설제법
爲迷者故. 方便導故. 一切法相一實義智. 何以故？譬如
위미자고. 방편도고. 일체법상일실의지. 하이고？비여
一市開四大門. 是四門中皆歸一市. 如彼眾庶隨意所入.
일시개사대문. 시사문중개귀일시. 여피중서수의소입.
種種法味亦復如是.
종종법미역부여시.

그때 범행(梵行)장자가 본제(本際)로부터 일어나 부처님께 사뢰어 아뢰었다. "세존이시여, 올바른 생(生)은 불멸이고(生義不

滅), 올바른 멸(滅)은 불생입니다(滅義不生). 이와 같이 올바른 여(如)가 곧 불보리(佛菩提)입니다. 보리의 성(性)은 곧 분별이 없고, 분별이 없는 지혜는 분별의 끝이 없습니다. 끝없는 모습은 오직 분별로 없어지고, 이와 같은 올바름의 모습은 불가사의하며, 부사의(不思議)한 가운데 분별이 없습니다. 세존이시여, 일체법의 숫자는 무량하고 무변하며, 무변한 법상(法相)은 일실의(一實義)의 성(性)이고, 오직 일성(一性)에 머뭅니다. 그러한 사(事)는 어떤 것입니까?"

부처님께서 말씀하셨다. "장자여, 불가사의하느니라. 내가 설한 제법은 미혹된 자를 위한 까닭이고, 방편으로 인도하기 때문이니라. 일체 법상은 일실의(一實義)의 지혜이다. 어떤 까닭인가? 비유하면 어느 도시에 사대문을 여는 것과 같다. 네 개의 문이 모두 하나의 도시로 돌아가듯이, 저 백성들이 뜻에 따라 들어가는 것과 같다. 여러 가지 법의 맛은 또한 이와 같다."

강설

"그때 범행(梵行)장자가 본제(本際)로부터 일어나 부처님께 사뢰어 아뢰었다. "세존이시여, 올바른 생(生)은 불멸이고(生義不滅), 올바른 멸(滅)은 불생입니다(滅義不生)."
'본제(本際)로부터 일어났다'는 것은 본성의 적상과 정상, 적멸상에 머물러 있다가 일어났다는 뜻이다.
'올바른 생(生)은 불멸이고(生義不滅)'

올바른 생이란 무생(無生)이다. 如의 생(生)이 무생(無生)이다. 여(如)는 불멸(不滅)한다는 뜻이다.
'올바른 멸(滅)은 불생입니다(滅義不生)'
올바르게 멸(滅義)하면 불생(不生)한다는 말이다.
여(如)는 불생불멸(不生不滅)한다는 말이다.

"이와 같이 올바른 여(如)가 곧 불보리(佛菩提)입니다(如是如義即佛菩提)."
올바른 如란 적멸상(寂滅相)에 머물러서 적상(寂相)과 적상(靜相)을 균등하게 껴안고 있는 상태를 말한다.
본성의 적멸상은 불생불멸(不生不滅)하고 부증불감(不增不減)한다. 그것이 곧 불보리(佛菩提)라는 말이다.

"보리의 성(性)은 곧 분별이 없고, 분별이 없는 지혜는 분별의 끝이 없습니다."
'보리의 성(性)'이란 각성과 대자비심이다. 본각으로 대적정에 들어가면 일체의 분별이 일어나지 않는다.
하지만 대자비심으로는 일체중생을 제도하기 위해 끊임없이 분별한다. 각성과 대자비심이 함께 쓰여져서 올바른 如를 이룬다.

"끝없는 모습은 오직 분별로 없어지고, 이와 같은 올바름의 모습은 불가사의하며,"

'끝없는 모습'이란 중생이 갖고 있는 생멸의 모습이다. 그 모습은 오로지 대자비심으로 제도한다는 말이다.
이와 같이 갖추어지는 여(如)의 올바른 모습이 불가사의하다는 말이다.
"부사의(不思議) 한 가운데 비로소 분별이 없습니다."
如의 올바름이 성취되면 비로소 분별이 없다는 말이다.

"세존이시여, 일체법의 숫자는 무량하고 무변하며, 무변한 법상(法相)은 일실의(一實義)의 성(性)이고 오직 일성(一性)에 머뭅니다. 그러한 사(事)는 어떤 것입니까?"
'일체법의 숫자가 무량한 것'은 깨달음으로 들어가는 방법이 무수하게 많다는 뜻이다.
'무변하다'는 것은 깨달음을 증득하더라도 그 본성은 변하지 않는다는 것이다.
'무변한 법상(法相)'은 본성의 상태를 말한다.
'일실의(一實義)의 성(性)'이란 실답고 올바른 하나의 性이라는 뜻이다.
'오직 일성(一性)에 머문다'는 것은 깨달음에 들어가면 오로지 하나의 性에 머문다는 말이다.
'그러한 사(事)는 어떤 것입니까?'
어떻게 그러한 깨달음에 들어가느냐고 여쭙는 대목이다.

부처님께서 말씀하셨다. "장자여, 불가사의하느니라. 내가

설한 제법은 미혹된 자를 위한 까닭이고, 방편으로 인도하기 때문이니라. 일체 법상은 일실의(一實義)의 지혜이다."

부처님께서 설하신 그 수많은 가르침은 미혹된 자를 위해서 방편으로 이끄는 까닭이라고 말씀하신다. 일체의 법상은 오로지 일실의(一實義)의 지혜에서 나오는 것이라고 말씀하신다.

"어떤 까닭인가? 비유하면 어느 도시에 사대문을 여는 것과 같다. 네 개의 문이 모두 하나의 도시로 돌아가듯이, 저 백성들이 뜻에 따라 들어가는 것과 같다. 여러 가지 법의 맛은 또한 이와 같다."

부처님께서 말씀하신 수많은 가르침은 어느 도시의 사대문을 여는 것과 같다고 말씀하신다. 네 개의 문 가운데 어느 문으로 들어가도 모두 하나의 도시로 들어가듯이, 어떤 방편을 통해서라도 본성(本性)으로 들어갈 수 있다고 말씀하신다.

본문

梵行長者言. 法若如是. 我住一味. 應攝一切諸味.
범행장자언. 법약여시. 아주일미. 응섭일체제미.
佛言. 如是. 如是. 何以故？一味實義如一大海. 一切眾流
불언. 여시. 여시. 하이고？일미실의여일대해. 일체중류

無有不入. 長者. 一切法味猶彼衆流. 名數雖殊. 其水不異.
무유불입. 장자. 일체법미유피중류. 명수수수. 기수불이.
若住大海則括衆流. 住於一味則攝諸味.
약주대해즉괄중류. 주어일미즉섭제미.

범행장자가 여쭈었다. "법이 이와 같다면, 제가 한 맛에 머무르면 일체의 맛을 포섭하겠습니다."
부처님께서 말씀하셨다. "이와 같고 이와 같다. 어떤 까닭인가? 한 맛의 실의(實義)는 하나의 큰 바다와 같아서, 일체의 강이 들어가지 않음이 없느니라. 장자여, 일체 법의 맛은 저 강들과 같아서 이름과 숫자는 비록 다르지만, 그 물은 다르지 않느니라. 큰 바다에 머문다면 곧 여러 강을 포괄하여, 한 맛에 머물러서 가지가지 맛을 끌어안기 때문이니라."

강설

범행장자가 여쭈었다. "법이 이와 같다면, 제가 한 맛에 머무르면 일체의 맛을 포섭하겠습니다."
'한 맛에 머무르면 일체의 맛을 포섭한다'는 것은 하나의 방편으로 본성에 들어가서 일체의 법을 총섭하겠다는 말이다.

부처님께서 말씀하셨다. "이와 같고 이와 같다. 어떤 까닭인가? 한 맛의 실의(實義)는 하나의 큰 바다와 같아서, 일체의 강이 들어가지 않음이 없느니라. 장자여, 일체 법의 맛은 저 강들과 같아서 이름과 숫자는 비록 다르지만, 그 물은 다르지 않느니라. 큰 바다에 머문다면 곧 여러 강을 포괄하여, 한 맛에 머물러서 가지가지 맛을 끌어안기 때문이니라."

본성의 맛은 물맛과 같고 본성에 들어가 있는 것은 큰 바다에 들어가는 것과 같다는 말씀이시다.

본문

梵行長者言. 諸法一味. 云何三乘道其智有異?
범행장자언. 제법일미. 운하삼승도기지유이?
佛言. 長者. 譬如江. 河. 淮. 海. 大小異故. 深淺殊故. 名
불언. 장자. 비여강. 하. 회. 해. 대소이고. 심천수고. 명
文別故. 水在江中名為江水. 水在淮中名為淮水. 水在河中
문별고. 수재강중명위강수. 수재회중명위회수. 수재하중
名為河水. 俱在海中唯名海水. 法亦如是. 俱在真如. 唯名
명위하수. 구재해중유명해수. 법역여시. 구재진여. 유명
佛道. 長者. 住一佛道. 即達三行.
불도. 장자. 주일불도. 즉달삼행.

범행장자가 여쭈었다. "제법(諸法)이 한 맛이라면, 어찌하여 삼승(三乘)의 도는 그 지혜에 차이가 있습니까?"

부처님께서 말씀하셨다. "장자여, 비유하면 강(江)과, 하수(河)와, 회수(淮)와 바다는 크기가 다른 까닭이며, 깊고 얕음이 다른 까닭이며, 이름과 글자로 구별하는 까닭이다. 물이 강(江) 가운데 있으면 이름이 강수(江水)이고, 물이 회(淮) 가운데 있으면 이름이 회수(淮水)이고, 물이 하(河) 가운데 있으면 이름이 하수(河水)이고, 물이 함께 바다 가운데 있으면 오직 이름이 바닷물이다. 법 또한 이와 같아서, 함께 진여(眞如)에 있으면 오직 이름이 불도이다. 장자여, 하나의 불도에 머무르면 곧 삼행(三行)에 도달하느니라."

강설

범행장자가 여쭈었다. "제법(諸法)이 한 맛이라면, 어찌하여 삼승(三乘)의 도는 그 지혜에 차이가 있습니까?"
'삼승의 도(道)'란 해탈도, 보살도, 등각도를 말한다.
해탈도가 삼승(三乘)이고 보살도가 이승(二乘)이며 등각도가 일승(一乘)이다. 묘각도는 불승(佛乘)이다.
제법은 한 맛인데 삼승의 지혜는 왜 다르냐고 여쭙는 대목이다.

"부처님께서 말씀하셨다. "장자여, 강(江)과, 하수(河)와, 회수(淮)와 바다는 크기가 다른 까닭이며, 깊고 얕음이 다른 까닭이며, 이름과 글자로 구별하는 까닭이다. 물이 강(江)

가운데 있으면 이름이 강수(江水)이고, 물이 회(淮) 가운데 있으면 이름이 회수(淮水)이고, 물이 하(河) 가운데 있으면 이름이 하수(河水)이고, 물이 함께 바다 가운데 있으면 오직 이름이 바닷물이다."

삼승의 지혜가 다른 것은 크기가 다른 까닭이고, 깊고 얕음이 다른 까닭이고, 이름과 글로 구별하기 때문이라고 말씀하신다.

'**크기가 다른 것**'은 근기가 다른 것이다.
'**깊고 얕음이 다른 것**'은 깨달음의 깊이가 다른 것이다.
'**이름과 글자로 구별하는 것**'은 올바름을 성취하지 못했기 때문이다.

"법 또한 이와 같아서, 함께 진여(眞如)에 있으면 오직 이름이 불도이다."

진여로 들어온 것이 법의 바다에 들어온 것이고 그것이 불도(佛道)라고 말씀하신다.

"장자여, 하나의 불도에 머무르면 곧 삼행(三行)에 도달하느니라."

진여의 바다에 들어와서 하나의 불도에 머물고 삼행(三行)에 도달한다는 말씀이시다. 진여의 바다란 등각도의 경지를 말한다.

본문

梵行長者言. 云何三行？佛言. 一. 隨事取行. 二. 隨識取
범행장자언. 운하삼행？불언. 일. 수사취행. 이. 수식취
行. 三. 隨如取行. 長者. 如是三行總攝眾門. 一切法門無
행. 삼. 수여취행. 장자. 여시삼행총섭중문. 일체법문무
不此入. 入是行者. 不生空相. 如是入者.
불차입. 입시행자. 불생공상. 여시입자.
可謂入如來藏. 入如來藏者. 入不入故.
가위입여래장. 입여래장자. 입불입고.

범행장자가 여쭈었다. "삼행(三行)은 어떤 것입니까?"
부처님께서 말씀하셨다. "첫째, 사(事)를 따라서 행(行)을 취한다. 둘째, 식(識)을 따라서 행(行)을 취한다. 셋째, 여(如)를 따라서 행(行)을 취한다. 장자여, 이와 같은 삼행(三行)은 여러 방법들을 총섭하고, 일체 법문은 여기에 포함되지 않는 것이 없느니라. 이 행(行)에 들어간 자는 공상(空相)이 생기게 하지 않는다. 이와 같이 들어간 자는 여래장(如來藏)에 들어간 것이다. 여래장에 들어간다는 것은, 들어가지 않은 것에 들어간 것이다."

강설

범행장자가 여쭈었다. "삼행(三行)은 어떤 것입니까?"
삼행(三行)의 행(行)이란 각성(覺性)의 일을 말한다. 각성의 일을 여쭙는 대목이다.

부처님께서 말씀하였다.
"첫째, 사(事)를 따라서 행(行)을 취한다."
사(事)란 경계와 스스로의 관계를 말한다. 사(事)를 따라서 행(行)을 취하는 것은 경계에 입각해서 각성을 쓰는 것이다. 사행(事行)으로 일체 경계를 제도하고 불공여래장을 이룬다. 그로써 등각을 성취한다.

"둘째, 식(識)을 따라서 행(行)을 취한다."
식(識)이란 스스로에게서 일어나는 일체의 마음작용을 일컫는다. 6식, 7식, 8식의 생멸식도 식(識)이고 암마라식과 원통식의 진여식도 식(識)이다. 식(識)을 따라서 행(行)을 취하는 것은 스스로에 입각해서 각성을 쓰는 것이다. 식행(識行)으로 생멸심과 진여심을 제도하고 진여출가를 이룬다. 그로써 일심법계를 성취하고 묘각도에 들어간다.

"셋째, 여(如)를 따라서 행(行)을 취한다."
여(如)란 본성(本性)의 적멸상(寂滅相)에 머물러서 적상(寂相)과 정상(靜相)을 균등하게 껴안고 있는 것이다. 여(如)를 따라서 행(行)을 취하는 것은 본원(本源)에 입각해서 각성을 쓰는 것이다. 여행(如行)으로 본원본제(本源本際)를 제도하고 여래장출가를 행한다. 그로써 여래지를 성취하고 능연불(能緣佛)을 이룬다.

"장자여, 이와 같은 삼행(三行)은 여러 방법들을 총섭하고, 일체 법문은 여기에 포함되지 않는 것이 없느니라."
각성을 통해 성취하는 삼행으로 모든 방편을 총섭하고 일체 법문을 성취한다는 말씀이시다.

"이 행(行)에 들어간 자는 공상(空相)이 생기게 하지 않는다."
삼행에 들어간 사람은 환(幻)에 빠지지 않는다는 말씀이시다.

"이와 같이 들어간 자는 여래장(如來藏)에 들어간 것이다. 여래장에 들어간다는 것은, 들어가지 않은 것에 들어간 것이다."
삼행(三行)으로 불공여래장과 공여래장을 성취하고 여래장에 들어간다는 말씀이시다.
'들어가지 않은 것에 들어간 것(入不入故)' 은 여래장은 오고 감으로써 들어가는 것이 아니고 동법계(同法界)를 이루어서 들어가기 때문이다.

본문

梵行長者言. 不可思議. 入如來藏. 如苗成實. 無有入處.
범행장자언. 불가사의. 입여래장. 여묘성실. 무유입처.
本根利力. 利成得本. 得本實際. 其智幾何？
본근리력. 리성득본. 득본실제. 기지기하？
佛言. 其智無窮. 略而言之. 其智有四. 何者為四？一者.
불언. 기지무궁. 략이언지. 기지유사. 하자위사？일자.
定智. 所謂隨如. 二者. 不定智. 所謂方便破病. 三者. 涅
정지. 소위수여. 이자. 부정지. 소위방편파병. 삼자. 열
槃智. 所謂除電覺際. 四者. 究竟智. 所謂入實具足佛道.
반지. 소위제전각제. 사자. 구경지. 소위입실구족불도.
長者. 如是四大事用. 過去諸佛所說. 是大橋梁. 是大津濟.
장자. 여시사대사용. 과거제불소설. 시대교량. 시대진제.
若化眾生. 應用是智. 長者. 用是大用. 復有三大事. 一者.
약화중생. 응용시지. 장자. 용시대용. 부유삼대사. 일자.
於三三昧內外不相奪. 二者. 於大義科隨道擇滅. 三者.
어삼삼매내외불상탈. 이자. 어대의과수도택멸. 삼자.
於如慧定以悲俱利. 如是三事. 成就菩提. 不行是事. 則不
어여혜정이비구리. 여시삼사. 성취보리. 불행시사. 즉불
能流入彼四智海. 為諸大魔所得其便. 長者. 汝等大眾.
능류입피사지해. 위제대마소득기편. 장자. 여등대중.
乃至成佛. 常當修習勿令暫失.
내지성불. 상당수습물령잠실.

범행장자가 여쭈었다. "불가사의합니다. 여래장에 들어간다는 것은 마치 싹이 열매를 맺은 것과 같아서, 들어간 곳이 없습니다. 본근리(本根利)의 힘이고, 이로움이 이루어져 근본을 이루는 것입니다. 본래의 실제를 얻으면 그 지혜는 얼마나 됩니까?"

부처님께서 말씀하셨다. "그 지혜는 끝이 없다. 요약하여 말하면, 그 지혜에는 네 가지가 있다. 어떤 네 가지인가? 첫째 정지(定智)이니, 이른바 여(如)를 따른다. 둘째 부정지(不定智)이니, 이른바 방편으로 질병을 깨뜨린다. 셋째 열반의 지혜이니, 이른바 전각(電覺)[11]의 경계를 없앤다. 넷째 구경(究竟)의 지혜이니, 이른바 실(實)에 들어가서 불도를 구족한다[12]. 장자여, 이와 같이 네 가지 큰 사(事)와 용(用)은 과거 제불이 설하신 것이니라. 이는 큰 교량이며 큰 나루터이므로 중생을 교화하려면, 마땅히 이 지혜를 응용(應用)해야 하느니라.

장자여, 이러한 대용(大用)을 사용하는 데는 다시 세 가지 대사(大事)가 있느니라. 첫째, 세 가지 삼매에서는 안팎으로 서로 빼앗지 않는다. 둘째, 대의과(大義科)[13]에서는 도를 따라서

---

11) 전각(電覺)은 번쩍이는 촉각으로 전5식(前五識)을 가리킨다. 대상을 만나면 잠깐 반응하고 사라지므로 번개 촉각이다.
12) 첫째의 정지(定智)는 평등성지(平等性智)이고, 자아와 자아의 것(제7식)을 대치(對治)해서 관(觀)의 평등을 따르고, 여(如)를 따른다.
  둘째의 부정지(不定智)는 묘관찰지(妙觀察智)이고 제6식에 있고, 방편으로 부수고 깨뜨린다.
  셋째의 열반지(涅槃智)는 성소작지(成所作智)이고, 전5식(前五識)의 전각(電覺)을 없애고 지혜를 얻는다.
  넷째의 구경지(究竟智)는 대원경지(大圓鏡智)이고, 제8식을 전환한 지혜이고, 구경위(究竟位)이다.

선택하여 소멸시킨다. 셋째, 여혜정(如慧定)에서는 비(悲)로써 이익을 갖춘다. 이와 같은 세 가지 일로 보리를 성취하느니라. 이 일을 행하지 않으면 곧 저 네 가지 지혜(四智)의 바다에 유입될 수 없고, 여러 큰 마구니가 그 틈을 얻게 되느니라. 장자여, 그대들 대중은 성불에 이르기까지, 늘 수습해서 잠시도 잃지 않도록 할지니라."

강설

범행장자가 여쭈었다. "불가사의합니다. 여래장에 들어간다는 것은 마치 싹이 열매를 맺은 것과 같아서, 들어간 곳이 없습니다. 본근리(本根利)의 힘이고, 이로움이 이루어져 근본을 이루는 것입니다. 본래의 실제를 얻으면 그 지혜는 얼마나 됩니까?"

'여래장에 들어가는 것은 싹이 열매를 맺은 것과 같아서 들어간 곳이 없다'고 말한다. 본원본제로부터 비롯된 환(幻)의 생명이 스스로가 본원(本源)을 이루어서 새로운 여래장이 되었으니 그렇게 표현한 것이다.

'본근리의 힘(本根利力)'이란 본성을 근본으로 삼았을 때 얻어지는 능력을 말한다. 본각으로 능연심(能緣心)을 일으켜서 심(心)과 식(識)의 바탕을 연(緣)하도록 하고, 심(心)의 정상(靜相)과 식(識)의 적상(寂相), 간극(間隙)의 적멸상(寂滅

---

13) 대의과(大義科). 대(大)는 지수화풍(地水火風)의 사대(四大)이다. 의(義)는 음계입(陰界入)이고, 과(科)는 본식(本識)이다.

相)을 관(觀)하면서 체득되는 능력이다.

중생이 본성으로 자기 근본을 삼게 되면 환(幻)생명에서 벗어나서 실제(實際)생명이 된다.

'본래의 실제(實際)를 얻으면'

중생이 환(幻)생명으로 변화된 것은 능연(能緣)의 힘을 잃어버렸기 때문이다. 각성(覺性)과 본성(本性)이 정보화되고 각성이 미시무명에 빠지면서 능연심(能緣心)을 잃어버리게 되었다. 능연심을 잃어버린 생명은 몸을 근본으로 삼아서 심(心)과 식(識)의 바탕을 내장하게 된다. 몸 안에 내장된 심과 식의 바탕은 몸의 구조를 활용해서 서로 교류된다. 이때의 교류는 능연(能緣)으로 이루어지지 않고 수연(隨緣)으로 이루어진다. 그 과정에서 의식과 감정과 의지가 만들어진다.

미시무명에 빠져있는 중생은 몸과 의식·감정·의지를 자기라고 생각한다. 때문에 심식의 바탕을 자각하지 못하고 본성을 근본으로 삼지 못한다. 그런 중생들을 환(幻)생명이라 한다.

환(幻)생명인 중생이 실제생명을 이루려면 먼저 심(心)과 식(識)의 바탕을 인식해야 한다. 그런 다음 심식의 바탕이 서로 연(緣)하도록 해야 한다.

심식의 바탕을 인식하는 방법이 선나와 사마타, 삼마발제이다. 삼관법으로 심식의 바탕을 인식하고 각성으로 심식의 바탕이 연(緣)하도록 해서 본성을 이룬다. 이 과정을 견성오도라 한다.
견성오도를 이룬 중생이 능연심(能緣心)을 키워가는 과정이 금강해탈도와 반야해탈도이다.
중생이 반야해탈도에 들어가서 본성의 적멸상을 인식하게 되면 환(幻)생명에서 벗어나서 실제생명이 된다.
'그 지혜는 얼마나 됩니까?'
중생이 여래장에 들어가서 실제생명을 이루게 되면 어떤 지혜를 갖추게 되느냐고 여쭙는 대목이다.

부처님께서 말씀하셨다. "그 지혜는 끝이 없다. 요약하여 말하면, 그 지혜에는 네 가지가 있다. 어떤 네 가지인가? 첫째 정지(定智)이니, 이른바 여(如)를 따른다."
여래장에 들어가서 본원본제와 동법계를 이루었을 때 갖추게 되는 첫 번째 지혜가 정지(定智)라 하신다. 이는 여(如)에 순응해서 얻어지는 지혜라 하신다.

일심법계와 본원본제가 동법계를 이루게 되면 네 단계의 절차를 통해 교류가 이루어진다. 그 과정에서 본원본제는 항하문적 습성(向下門的習性)이 제도되고 상, 락, 아, 정(常樂我淨) 바라밀을 성취하게 된다. 상락아정 바라밀을 성취한 본원본제는 스스로가 일심법계(一心法界)를 이루고 성불(成佛)하게 된다. 본원본제가 성불해서 비로자나불이 된다. 본원본제가 상락아정 바라밀을 성취하는 과정에서 일심법계 부처님은 여래지(如來智)를 갖추게 된다. 불지(佛智)를 갖추고 있던 묘각불(妙覺佛)이 본원본제와 동법계를 이룬 후에 갖추게 되는 네 단계의 아뇩다라삼먁삼보리가 여래4지(如來4智)이다.

묘각불과 본원본제가 동법계를 이룬 다음 진행되는 첫 번째 절차가 상행(上行)이다. 이 과정을 통해 본원본제는 각성의 무명적 습성을 제도받는다.

본원본제는 본성을 이루고 있는 적상·정상·적멸상을 놓고 쉼 없이 대사(代謝)를 행한다. 그때의 대사가 25가지 유형으로 이루어지는데 24가지 유형에서 밝은성품이 생성되고 한 가지 유형에서 밝은성품이 생성되지 않는다. 본원본제가 생성해내는 밝은성품으로 인해 여래장연기가 시작되고 본연(本緣)이 출현하게 된다. 본연으로부터 자시무명과 미시무명이 시작되고 생멸연기와 진여연기가 일어난다.

묘각불이 본원본제를 대상으로 상행(上行)을 행하는 것은 여래장연기의 원인을 제도하기 위해서이다. 본원본제가 밝은성품이 생성되지 않는 한 가지 대사에 머물게 되면 더 이상의 여래장연기가 일어나지 않게 된다.

본원본제가 밝은성품이 생성되지 않는 한 가지 대사를 지속시키지 못하는 것은 각성이 부족하기 때문이다. 본원본제가 부족한 각성을 갖게 된 것은 본성의 능성(能性)이 부족하기 때문이다. 능성(能性)이란 본성이 스스로를 인식하는 자기주체성이다. 본원본제의 능성이 부족하게 갖춰진 것은 수연(隨緣)을 통해 심식(心識)의 바탕이 연(緣)해졌기 때문이다.

본원본제의 본성은 능연(能緣)으로 형성된 것이 아니고 자연의 변화에 따라 수연(隨緣)으로 형성되었다.

각성은 능성이 변화된 것이다. 때문에 능성이 부족한 본원본제는 존재성이 형성될 때부터 부족한 각성을 갖고 있었다. 그것을 일러 각성의 무명적 습성이라 한다.

금강심지(金剛心地)에 들어간 묘각불은 밝은성품이 생성되지 않는 한 가지 대사를 지속적으로 행할 수 있다. 묘각불이 본원본제와 동법계를 이룬 상태에서 금강심지에 머물게 되면 더 이상의 밝은성품이 생성되지 않는다. 그 과정에서 본원본제의 무명적 습성이 함께 제도된다.

무명적 습성이 제도된 본원본제는 능성(能性)을 회복하게 된다. 그럼으로써 본성의 적멸상에 지속적으로 머물 수 있게 된다.

이 과정을 통해 본원본제는 본각을 갖추게 되고 상(常)바라밀을 행하게 된다. 묘각불은 정지(定智)를 갖추게 된다. 정지란 심식의 바탕이 연(緣)해져서 본원본제가 형성되는 과정을 이해하는 것이다. 능연(能緣)과 수연(隨緣)의 과정을 세밀하게 이해하게 되고 여래장이 형성되는 과정을 들여다보게 된다. 정지를 갖춘 묘각불은 이 지혜를 활용해서 새로운 여래장을 창조할 수 있는 능력을 갖추게 된다.

"둘째 부정지{不定智}이니, 이른바 방편으로 질병을 깨뜨린다."

본원본제와 동법계를 이룬 이후에 진행되는 두 번째 절차는 무변행(無邊行)이다. 무변행이란 묘각불의 밝은성품으로 본원본제의 중심공간을 덮는 것이다.

무변행을 통해 본원본제의 자연적 성향을 제도한다. 그렇게 되면 더 이상의 본연(本緣)이 생겨나지 않고 여래장연기가 멈추게 된다.

무변행을 통해서 본원본제는 락(樂)바라밀을 성취한다. 각성의 무명적 습성이 제도되고 락바라밀을 성취한 본원본제는 열반에서 벗어날 수 있는 여여(如如)의 깨달음을 성취하게 된다.

본원본제가 갖고 있는 질병은 크게 네 가지이다.

첫 번째 질병은 각성의 무명적 습성이다.

상행(上行)으로 치유한다.

두 번째 질병은 밝은성품의 자연적 성향이다.

무변행(無邊行)으로 치유한다.

세 번째 질병은 대자비를 갖추지 못한 것이다.

안립행(安立行)으로 치유한다.

네 번째 질병은 대지혜를 갖추지 못한 것이다.

정행(淨行)으로 치유한다.

무변행의 과정에서 치유되는 본원본제의 질병은 밝은성품의 자연적 성향이다.

본원본제의 자연적 성향을 치료하는 과정에서 묘각불은 부정지(不定智)를 갖추게 된다. 부정지란 제도된 밝은성품으로 공간 상태를 임의대로 조절할 수 있는 이치를 아는 것이다.

본원본제와 동법계를 이룬 상태에서 금강심지에 머물러있던 묘각불이 적멸상에 머물러있던 각성을 적상과 정상, 밝은성품으로 전이시킨다. 그 상태에서 밝은성품과 적상, 정상, 적멸상을 내왕하면서 25가지 대사를 행한다.

각성을 통해 적상·정상·적멸상의 관계를 조율하게 되면 그 과정에서 밝은성품의 자연적 성향이 제도된다. 그렇게 되면 미는 힘과 당기는 힘이 생겨나지 않고 본연이 생겨나지 않는다.

이 과정에서 본연(本緣)으로 변화되지 않은 밝은성품은 묘각불의 의도에 따라 새로운 생명으로 변화된다.

묘각불은 무변행을 통해 부정지를 갖추게 된다. 그 결과로 시공을 조율할 수 있는 공덕을 갖추게 되고 무명적 습성과 자연적 성향을 갖지 않는 새로운 생명들을 창조하게 된다. 그들이 바로 천백억 등각화신불이다.

"셋째 열반의 지혜이니, 이른바 전각(電覺)의 경계를 없앤다."

본원본제와 동법계를 이룬 상태에서 이루어지는 세 번째 절차는 안립행(安立行)이다. 이 과정을 통해 본원본제는 대자비를 성취하게 된다.

안립행이란 묘각불의 무심처(心根)를 본원본제의 심의 바탕과 일치시키는 절차이다. 안립행이 이루어지면 묘각불의 심근(心根)과 본원본제의 심근(心根)이 일치를 이룬다.

본원본제가 대자비심을 갖추지 못한 것은 심의 바탕에 감정을 갖추지 못했기 때문이다. 대자비심은 감정의 애심(愛心)이 제도되어서 생겨난 보리심이다. 본원본제는 스스로가 촉, 수, 애, 취(觸受愛取)의 과정을 거치지 못했기 때문에 감정이 없다. 반면에 묘각불은 세간의 모든 과정을 섭렵했기 때문에 무수한 감정 정보를 내재하고 있다.

안립행을 진행하는 과정에서 묘각불의 감정 정보가 본원본제에게 심어진다. 그 결과 본원본제에게 대비심이 갖추어진다. 제도된 각성으로 대적정을 이루고 제도된 감정으로 대비심을 갖추게 된 본원본제는 이때부터 자기(自己)라는 인식을 갖추게 된다. 이로써 수많은 세월 동안 향하문적 습성에 빠져있던 본원본제가 평등성지를 성취하게 된다. 평등성지란 대적정과 대자비를 평등하게 갖춘 상태를 말한다. 등각도의 경지이다.

대적정과 대자비를 성취하고 밝은성품의 기쁨을 누리게 된 본원본제는, 이때부터 등각열반(如如涅槃)에 들어가게 된다. 그 과정에서 자기에 대한 인식의 틀을 벗어나고 아(我)바라밀을 성취한다.

본원본제가 등각열반에 들어가 있는 동안, 묘각불도 함께 열반에 머문다. 그 상태에서 전5식(前五識)이 발현되는 모든 경로를 들여다보고 식의 조합을 임의롭게 조율할 수 있는 능력을 갖추게 된다. 이것을 일러 열반지(涅槃智)를 성취했다 말한다.

'**전각(電覺)의 경계를 없앤다**'는 것은 전5식(前五識)이 발현되는 모든 경로를 제도해서 식의 조합이 임의롭게 조절될 수 있도록 했다는 의미이다.

"넷째 구경(究竟)의 지혜이니, 이른바 실(實)에 들어가서 불도를 구족한다."

본원본제와 동법계를 이룬 상태에서 진행되는 네 번째 절차는 정행(淨行)이다. 정행이란 묘각불의 무념처와 본원본제의 식의 바탕을 일치시키는 과정이다.

정행을 통해서 본원본제는 대지혜를 갖추게 된다.

본원본제는 식근(識根)을 갖추고 있다. 하지만 식의 정보는 갖추고 있지 않다. 생멸연기와 진여연기를 거치지 않았기 때문이다.

식의 정보를 갖추지 못한 본원본제는 사유를 행하지 못한다. 때문에, 지혜가 없다.

묘각불은 일체지와 일체종지, 무사지와 자연지, 불지를 갖추고 있다. 때문에, 정행이 이루어지면 본원본제도 다섯 가지 대지혜를 갖추게 된다. 다섯 가지 대지혜를 갖추게 된 본원본제는 정(淨)바라밀을 통해 스스로의 식근(識根)을 원통식(圓通識)으로 전환시킨다. 그 결과 여섯 가지 신통력을 갖추게 되고 스스로가 일심법계를 이룬다. 이런 과정을 통해 제도된 본원본제가 비로자나불이다. 본원본제를 제도해서 비로자나불로 성불시킨 묘각 부처님이 석가모니불이시다.

본원본제가 성불하는 과정에서 묘각불은 구경지(究竟智)를 갖추게 된다.

구경지란 본원본제의 여래장에서 벗어나서 스스로가 창조한 새로운 여래장으로 들어갈 수 있는 지혜를 말한다. 구경지를 갖춘 부처님을 능연불(能緣佛)이라 한다.

능연불은 스스로가 창조한 새로운 여래장계에 거주하면서 과거, 현재, 미래에 관여되지 않고 이쪽 여래장계를 임의대로 내왕한다.

능연불이 본원본제(비로자나불)의 여래장계를 벗어나는 것을 여래장출가라 한다.

법화경에서는 본원본제가 비로자나불로 성불하는 과정을 여적해탈(如寂解脫)이라고 말씀하셨다.

또한 구경지를 증득한 능연불은 무한한 수명을 갖고 계시고, 언제든지 이쪽 여래장과 저쪽 여래장에 동시에 존재할 수 있다고 말씀하셨다.

구경지를 갖추게 되면 여래 4지를 성취한 것이다. 이때가 바로 묘각을 성취한 佛이 완전한 아뇩다라삼먁삼보리를 성취한 때이다.

'실(實)에 들어가서 불도를 구족한다'는 것은 완전한 아뇩다라삼먁삼보리를 성취했다는 말씀이시다.

"장자여, 이와 같이 네 가지 큰 사(事)와 용(用)은 과거 제불이 설하신 것이니라. 이는 큰 교량이며 큰 나루터이므로 중생을 교화하려면, 마땅히 이 지혜를 응용(應用)해야 하느니라."

이 네 가지 지혜를 얻는 일과 지혜를 활용하는 방법은 과거 부처님들이 설하신 것이라고 말씀하신다. 이 방법은 큰 교량이고 큰 나루터이니 중생을 교화하는데 이 방법을 응용하라고 말씀하신다.

보살도 10지 과정과 등각도의 과정에서 여래 4지를 성취하는 네 가지 방법이 응용된다.

상행(上行)의 절차는 역무무명진(亦無行盡)의 과정에서 원초신과 불이문을 대상으로 쓰여진다. 등각도의 첫 번째 과정에서 활용된다. 이 과정을 통해서 원초신은 각성의 무명적 습성이 제도된다. 등각보살도 일체종지(一切種智)로써 갖춰지는 정지(定智)를 성취하게 된다.

무명적 습성이 제도된 원초신은 그 모습 그대로 진여보살이 된다.

무변행(無邊行)의 절차는 역무행진(亦無行盡)의 과정에서 원초신과 불이문을 대상으로 활용된다. 보살도 10지 법운지와 등각도의 첫 번째 과정에서 행해진다. 이 과정을 통해 원초신은 밝은성품의 자연적 성향과 사대의 물질적 형질을 제도하게 된다. 불이문은 천백억화신을 나툴 수 있는 대사적 역량을 갖추게 된다. 10지 보살과 등각보살도 자연지

(自然智)로써 갖춰지는 부정지(不定智)를 성취하게 된다.

안립행(安立行)의 절차는 보살도 5지 난승지와 보살도 10지 법운지의 과정에서 활용된다. 5지 난승지에서는 생멸문에서 분리시킨 자기 생멸심을 대상으로 안립행이 행해진다. 이 과정을 통해 생멸심은 중간반야해탈을 성취하고, 보살의 진여심은 암마라식을 체득한다.

10지 법운지에서는 원초신과 생멸문 전체를 대상으로 안립행을 행한다. 역무촉수애취진(亦無觸受愛取盡), 역무육입진(亦無六入盡)의 과지법이 활용된다. 이 과정을 통해 반연(攀緣)중생들의 심업(心業)이 청정해지고, 원초신은 대자비심을 갖추게 된다. 10지 보살은 무사지(無師智)로써 갖춰지는 열반지를 체득하게 된다.

정행(淨行)의 절차는 보살도 4지 염혜지와 보살도 10지 법운지의 과정에서 활용된다.

염혜지의 과정에서는 분리시켰던 자기 생멸심의 식업(識業)을 제도하는 데 활용된다. 이 과정을 통해 생멸심은 돈독한 사마타에 들어가게 된다. 진여심은 식의 바탕을 제도해서 절반의 암마라식을 갖추게 된다.

법운지의 과정에서는 원초신과 생멸문 전체를 대상으로 정행이 쓰여진다. 역무식진(亦無識盡)의 과지법이 활용된다. 이 과정을 통해 원초신은 일체지(一切智)를 체득하게 되고 생멸문의 중생들은 식근(識根)이 청정해진다. 10지 보살은 불공여래장을 성취하게 된다.

"장자여, 이러한 대용(大用)을 사용하는 데는 다시 세 가지 대사(大事)가 있느니라.
여래장에 들어가서 행해야 하는 세 가지 대사가 있다고 말씀하신다.

첫째, 세 가지 삼매에서는 안팎으로 서로 빼앗지 않는다."
세 가지 삼매란 공삼매(空三昧), 무상삼매(無相三昧), 무작삼매(無作三昧)이다.
공삼매란 심식의 바탕을 인식하는 것이다.
무상삼매란 심식의 바탕에서 심식의 상태를 지켜보는 것이다. 무작삼매란 심식으로 추구함을 일으키지 않는 것이다.
'**세 가지 삼매에서는 안팎으로 서로 빼앗지 않는다**'는 것은 본성의 일과 심식의 일을 뚜렷하게 구분하라는 뜻이다. 본성의 일은 허공해탈, 금강해탈, 반야해탈(三解脫)로 행하고 심식의 일은 공삼매, 무상삼매, 무작삼매(三三昧)로 행한다.

"둘째, 대의과(大義科)에서는 도를 따라서 선택하여 소멸시킨다."
대의과의 대(大)는 사대(四大)를 가리키고, 의(義)는 음계입(陰界入)을 가리키고, 과(科)는 본식(本識)을 가리킨다.
'**대의과에서는 도를 따라서 선택하여 소멸시킨다**'는 것은 사대(四大)와 오음(五陰), 18계(十八界)와 육입(六入), 본식

(本識)을 제도하는 것은 상황에 맞게 올바른 절차에 따라서 행하라는 말씀이시다.

사대는 지수화풍(地水火風)의 물질을 말한다.

오음은 색수상행식(色受想行識)으로 이루어진 식의 틀을 말한다. 색의식은 6식의 틀이다. 육체의 몸을 근본으로 삼는다. 수의식은 7식의 틀이다. 혼의 몸을 근본으로 삼는다. 상의식은 7식의 틀이다. 영혼의 몸을 근본으로 삼는다. 행의식은 각성의 틀이다. 영, 영혼, 혼, 육체의 몸 전체를 근본으로 삼는다.

식의식은 8식의 틀이다. 영의 몸을 근본으로 삼는다.

18계는 6근(根), 6식(識), 6경(經)을 말한다.

육근이란 눈, 귀, 코, 입, 몸, 뇌를 말한다.

육식이란 눈, 귀, 코, 입, 몸, 뇌의 경로에 내재된 업식을 말한다. 육경이란 눈, 귀, 코, 입, 몸, 생각을 통해 인식하는 바깥 경계를 말한다.

육입(六入)은 눈, 귀, 코, 입, 몸, 생각을 통해 유입해 들이는 정보를 말한다.

본식(本識)이란 식의 바탕에 내재되어 있는 업식을 말한다. 대의과의 도는 한 티끌의 중생도 저버리지 않고 제도의 대상으로 삼는 것이다. 다만 상황에 따라 제도의 차순을 둘 수가 있고 서로 다른 방편을 활용할 수가 있다.

역무진(亦無盡) 수행의 전체 방법이 활용되고 6념처관의 절차에 따라 이루어진다.

"셋째, 여혜정(如慧定)에서는 비(悲)로써 이익을 갖춘다. 이와 같은 세 가지 일로 보리를 성취하느니라."

여혜정(如慧定)이란 금강심지에 머물러서 대적정에 들어가 있는 것을 말한다. 그 상태에서 대비심을 일으켜서 대상을 제도하고 대지혜를 성취하라는 말씀이시다.

"이 일을 행하지 않으면 곧 저 네 가지 지혜(四智)의 바다에 유입될 수 없고, 여러 큰 마구니가 그 틈을 얻게 되느니라."

이 세 가지 일을 행하지 않으면 여래 4지를 성취할 수 없고 번뇌마, 오음마, 천마의 장애에 빠질 수 있다는 말씀이시다.

"장자여, 그대들 대중은 성불에 이르기까지, 늘 수습해서 잠시도 잃지 않도록 할지니라."

이 가르침을 성불할 때까지 늘 수습해서 간직하라는 말씀이시다.

본문

梵行長者言. 云何三三昧? 佛言. 三三昧者. 所謂空三昧.
범행장자언. 운하삼삼매? 불언. 삼삼매자. 소위공삼매.
無相三昧. 無作三昧. 如是三昧. 梵行長者言. 云何於大義

**무상삼매. 무작삼매. 여시삼매. 범행장자언. 운하어대의
과?** 불언. 대위사대. 의위음계입등. 과위본식. 시위어대
의과. 범행장자언. 불가사의. 여시지사. 자리리인.
과삼계지. 부주열반. 입보살도. 여시법상. 시생멸법.
이분별고. 약리분별. 법응불멸. 이시. 여래욕선차의이설
게언. 법종분별생. 환종분별멸. 멸제분별법. 시법비생멸.

科? 佛言. 大謂四大. 義謂陰界入等. 科謂本識. 是謂於大
義科. 梵行長者言. 不可思議. 如是智事. 自利利人.
過三界地. 不住涅槃. 入菩薩道. 如是法相. 是生滅法.
以分別故. 若離分別. 法應不滅. 爾時. 如來欲宣此義而說
偈言. 法從分別生. 還從分別滅. 滅諸分別法. 是法非生滅.

범행장자가 여쭈었다. "세 가지 삼매는 어떤 것입니까?"
부처님께서 말씀하셨다. "세 가지 삼매는 공삼매(空三昧), 무상삼매(無相三昧), 무작삼매(無作三昧)이니라."
범행장자가 여쭈었다. "대의과(大義科)는 어떤 것입니까?"
부처님께서 말씀하셨다. "대(大)는 사대(四大)를 말하며, 의(義)는 음계입(陰界入) 등을 말하며, 과(科)는 본식(本識)을 말함이니, 이것을 대의과라 하느니라."
범행장자가 여쭈었다. "불가사의합니다. 이와 같이 지혜로운 사(事)는 자신을 이롭게 하고 타인도 이롭게 하여 삼계의 경지를 넘어서며, 열반에도 머물지 않고 보살도에 들어갑니다. 이와 같은 법상은 생멸법이니, 분별하는 까닭입니다. 만일 분

별을 여의면, 법은 마땅히 없어지지 않을 것입니다."
그때 여래께서 이 뜻을 펴시고자 게송으로 말씀하셨다.
"법은 분별로부터 생기고, 도리어 분별로부터 없어지네.
가지가지 분별의 법을 없애면, 이 법은 생멸이 아니라네."

강설

범행장자가 여쭈었다. "불가사의합니다. 이와 같이 지혜로운 사(事)는 자신을 이롭게 하고 타인을 이롭게 하여 삼계의 경지를 넘어서며, 열반에도 머물지 않고 보살도에 들어갑니다."
여래 4지를 체득하고 삼대사(三大事)를 행하는 것은 자신을 이롭게 하고 타인을 이롭게 하고, 삼계의 지위를 넘어서고, 열반에 머물지 않으며, 등각도에 들어가는 여여(如如)의 법이다.

"이와 같은 법상은 생멸법이니, 분별하는 까닭입니다. 만일 분별을 여의면, 법은 마땅히 없어지지 않을 것입니다."
여래 4지를 성취하고 삼대사(三大事)를 행하는 것은 생멸심을 갖고 있는 중생들과 향하문적 습성에 빠져있는 본원본제를 대상으로 이루어진다. 때에 따라서 분별이 이루어지기 때문에 법상이 생멸법이라고 말하는 것이다.
하지만 이때의 분별은 대지혜가 쓰여지는 것이다. 때문에,

깨달음이 훼손되지 않는다.

그때 여래께서 이 뜻을 펴시고자 게송으로 말씀하셨다.
"법은 분별로부터 생기고, 도리어 분별로부터 없어지네.
가지가지 분별의 법을 없애면, 이 법은 생멸이 아니라네."
여래 4지를 성취하는 법은 분별로부터 생기고, 일체중생의 무명(無明)은 대지혜의 분별로써 제도한다는 말씀이시다. 그렇게 여러 중생을 제도하는 이 법은 생멸의 법이 아니라는 말씀이시다.

본문

爾時. 梵行長者聞說是偈. 心大欣懌. 欲宣其義而說偈言.
이시. 범행장자문설시게. 심대흔역. 욕선기의이설게언.

諸法本寂滅	寂滅亦無生	是諸生滅法	是法非無生
제법본적멸	**적멸역무생**	**시제생멸법**	**시법비무생**
彼則不共此	為有斷常故	此則離於二	亦不在一住
피즉불공차	**위유단상고**	**차즉리어이**	**역부재일주**
若說法有一	是相如毛輪	如焰水迷倒	為諸虛妄故
약설법유일	**시상여모륜**	**여염수미도**	**위제허망고**
若見於法無	是法同於空	如盲無日倒	說法如龜毛
약견어법무	**시법동어공**	**여맹무일도**	**설법여귀모**

그때 범행장자는 이 게송 설하신 것을 듣고 마음으로 크게 기뻐하였으며, 그 뜻을 펴고자 게송으로 말하였다.
"제법은 본래 적멸하고 적멸은 또한 무생(無生)이니,
이러한 생멸법들은 무생(無生)이 아닙니다.
저것은 이것과 함께하지 않나니, 단견(斷見)과 상견(常見)이 있을 뿐입니다.
이것은 곧 둘을 떠났지만, 또한 한 곳에 머묾에도 있지 않습니다.
법이 유일하다고 설한다면, 이 모습은 모륜(毛輪)[14]과 같으며,
양염(陽炎)[15]의 물로 미혹되어 전도된 것과 같이, 여러 가지로 허망하게 됩니다.
만일 법이 없다고 본다면 이 법은 마치 허공과 같으리니,
맹인이 태양이 없다고 전도된 것과 같아서,
설법이 거북이 털[16]과 같습니다.[17]"

강설

그때 범행장자는 이 게송 설하신 것을 듣고 마음으로 크

---

[14] 모륜(毛輪)은 손으로 눈을 비비고 빛을 보면 허상이 보이는데, 이 허상은 본래 없는 것이다.
[15] 양염(陽燄)은 뜨거운 여름날에 사막에서 물웅덩이가 보이는 현상을 가리킨다.
[16] 거북이 털은 이름을 보면 마치 존재하는 것 같지만, 실제에서는 거북이에게 털이 없다.
[17] 위 세 가지는 착오에 의해서 존재하는 것처럼 보이지만 실제로 없는 것을 가리킨다.

게 기뻐하였으며, 그 뜻을 펴고자 게송으로 말하였다.
"제법은 본래 적멸하고 적멸은 또한 무생(無生)이니,
이러한 생멸법들은, 무생(無生)이 아닙니다."
일체법은 본성의 적멸상에서 시작되었다.
이 적멸상은 생겨나는 것이 아니다.
하지만 제법은 생멸상을 갖고 있다.
제법의 법상은 유생(有生)이다.

"저것은 이것과 함께하지 않나니, 단견(斷見)과 상견(常見)이 있을 뿐입니다."
저것이란 열반법을 말한다.
이것이란 생멸법을 말한다.
열반법과 생멸법은 함께하지 않는다.
하지만 서로 동떨어진 것도 아니다.
보는 관점에 따라 달라질 뿐이다.

"이것은 곧 둘을 떠났지만, 또한 한 곳에 머묾에도 있지 않습니다."
이 깨달음은 열반과 생멸에서 벗어나고, 또한 한 자리에 머물지도 않는다.

"법이 유일하다고 설한다면, 이 모습은 모륜(毛輪)과 같으며"
깨달음의 법이 유일하다고 설한다면 이는 환의 굴레에서

벗어나지 못한 것이고,
"양염(陽炎)의 물로 미혹되어 전도된 것과 같이,
여러 가지로 허망하게 됩니다."
허상에 미혹되어 전도된 것이며, 허망한 삶에서 벗어나지 못한다

"법이 없다고 본다면, 이 법은 마치 허공과 같으리니,
맹인이 태양이 없다고 전도된 것과 같아서,
설법이 거북이 털과 같습니다."
깨달음의 법이 없다고 생각하는 것도 마찬가지이다. 공허하고, 왜곡되어 있고, 없는 것을 있다고 생각하고, 있는 것을 없다고 생각하는 것이다.

본문

我今聞佛說　知法非二見　亦不依中住　故從無住取
아금문불설　지법비이견　역부의중주　고종무주취
如來所說法　悉從於無住　我從無住處　是處禮如來
여래소설법　실종어무주　아종무주처　시처례여래
敬禮如來相　等空不動智　不著無處所　敬禮無住身
경례여래상　등공부동지　불착무처소　경례무주신
我於一切處　常見諸如來　唯願諸如來　為我說常法
아어일체처　상견제여래　유원제여래　위아설상법

"저는 이제 부처님의 설하심을 듣고 법에는 두 가지 견해가 없음을 알았으며, 또한 중간에 머무는 것에 의지하지도 않기에, 그래서 무주(無住)의 취(取)함을 따릅니다.
여래께서 설한 법은 모두 무주(無住)를 따르며, 나는 무주(無住)의 곳에서부터, 이곳에서 여래께 예를 드립니다.
여래의 모습에 경건히 예배하는 것은 허공처럼 부동(不動)의 지혜와 같고, 처소 없음에도 집착하지 않으니, 무주(無住)의 몸에 경례합니다.
저는 일체의 처소에서 항상 모든 여래를 뵈옵나니, 오직 원컨대 모든 여래께서는 저에게 상법(常法)을 설해주십시오."

강설

"저는 이제 부처님의 설하심을 듣고
법에는 두 가지 견해가 없음을 알았으며"
생멸법과 진여법을 놓고 차별해서 보지 않겠다는 말이다.
"또한 중간에 머무는 것에 의지하지도 않기에,
그래서 무주(無住)의 취(取)함을 따릅니다."
중간에 머무는 것에 의지하지 않는 것은 적멸상에 머무는 것도 고집하지 않겠다는 말이다.

"여래가 설한 법은 모두 무주(無住)를 따르며, 나는 무주(無住)의 곳에서부터, 이곳에서 여래께 예를 드립니다."

부처님의 모든 가르침은 무주의 법이다.
무주의 곳이란 여여처(如如處)를 말한다.

"여래의 모습에 경건히 예배하는 것은 허공처럼 부동(不動)의 지혜와 같고,"
여래의 모습에 경례하는 것은 如의 실상을 체득했기 때문이다.
"처소 없음에도 집착하지 않으니, 무주(無住)의 몸에 경례합니다."
그러하더라도 如의 실상에 집착하지 않고 삼대사(三大事)를 행하기 위해 노력하겠다는 말이다.

"저는 일체의 처소에서 항상 모든 여래를 뵈옵나니, 오직 원컨대 모든 여래께서는 저에게 상법(常法)을 설해주십시오."
여(如)에 머물지 않고 如如의 행을 하는 것이 일체의 처소에서 여래를 보는 것이다.
그런 사람이 일상을 살아갈 때는 어떤 법을 활용해야 하느냐고 여쭙고 있다.

본문

爾時. 如來而作是言. 諸善男子. 汝等諦聽. 為汝眾等說於
이시. 여래이작시언. 제선남자. 여등체청. 위여중등설어

常法. 善男子. 常法非常法. 非說亦非字. 非諦. 非解脫.
상법. 선남자. 상법비상법. 비설역비자. 비제. 비해탈.
非無. 非境界. 離諸妄斷際. 是法非無常. 離諸常斷見. 了見
비무. 비경계. 리제망단제. 시법비무상. 리제상단견. 료견
識為常. 是識常寂滅. 寂滅亦寂滅. 善男子. 知法寂滅者.
식위상. 시식상적멸. 적멸역적멸. 선남자. 지법적멸자.
不寂滅心. 心常寂滅. 得寂滅者. 心常真觀. 知諸名色. 唯
부적멸심. 심상적멸. 득적멸자. 심상진관. 지제명색. 유
是癡心. 癡心分別. 分別諸法. 更無異事出於名色. 知法如
시치심. 치심분별. 분별제법. 갱무이사출어명색. 지법여
是不隨文語. 心心於義不分別我. 知我假名即得寂滅. 若得
시불수문어. 심심어의불분별아. 지아가명즉득적멸. 약득
寂滅. 即得阿耨多羅三藐三菩提.
적멸. 즉득아뇩다라삼막삼보리.

그때 여래께서 이와 같이 말씀하셨다. "모든 선남자들이여, 그대들은 자세히 들으라. 그대들에게 상법(常法)을 설할 것이다. 선남자여, 상법(常法)이란 상법(常法)이 아니니, 말(說)도 아니고 또한 글자가 아니며, 진리가 아니고 해탈도 아니며, 없는 것도 아니고 경계가 아니니라. 가지가지 망령됨을 떠나고, 한계를 끊는다. 이 법은 무상(無常)한 것이 아니라 일체의 상견(常見)과 단견(斷見)을 떠난 것이니라. 식(識)을 확실히 알고 보면 항상함이 되지만, 이런 식(識)은 늘 적멸하며, 생멸과 진여가 모두 적멸하다.

선남자여, 법이 적멸하다는 것을 아는 자는 적멸하지 않은 마음이고, 그 마음은 늘 적멸하다. 적멸을 얻은 자는 마음이 늘 진관(眞觀)에 있고, 가지가지 명색(名色)은 오직 이 어리석은 마음일 뿐임을 안다. 어리석은 마음을 분별하고 제법을 분별하면, 명색(名色)으로 돌아가는 일이 다시는 일어나지 않는다. 법이 이와 같음을 알고 글과 말을 따르지 않으며, 마음과 마음이 올바로 서서 자아를 분별하지 않고, 자아가 가명임을 알면 곧 적멸을 얻는다. 적멸을 얻으면 곧 아뇩다라삼먁삼보리를 얻으리라."

강설

그때 여래께서 이와 같이 말씀하셨다. "모든 선남자들이여, 그대들은 자세히 들으라. 그대들에게 상법(常法)을 설할 것이다. 선남자여, 상법(常法)은 상법(常法)이 아니니, 말(說)도 아니고 또한 글자가 아니며, 진리가 아니고 해탈도 아니며, 없는 것도 아니고 경계가 아니니라. 가지가지 망령됨을 떠나고, 한계를 끊는다."

상법(常法)이란 일상의 생활에서 활용하는 법이다.
여래장에 들어간 사람이 일상의 삶을 살아가는 방법에 대해서 말씀하시는 대목이다.
먼저 '**상법(常法)은 상법(常法)이 아니다**'라고 말씀하신다.

이 말씀의 뜻은 이 법은 일상에서 활용하는 법이지만 평범한 법이 아니라는 의미이다.

'**말(說)이 아니고 또한 글자가 아니다**'라는 것은 이 법에는 올바른 의미가 내재되어 있다는 말씀이다.

'**진리가 아니다**'라는 것은 여(如)의 실상에도 머물지 않기 때문이다.

'**해탈이 아니다**'는 것은 의식·감정·의지를 떨침의 대상으로 삼지 않기 때문이다.

'**없음이 아니다**'는 것은 유상(有相)과 무상(無相)을 총섭하기 때문이다.

'**경계가 아니다**'는 것은 안과 밖을 구분하지 않고 시념(施念)하기 때문이다.

'**가지가지 망령됨을 떠난다**'는 것은 환생명에서 벗어나서 실제생명을 이루었기 때문이다.

'**한계를 끊는다**'는 것은 생멸출가와 진여출가, 여래장출가를 행할 수 있는 방법이기 때문이다.

"이 법은 무상(無常)한 것이 아니라 일체의 상견(常見)과 단견(斷見)을 떠난 것이니라. 식(識)을 확실히 알고 보면 항상함이 되지만, 이런 식(識)은 늘 적멸하며, 생멸과 진여가 모두 적멸하다(寂滅亦寂滅)."

'이 법은 무상(無常)한 것이 아니고'는 실상으로 들어가기 때문이다.

'일체의 상견(常見)과 단견(斷見)을 떠난 것'은 견해에 따라서 달라지지 않기 때문이다.
'식(識)을 확실히 알고 보면 항상함이 되지만'은 일체의 식을 저버리지 않고 시념(施念)하고, 계념(戒念)하고, 승념(僧念)하고, 천념(天念)하기 때문이다.
'이런 식(識)은 늘 적멸한 것'은 항상 불념처(佛念處)로 관(觀)하기 때문이다.
'생멸과 진여가 모두 적멸한 것'은 6념처관으로 생멸해탈과 진여해탈을 함께 성취하기 때문이다.

"선남자여, 법이 적멸하다는 것을 아는 자는(知法寂滅者) 적멸하지 않는 마음이고(不寂滅心), 그 마음은 늘 적멸하다(心常寂滅)."
법이 적멸하다는 것을 아는 사람은 금강심지를 체득한 사람이다.
금강심지를 체득한 사람이 6념처관을 하게 되면 밝은성품과 경계, 떠오르는 업식들을 함께 주시하게 된다. 그렇다 하더라도 마음은 늘 적멸하다는 말씀이시다.

"적멸을 얻은 자는(得寂滅者) 마음이 늘 진관(眞觀)에 있고(心常眞觀), 가지가지 명색(名色)은 오직 어리석은 마음일 뿐임을 안다(知諸名色,唯是癡心)."
본성의 적멸상을 인식해서 금강심지에 들어간 사람은 밝은성품을 인식하면서 진관(眞觀)을 행한다. 진관(眞觀)이란 본성을 이루고 있는 세 가지 요소와 밝은성품을 함께 관(觀)하는 것이다. 법념처관이 곧 진관이다. 진관을 행하는 사람은 명색(名色)을 통해 일어나는 모든 업식이 어리석은 마음이라는 것을 안다. 하지만 그 마음을 저버리지 않는다. 오히려 제도의 대상으로 삼아 시념(施念)하고 계념(戒念)하고 승념(僧念)하고 천념(天念)한다.

"어리석은 마음을 분별하고(癡心分別) 제법을 분별하면(分別諸法), 명색(名色)으로 돌아가는 일이 다시는 일어나지 않는다(更無異事出於名色)."

이와 같이 법념처관을 통해 안팎의 경계를 분별하고, 시념하고 계념하고 승념하고 법념하고 천념하게 되면 다시는 명색의 굴레에 들어가지 않게 된다.

"법이 이와 같음을 알고 글과 말을 따르지 않으며, 마음과 마음이 올바로 서서 자아를 분별하지 않고(心心於義不分別我), 자아가 가명임을 알면 곧 적멸을 얻는다(知我假名即得寂滅). 적멸을 얻으면 곧 아뇩다라삼먁삼보리를 얻으리라."

'법이 이와 같음을 알고 글과 말을 따르지 않는다'는 것은 이해하는 것에 머물지 말고 실천하라는 말씀이시다.

'마음과 마음이 올바로 서서 자아를 분별하지 않는다'는 것은 심식의 바탕이 청정해지고, 본성과 각성이 서로를 여의지 않고, 일어나는 업식에 대해 시념, 승념, 천념이 순일하게 이루어진다는 뜻이다.
'자아가 가명임을 알면 곧 적멸을 얻는다'는 것은 의식·감정·의지가 가명(假名)의 결과로 생겨나는 것이라는 것을 알게 되면 적멸을 얻게 된다는 말씀이시다.
가명(假名)이란 '거짓된 명색'이라는 뜻이다. 업식과 업식이 교류해서 의식·감정·의지가 생겨나는 과정을 말한다.
'적멸을 얻으면 곧 아뇩다라삼먁삼보리를 얻는다'
적멸처에 들어가서 명색을 일으키지 않으면 곧 아뇩다라삼먁삼보리를 증득하게 된다는 말씀이시다.

본문

爾時. 長者梵行聞說是語而說偈言.
이시. 장자범행문설시어이설게언.

名相分別事	及法名爲三	眞如正妙智	及彼成於五
명상분별사	**급법명위삼**	**진여정묘지**	**급피성어오**
我今知是法	斷常之所繫	入於生滅道	是斷非是常
아금지시법	**단상지소계**	**입어생멸도**	**시단비시상**
如來說空法	遠離於斷常	因緣無不生	不生故不滅
여래설공법	**원리어단상**	**인연무불생**	**불생고불멸**
因緣執爲有	如採空中華	猶取石女子	畢竟不可得
인연집위유	**여채공중화**	**유취석녀자**	**필경불가득**

그때 범행장자가 이 말씀을 듣고 게송으로 말하였다.
"명상(名相)으로 분별하는 일은 세 가지 명법(名法)이 되고, 진여(眞如)의 정묘지(正妙智)는 그것과 다섯을 이루게 됩니다.
내가 지금 이 법을 알고 보니 나는 단견(斷見)과 상견(常見)에 얽매여 생멸의 도에 들어감을 아나니, 이는 단견(斷見)이요, 항상함이 아닙니다.
여래가 설하신 공한 법(空法)은 단견과 상견을 멀리 떠나는 것입니다.
인연이 없으면 생기지 않고, 생기지 않으므로 멸해지지 않습니다.
인연이 있다고 잡는 것은 허공에서 꽃을 따려는 것과 같고, 마치 석녀의 자식을 얻으려는 것과 같아서, 필경 얻을 수 없습니다."

강설

그때 범행장자가 이 말씀을 듣고 게송으로 말하였다.
"명상(名相)으로 분별하는 일은(事) 세 가지 명법(名法)이 되고, 진여(眞如)의 정묘지(正妙智)는 그것과 다섯을 이루게 됩니다."
'명상(名相)으로 분별하는 일(事)'은 명색(名色)을 말한다.
'세 가지 명법(名法)'이란 삼유공(三有空), 육도공(六道空), 심식의 공(心識空)을 말한다.

명상(名相)으로 인해 오공(五空) 중 삼공(三空)이 생겨난다는 말이다.
'진여(眞如)의 정묘지(正妙智)'란 여래 4지 중에서 정지(正智)를 말한다.
'그것'은 如如를 말한다.
'다섯'은 다섯 가지 대지혜를 말한다.
일체종지, 무사지, 자연지, 불지, 여래지가 그것이다.
진여의 정묘지로는 여여와 다섯 가지 대지혜를 이루게 된다는 말이다.

"내가 지금 이 법을 알고 보니 나는 단견(斷見)과 상견(常見)에 얽매여"
이 법을 알고 자신을 보니 단견과 상견에 얽매여 있었던 것을 알게 되었다는 말이다.
"생멸의 도에 들어감을 아나니, 이는 단견(斷見)이요, 항상함이 아닙니다."
생멸의 도에 들어가는 것은 단견에 빠져있는 것이고 향상문으로 나아가는 것이 아니다.

"여래가 설하신 공한 법(空法)은 단견과 상견을 멀리 떠나는 것입니다."
부처님께서 설하신 如如의 법은 단견과 상견을 멀리 떠나는 법이다.

"인연이 없으면 생기지 않고, 생기지 않으므로 멸해지지 않습니다."

일체의 생멸경계는 인연으로 생겨난다. 인연이 없으면 생멸의 경계가 생겨나지 않는다. 생겨나지 않으면 멸해질 것도 없다. 명상공(名相空)을 다스려서 무생(無生)을 이룬다.

"인연이 있다고 잡는 것은 허공에서 꽃을 따려는 것과 같고, 마치 석녀의 자식을 얻으려는 것과 같아서, 필경 얻을 수 없습니다."

인연이 있다고 잡는 것은 명상(名相)을 취하는 것이다. 그것은 허공에서 꽃을 따려는 것과 같고, 마치 석녀의 자식을 얻으려는 것과 같다.

본문

離諸因緣取	亦不從他滅	及於己義大	依如故得實
리제인연취	**역부종타멸**	**급어기의대**	**의여고득실**
是故真如法	常自在如如	一切諸萬法	非如識所化
시고진여법	**상자재여여**	**일체제만법**	**비여식소화**
離識法即空	故從空處說	滅諸生滅法	而住於涅槃
리식법즉공	**고종공처설**	**멸제생멸법**	**이주어열반**
大悲之所奪	涅槃滅不住	轉所取能取	入於如來藏
대비지소탈	**열반멸부주**	**전소취능취**	**입어여래장**

爾時. 大眾聞說是義. 皆得正命. 入於如來如來藏海.
이시. 대중문설시의. 개득정명. 입어여래여래장해.

"모든 인연으로 취하는 것을 떠나고, 또한 타(他)가 없어지는 것을 따르지 않습니다.
자기의 의대(義大)[18]에서 여(如)에 의지하는 까닭에, 실(實)을 얻습니다.
이러한 까닭에 진여의 법은 늘 자재하고 여여(如如)하나니, 일체의 만법은 식(識)이 변화됨과 같지 않습니다.
식(識)의 법을 떠나면 곧 공(空)합니다. 그러므로 공처(空處)를 따라서 말하나니, 생멸하는 법을 없애고, 열반에 머뭅니다.
대비(大悲)로 빼앗으매[19], 열반은 없어져서 머물지 못합니다.
소취를 능취로 변화시켜서, 여래장(如來藏)에 들어갑니다."
그때 대중은 이런 뜻을 설한 것을 듣고 모두 정명(正命)을 얻어 여래와 여래장의 바다에 들어갔다.

강설

"모든 인연으로 취하는 것을 떠나고, 또한 타(他)가 없어지는 것을 따르지 않습니다."
'모든 인연으로 취하는 것을 떠나는 것'은 일체의 생멸심

---

18) 의대(義大)는 음계입(陰界入), 사대(四大)이다. 음계입은 오음, 십팔계, 십이입이다.
19) 부처님은 대비(大悲)로 아라한, 벽지불의 열반을 깨준다.

에 머물지 않는 것이다.
'**타(他)가 없어지는 것을 따르지 않는 것**'은 경계 또한 저버리지 않는 것이다.

"**자기의 의대(義大)에서 여(如)에 의지하는 까닭에, 실(實)을 얻습니다.**"
의대(義大)란 음계입과 사대를 말한다.
음계입은 오음, 십팔계, 육입을 말한다.
사대와 오음과 십팔계와 육입이 如를 의지하는 까닭에 실(實)을 얻게 된다는 말이다.

"**이러한 까닭에 진여의 법은 늘 자재하고 여여(如如)하나니**"
일체의 생멸심에 관여되지 않고 오히려 그 생멸심을 통해 생멸과 진여의 경계를 임의대로 넘나든다. 하나의 경계를 놓고 생멸수행과 진여수행을 함께 닦는 것이 6념처관이다.
"**일체의 만법은 식(識)이 변화됨과 같지 않습니다.**"
일체의 만법을 놓고 6념처관을 행하면 스스로는 천념(天念)을 통해 원통식(圓通識)을 갖추게 된다. 하지만 일체의 만법은 변화되지 않는다.

"**식(識)의 법을 떠나면 곧 공(空)합니다. 그러므로 공처(空處)를 따라서 말하나니, 생멸하는 법을 없애고, 열반에 머뭅니다.**"

떠오르는 업식을 놓고 시념, 계념, 승념, 불념, 법념을 하게 되면 식업의 습성이 제도되어서 공성이 드러난다. 그 공성을 천념하고 불념처관에 머문다. 그렇게 되면 열반에 들어간다.

"대비(大悲)로 빼앗으매, 열반은 없어져서 머물지 못합니다."
'대비(大悲)로 빼앗는다'는 것은 대비심을 일으켜서 열반에서 벗어나는 것이다. 불념처관에서 법념처관으로 각성을 전환시키고, 업식단과 외처(外處)를 주시하는 것이 대비심을 일으키는 것이다.

"소취를 능취로 변화시켜서(轉所取能取), 여래장(如來藏)에 들어갑니다(入於如來藏)."
소취(所取)란 소성(所性)과 소각(所覺), 수연(隨緣)으로 연(緣)해진 본성을 갖추고 있는 것이다.
능취(能取)란 능성(能性)과 능각(能覺), 능연(能緣)으로 이루어진 본성을 갖추고 있는 것이다.
소취(所取) 생명은 각성의 무명적 습성과 밝은성품의 자연적 성향에 얽매여있다. 또한 생멸심을 자기라고 생각하고 의식·감정·의지가 갖고 있는 즐거움을 탐한다.
능취(能取) 생명은 각성의 무명적 습성을 제도하고 밝은성품의 자연적 성향을 제도한 존재이다. 또한 생멸심을 환(幻)이라고 생각하고 진여심을 자기라고 생각한다.

소취를 능취로 전환시키는 방법이 금강심지법과 6념처관법이다.

"그때 대중은 이런 뜻을 설한 것을 듣고 모두 정명(正命)을 얻어 여래와 여래장의 바다에 들어갔다."
정명(正命)이란 바른 생명성을 말한다. 능취로써 정명을 이룬다.

《금강삼매경 총지품 總持品 第八》

본문

爾時. 地藏菩薩從眾中起至于佛前. 合掌蹢跪而白佛言. 尊
이시. 지장보살종중중기지우불전. 합장호궤이백불언. 존
者. 我觀大眾心有疑事. 猶未得決. 今者如來欲爲除疑. 我
자. 아관대중심유의사. 유미득결. 금자여래욕위제의. 아
今爲眾隨疑所問. 願佛慈悲垂哀聽許. 佛言. 菩薩摩訶薩.
금위중수의소문. 원불자비수애청허. 불언. 보살마하살.
汝能如是救度眾生. 是大悲愍不可思議. 汝當廣問. 爲汝
여능여시구도중생. 시대비민불가사의. 여당광문. 위여
宣說.
선설.

그때 지장보살이 대중 가운데서 일어나 부처님 앞에 이르러 합장 호궤하고 부처님께 여쭈었다. "세존이시여, 제가 대중을 살펴보니 마음에 의혹하는 일이 있어 아직 해결하지 못했습니다. 오늘 여래께서 의혹을 없애주고자 하시니 제가 이제 대중을 위하여 의혹에 따라 질문할 것입니다. 원컨대 부처님께서 자비로 불쌍히 여겨 허락하여 주십시오."
부처님께서 말씀하셨다. "보살마하살이여, 그대가 능히 이와 같이 중생을 구도할 수 있음은 대비로 불쌍히 여기는 것이고

불가사의하다. 그대는 마땅히 널리 질문하라, 그대를 위해 설명하리라."

강설

지장보살이 부처님께 대중들이 이해하지 못한 미흡한 부분에 대해서 질문하는 대목이다. 이 장에서는 앞서 부처님께서 말씀하신 내용들에 대해 총체적으로 질문을 한다.

본문

地藏菩薩言. 一切諸法云何不緣生？爾時. 如來欲宣此義.
지장보살언. 일체제법운하불연생？이시. 여래욕선차의.
而說偈言. 若法緣所生. 離緣可無法. 云何法性無. 而緣可
이설게언. 약법연소생. 리연가무법. 운하법성무. 이연가
生法？爾時. 地藏菩薩言. 法若無生. 云何說法. 法從心生？
생법？이시. 지장보살언. 법약무생. 운하설법. 법종심생？
於是尊者而說偈言. 是心所生法. 是法能所取. 如醉眼空華.
어시존자이설게언. 시심소생법. 시법능소취. 여취안공화.
是法然非彼.
시법연비피.

지장보살이 여쭈었다. "일체 제법은 어찌하여 연(緣)으로 생기지 않습니까?"
그때 여래께서 이 뜻을 펴고자 게송으로 말하였다.
"만약 법이 연으로 생겨난 것이라면, 연이 떠나면 법 또한 없을 것이다. 법에는 본성이 없는데, 어찌하여 연이 법을 생기게 했다고 할 수 있겠느냐?"
그때 지장보살이 여쭈었다.
"만약 법에 생이 없으면, 어떻게 설법하며, 법을 따르려는 마음을 생기게 할 수 있습니까?"
세존께서 게송으로 말씀하셨다.
"마음으로 인해 생겨난 법은 능취(能取)와 소취(所取)가 있다. 마치 취해서 눈에 보이는 헛꽃과 같고, 이 법은 그러하고 저것은 그렇지 않다."

강설

지장보살이 여쭈었다.
"일체 제법은 어찌하여 연(緣)으로 생기지 않습니까?"
연(緣)에는 능연(能緣)이 있고, 수연(隨緣)이 있다.
능연(能緣)은 의도에 의해 심(心)의 바탕과 식(識)의 바탕을 만나게 하는 것이다.
수연(隨緣)은 자연에 의해 심식의 바탕이 만나는 것이다.
연(緣)으로 인해 본성이 나타난다.
본원본제의 본성(如是性)은 수연(隨緣)으로 만들어졌다. 여시성의 능성(能性)이 각성(覺性)으로 전환되고, 각성이 대사(代謝)를 하면서 본연(本緣)이 생겨났다.

본연(本緣)은 연(緣)으로써 만들어진 실제(實際)생명이 아니다. 각성의 대사(代謝)로써 만들어진 환(幻)의 생명이다.

지장보살의 질문은 본성은 연(緣)으로 생겼고, 일체제법은 본성에서 나왔는데, 왜 일체제법이 연(緣)으로 생긴 것이 아니냐고 여쭙는 것이다.

세 가지 제법(諸法)이 있다. 하나는 본원본제가 만들어내는 제법이고, 둘은 본연이 만들어내는 제법이다.

셋은 천지만물이 만들어내는 제법이다.

본성은 연(緣)으로 만들어지지만, 일체제법은 대사(代謝)와 인연(因緣), 명색(名色)으로 만들어진다.

본원본제가 일으킨 제법은 대사(代謝)를 통해 생겨난다. 능취(能取)라 한다. 능취로 인해 여시상(如是相)과 여시체(如是體), 여시력(如是力)이 생겨나고, 여래장연기가 시작된다.

본연에서 일어나는 제법은 인연(因緣)을 통해 생겨난다. 소취(所取)라 한다. 소취로 인해 여시작(如是作)과 여시인(如是因), 여시연(如是緣)이 생겨나고 생멸연기가 시작된다.

천지만물이 일으킨 제법은 명색(名色)을 통해 생겨난다. 업취(業取)라 한다. 업취로 인해 의식·감정·의지가 생겨나고 육도윤회가 일어난다.

본원본제 안에서 일어난 대사는 각성이 무념·무심·간극·밝은성품을 대상으로 삼아서 이루어졌다. 이때의 대사는 25

가지 유형으로 이루어졌다. 그중 간극의 적멸상에 머물러서 무념·무심을 껴안고 있는 것을 제외하고 나머지 24가지 대사에서 본연이 생겨났다.

본연 안에서 일어난 연기는 각성정보가 생멸정보와 근본정보, 밝은성품 사이를 내왕하면서 이루어졌다.

본연 안에서 일어나는 연기로 인해서 생멸연기와 진여연기가 시작되었다.

천지만물 안에서 일어나는 명색(名色)은 업식 간의 교류로써 일어난다. 천지만물안에서 일어난 명색으로 인해 육도윤회가 시작되었다.

본연은 환(幻)이다.

여래장은 바다이고, 본연은 그 바다에서 일어나는 파도이다. 생멸연기가 시작된 것은 그 파도에서 물거품이 생겨난 것이다. 생멸문에서 천지만물이 생겨난 것은 그 물거품에서 또 하나의 물거품이 생겨난 것이다.

본원본제에게서 생겨난 일체제법은 대사로 생겨났고, 본연에게서 생겨난 일체제법은 연기로 생겨났으며, 천지만물에게서 생겨난 제법은 명색으로 생겨났다. 때문에, 일체제법은 연(緣)으로 생긴 것이 아니라고 말씀하신다.

**"만약 법이 연으로 생겨난 것이라면,
연이 떠나면 법 또한 없을 것이다."**

법은 대사(代謝)의 산물이기 때문에 본성이 없다. 그저 정보로 존재할 뿐이다. 한번 생성된 정보는 없어지지 않는다.

**"법에는 본성이 없는데,
어찌하여 연이 법을 생기게 했다고 할 수가 있겠느냐?"**
연(緣)으로 생겨난 모든 존재는 본성을 갖추고 있다. 본성을 갖추고 있는 존재를 '생명'이라 한다.
법은 본성이 없기 때문에 연(緣)으로 생겨난 것이 아니다.

그때 지장보살이 말하였다.
"만약 법에 생이 없으면"
법에 생(生)이 없는 것은 본성이 없기 때문이다.
"어떻게 설법하며"
그렇다면 그 이치를 어떻게 설법하며,
"법을 따르려는 마음을 생기게 할 수 있습니까?"
중생으로 하여금 그 법을 따르려는 마음을 생기게 할 수 있습니까?

세존께서 게송으로 말씀하셨다.
"마음으로 인해 생겨난 법은"
마음이란 실제(實際)의 마음과 환(幻)의 마음이다.
"능취(能取)와 소취(所取)가 있다."
능취(能取)는 연(緣)으로 생겨난 실제생명이 일으키는 대사(代謝)의 마음이고, 소취(所取)는 연기(緣起)로써 생겨난 환

(幻) 생명이 일으키는 마음이다.
"마치 취해서 눈에 보이는 헛꽃과 같고"
소취(所取)로써 일으키는 마음이 이와 같다는 말씀이시다.
"이 법은 그러하고 저것은 그렇지 않다."
소취의 법은 이러하고 능취의 법은 그렇지 않다는 말씀이시다.

본문

爾時. 地藏菩薩言. 法若如是. 法則無待. 無待之法. 法應
이시. 지장보살언. 법약여시. 법즉무대. 무대지법. 법응
自成. 於是尊者而說偈言. 法本無有無. 自他亦復爾. 不始
자성. 어시존자이설게언. 법본무유무. 자타역부이. 불시
亦不終. 成敗則不住. 爾時. 地藏菩薩言. 一切諸法相即本
역부종. 성패즉부주. 이시. 지장보살언. 일체제법상즉본
涅槃. 涅槃及空相亦如是. 無是等法. 是法應如.
열반. 열반급공상역여시. 무시등법. 시법응여.
佛言. 無如是法. 是法是如.
불언. 무여시법. 시법시여.

그때 지장보살이 여쭈었다.
"만일 법이 이와 같다면 법은 곧 상대함이 없는 것이니,
 상대함이 없는 법은, 응(應)해서 스스로 이루어진 것입니다.[20]"

세존께서 게송으로 말씀하셨다.
"법은 본래 유무(有無)가 없고, 자타(自他) 또한 그러하며,
시작도 없고 또한 끝도 없으며
일어남과 무너짐에도 머물지 않느니라."
그때 지장보살이 여쭈었다.
"일체 제법의 상(相)이 근본의 관점으로 보면 열반과 같습니다. 열반과 공상(空相)의 근본 또한 이와 같으니,
이렇게 근본이 무(無)로써 평등한 법은, 여(如)에 응합니다."
부처님께서 말씀하셨다.
"이법이 무여이다. 이와 같은 법이고 이와 같은 여(如)이다."

강설

그때 지장보살이 여쭈었다.
"만일 법이 이와 같다면 법은 곧 상대함이 없는 것이니"
대사로써 생겨난 능취의 법이나 연기로써 생겨난 소취의 법이 이와 같다면 그 법은 식의 바탕과 심의 바탕이 서로 연(緣)하지 않는다는 말이다.
"상대함이 없는 법은, 응(應)해서 스스로 이루어진 것입니다."
심식의 바탕을 갖추지 못한 법은 서로가 응해서 드러나게 된다는 말이다. 서로가 응(應)하는 것을 인(因)이라 한다.

---

20) 無待는 기다림이 없다. 상대함이 없다는 뜻이다.

세존께서 게송으로 말씀하셨다.
"법은 본래 유무(有無)가 없고"
법은 성(性)이 없기 때문에 생(生)한 것이 아니다. 때문에 유생(有生)도 아니고 무생(無生)도 아니다.
"자타(自他) 또한 그러하며"
나와 경계 또한 마찬가지이다. 본연(本緣)의 환(幻)에서 생멸연기를 통해 생겨난 환(幻)생명이다. 때문에 있고(有) 없는 것(無)이 아니다.
"시작도 없고 또한 끝도 없으며"
인(因)으로써 이루어지는 소취(所取)의 행(行)은 끊임없이 일어나고 쉼 없이 반복된다. 그 결과로 생겨난 것이 세간(世間)이다. 삼계와 육도윤회계, 일체중생과 의식·감정·의지가 이로 인해 생겨났다.
"일어남과 무너짐에도 머물지 않느니라"
이렇게 생겨난 정보(法)들은 세계가 생겨나고 무너지더라도 없어지지 않는다.

그때 지장보살이 여쭈었다.
"일체 제법의 상(相)이 근본의 관점으로 보면 열반과 같습니다."
제법의 상이 유(有)도 아니고 무(無)도 아니기 때문에 근본적 관점에서 보면 열반과 같다고 말하는 것이다.

"열반과 공상(空相)의 근본 또한 이와 같으니"
열반과 공상도 그 근본이 유(有)도 아니고 무(無)도 아니라는 말이다.
"이렇게 근본이 무(無)로써 평등한 법은(無是等法)"
이렇게 본성은 없지만 없음으로써 유(有)와 무(無)가 평등해진 법은,
"여(如)에 응합니다(是法應如)."
이런 법은 如에 응한다는 말이다.
지장보살의 주장이 참으로 이채롭다. 법이 그러하고 중생의 마음이 그러하다면 열반은 따로 구하는 것이 아니다. 다만 심식의(心識意)의 상(相)을 취하지 않고, 유(有)도 아니고 무(無)도 아닌 그 상태만 취하면 되는 것이다.
아마도 이 대목에 대해서는 부처님의 부연 설명이 있으실 것 같다. 심식의를 놓고 어떻게 유(有)도 아니고 무(無)도 아닌 심상(心相)을 취하는지 관심을 가지고 들여다보자.

부처님께서 말씀하셨다.
"이법이 무여이다(無如是法). 이와 같은 법이고 이와 같은 여(如)이다(是法是如)."
부처님께서 유무(有無)를 떠난 심식의(心識意)의 법이 무여(無如)라고 말씀하신다.

본문

地藏菩薩言. 不可思議. 如是如相. 非共不共. 意取. 業取.
지장보살언. 불가사의. 여시여상. 비공불공. 의취. 업취.
即皆空寂. 空寂心法. 俱不可取. 亦應寂滅. 於是尊者而說
즉개공적. 공적심법. 구불가취. 역응적멸. 어시존자이설
偈言. 一切空寂法. 是法寂不空. 彼心不空時. 是得心不有.
게언. 일체공적법. 시법적불공. 피심불공시. 시득심불유.

그때 지장보살이 여쭈었다.
"불가사의합니다. 이와 같은 여(如)의 모습은 함께함도 아니고 공통된 것도 아닙니다. 뜻으로 취한 것이나 업으로 취한 것이나 모두 공(空)하고 적(寂)합니다.
공적한 심법(心法)은 업취와 의취로는 함께 취할 수 없으니, 또한 마땅히 적멸에 응합니다."
세존께서 게송으로 말씀하셨다.
"일체의 공적(空寂)한 법,
이 법은 고요하나 공(空)하지 않으면,
저 마음과 시(時)가 공(空)하지 않을 때에
이 얻는 마음은 유(有)가 아니다."

강설

그때 지장보살이 여쭈었다.
"불가사의합니다. 이와 같은 여(如)의 모습은 함께함도 아니고 공통된 것도 아닙니다(非共不共)."
이와 같은 여(如)의 모습이란 유무(有無)를 떠난 심식(心識)의 바탕이다.
'**함께하는 것이 아니다**'는 것은 유무(有無)를 떠난 심과 식의 바탕은 서로 분리되어 있다는 말이다.
'**공통된 것도 아니다**'는 것은 심과 식의 바탕은 서로 달라서 공통된 부분도 없다는 말이다.

"뜻으로 취한 것이나 업으로 취한 것이나 모두 공(空)하고 적(寂)합니다."
의취는 의지로 취한 것이다.
업취는 업식으로 취한 것이다.
의지로 취하든 업으로 취하든 심(心)과 식(識)의 바탕은 공(空)하고 적(寂)하다는 말이다.

"공적한 심법(空寂心法)은 업취와 의취로는 함께 취할 수 없으니(俱不可取), 또한 마땅히 적멸에 응합니다(亦應寂滅)."
이와 같이 공(空)하고 적(寂)한 심과 식의 바탕은 의취(意取)와 업취(業取)로는 함께 취할 수 없다는 말이다.
그렇지만 심과 식의 바탕은 적멸에 응한다는 말이다.

세존께서 게송으로 말씀하셨다.
"일체의 공적(空寂)법"

심과 식의 공적법은
"이 법은 고요하나 공(空)하지 않다."
이 법은 고요하지만 허망하지 않다.
"저 마음이 공(空)하지 않을 때에"
저 마음이 허망하지 않을 때에
저 마음이란 심식의 바탕을 말한다.
"이 얻는 마음은 유(有)가 아니다"
이때에 얻은 마음은 유가 아니다.
즉 심과 식의 바탕을 취하는 것은 유(有)가 아니라는 말씀이시다.

본문

爾時. 地藏菩薩言. 是法非三諦. 色空心亦滅. 是法本滅時.
이시. 지장보살언. 시법비삼제. 색공심역멸. 시법본멸시.
是法應是滅. 於是尊者而說偈言. 法本無自性. 由彼之所生.
시법응시멸. 어시존자이설게언. 법본무자성. 유피지소생.
不於如是處. 而有彼如是.
불어여시처. 이유피여시.

그때 지장보살이 여쭈었다
"이 법은 삼제(三諦)가 아닙니다. 색(色), 공(空), 마음 또한 멸해집니다. 이 법의 바탕이 멸해질 때에 이 법과 이 멸이 서로 응하게 됩니다."
이에 세존께서 게송으로 말씀하셨다.
"법의 근본(法本)은 자성이 없고, 저것으로 말미암아 생긴 것이니, 여시처(如是處)가 아니고, 저 여시(如是)에 있다.21)"

강설

그때 지장보살이 여쭈었다
"이 법은 삼제(三諦)가 아닙니다. 색(色), 공(空), 마음 또한 멸해집니다."
삼제란 색(色), 공(空), 심(心)을 말한다.
심식의 바탕을 관하게 되면 삼제가 멸해진다는 말이다. 삼관법으로 심식의 바탕과 경계의 바탕을 관하고 삼제에서 벗어난다. 공관법(空觀法)으로 식의 바탕을 관한다. 그로써 공제를 멸한다. 중관법(中觀法)으로 심의 바탕을 관한다. 그로써 심제를 멸한다. 가관법(假觀法)으로 색의 바탕을 관한다. 그로써 색제를 멸한다.

"이 법의 바탕이 멸해질 때에 이 법과 이 멸이 서로 응하게 됩니다."
이 법의 바탕은 본연(本緣)이 출현하게 된 원인을 말한다.

---

21) 법본(法本)에는 여시성(如是性), 상(相), 체(體)가 없다. 여시력(如是力)에서부터 여시보(如是報)까지만 있다.

본연으로부터 생멸정보와 근본정보, 각성정보가 만들어졌고 그 정보들이 서로 인(因)해서 색. 공. 심이 생겨났다.
본연은 여시력(如是力)의 작용으로 생겨났다.
그 이후에 생겨난 의식·감정·의지와 천지만물은 여시작(如是作), 여시인(如是因), 여시연(如是緣), 여시과(如是果), 여시보(如是報)로써 생겨났다.
'이법의 바탕이 멸해진다'는 것은 여시력에서부터 여시보까지의 과정이 멸해진다는 뜻이다.
'이 법과 이 멸이 서로 응하게 된다'는 것은 심식의 바탕과 삼제가 멸해진 자리가 서로 응하게 된다는 뜻이다.

이에 세존께서 게송으로 말씀하셨다.
"법의 근본(法本)은 자성이 없고, 저것으로 말미암아 생긴 것이니, 여시처(如是處)가 아니고, 저 여시(如是)에 있다."
'법의 근본은 자성이 없다'는 것은 법에는 여시성(如是性), 여시상(如是相), 여시체(如是體)가 없다는 뜻이다.
'저것으로 말미암아 생긴 것이다'는 것은 여시력(如是力), 작(作), 인(因), 연(緣), 과(果), 보(報)로 인해 생긴 것이라는 뜻이다.
'여시처(如是處)가 아니고, 저 여시(如是)에 있다'
여시처(如是處)는 여시성(如是性), 여시상(如是相), 여시체(如是體)를 말한다.
저 여시(如是)는 여시력, 작, 인, 연, 과, 보를 말한다.

여시성(如是性)은 적상(寂相), 정상(靜相), 적멸상(寂滅相)으로 이루어져 있다.

여시상(如是相)은 여시성과 각성으로 이루어져 있다.

여시체(如是體)는 여시성과 여시상, 밝은성품으로 이루어져 있다.

여시력(如是力)은 밝은성품과 각성 정보, 본성 정보, 생멸 정보, 미는 힘과 당기는 힘으로 이루어져 있다. 여시력으로 인해 본연(本緣)이 생겨났다. 본연이란 각성 정보와 본성 정보, 밝은성품간의 관계를 말한다.

여시인(如是因)은 본연 공간 안에서 일어난 생멸 정보와 본성 정보, 각성 정보와 밝은성품 간의 교류를 말한다. 여시인으로 인해 생멸연기가 일어난다.

여시연(如是緣)은 여시인(如是因)을 통해 새로운 정보들이 생겨난 것을 말한다. 여시연(如是緣)으로 인해 원초신이 출현한다.

여시과(如是果)는 여시인과 여시연으로 인해 생겨난 결과를 말한다. 여시과로써 천지만물이 생겨나고 삼계와 오온, 의식·감정·의지가 생겨났다.

여시보(如是報)는 여시과로 생겨난 천지만물이 서로 간의 관계나 자업(自業)으로 인해 응보(應報)를 받는 것이다. 여시보로 인해 육도윤회계가 생겨나고 길흉화복(吉凶禍福)이 생겨났다.

본문

爾時. 地藏菩薩言. 一切諸法無生. 無滅. 云何不一
이시. 지장보살언. 일체제법무생. 무멸. 운하불일?
於是尊者而說偈言. 法住處無在. 相數空故無.
어시존자이설게언. 법주처무재. 상수공고무.
名說二與法. 是則能所取.
명설이여법. 시즉능소취.

그때 지장보살이 여쭈었다.
"일체제법은 무생(無生)이고 무멸(無滅)인데, 어찌하여 하나가 아닙니까?"
세존께서 게송으로 말씀하셨다.
"법은 머무르는 곳이 없으며, 모습과 숫자는 공(空)하고 없나니, 이름하여 두 법이라고 말하는 것은, 이는 곧 능(能)취와 소(所)취일 뿐이다."

강설

그때 지장보살이 여쭈었다.
"일체제법은 무생(無生)이고 무멸(無滅)인데, 어찌하여 하나가 아닙니까?"
일체제법이 무생인 것은 성(性), 상(相), 체(體)를 갖추지 못했기 때문이다.
일체제법이 무멸인 것은 생성된 정보는 없어지지 않고 심식의 바탕은 없어지지 않기 때문이다.
일체제법은 본원본제의 법이 있고, 본연의 법이 있으며, 천지만물의 법이 있다. 본연의 법에서 생멸법과 진여법이 나오고 천지만물의 법이 나왔다.
'하나가 아닌 것'은 본원본제의 법과 본연의 법을 말한다.

세존께서 게송으로 말씀하셨다.
"법은 머무르는 곳이 없으며, 모습과 숫자가 공(空)하고 없나니"
법은 성, 상, 체가 없기 때문에 머물지 않는다. 때문에 모습이나 숫자가 모두 공하고 없다.
모습은 형상을 말하고 숫자는 식의 구조를 말한다.
"이름하여 두 법이라고 말하는 것은, 이는 곧 능(能)취와 소(所)취일 뿐이다."
본원본제의 법과 본연의 법을 두 가지라고 말하는 것은 능취와 소취의 관점에서 바라보는 것이라는 말씀이시다.

본문

爾時. 地藏菩薩言. 一切諸法相. 不住於二岸. 亦不住中流.
이시. 지장보살언. 일체제법상. 부주어이안. 역부주중류.

心識亦如是. 云何諸境界. 從識之所生？若識能有生. 是識
심식역여시. 운하제경계. 종식지소생？약식능유생. 시식
亦從生. 云何無生識. 能生有所生？ 於是尊者而說偈言.
역종생. 운하무생식. 능생유소생？ 어시존자이설게언.

所生能生二	是二能所緣	俱本各自無	取有空華幻
소생능생이	시이능소연	구본각자무	취유공화환
識生於未時	境不是時生	於境生未時	是時識亦滅
식생어미시	경불시시생	어경생미시	시시식역멸
彼即本俱無	亦不有無有	無生識亦無	云何境從有
피즉본구무	역불유무유	무생식역무	운하경종유

그때 지장보살이 여쭈었다.
"일체의 법상은 두 언덕에도 머물지 않으며, 또한 중간의 흐름에도 머물지 않습니다.
심식(心識)도 이러하거늘, 어찌하여 가지가지 경계가 식(識)을 따라 생긴다 하십니까?
만약에 식(識)이 생(生)을 있게 한다면, 이 식(識) 또한 생(生)을 따르는 것이거늘, 어찌하여 식(識)이 무생인데 능생(能生)과 소생(所生)이 있습니까?"
이에 세존께서 게송으로 말씀하셨다.
"소생(所生)과 능생(能生)이 둘이고, 이 둘은 능(能)과 소(所)의 연(緣)이며, 근본이 함께 하고 각각의 자아가 없나니, 허공의 꽃 같은 환(幻)을 취한 것이다.

식(識)은 미시(未時)에 생기고, 경계는 이때 생긴 것이 아닙니다. 경계에서 미시(未時)를 생기게 하면 이때 식(識) 또한 멸해진다. 저것의 바탕은 함께 없고, 또한 유(有)와 무유(無有)가 아니며, 생이 없고 식(識) 또한 없는데, 어떻게 경계가 유(有)를 따르겠는가?"

강설

그때 지장보살이 여쭈었다.
"일체의 법상은 두 언덕에도 머물지 않으며, 또한 중간의 흐름에도 머물지 않습니다."
일체제법상이란 본원본제의 제법과 본연의 제법을 말한다.
두 언덕이란 본원본제와 본연, 생멸과 진여를 말한다.
중간의 흐름이란 본원본제와 본연의 사이, 생멸과 진여의 사이를 말한다.

"심식(心識)도 이러하거늘"
중생의 제법인 심식도 생멸과 진여의 두 언덕에 머물지 않는다는 말이다.
"어찌하여 가지가지 경계가 식(識)을 따라 생긴다 하십니까?"
그러한데 어떻게 생멸경계가 식(識)으로부터 생겨나느냐고 여쭙는 대목이다.
본원본제의 제법은 대사로써 일어나고 본연의 제법은 연기로써 일어난다. 그렇다면 중생의 제법은 어떻게 해서 일어나게 되느냐고 여쭙는 대목이다.

중생의 심과 식은 여시연(如是緣)과 여시과(如是果), 여시보(如是報)의 과정에서 생겨났다.

그 과정에서 식의 정보와 심의 정보가 교류하면서 중생의 제법이 생겨났다.

"만약에 식(識)이 생(生)을 있게 한다면"
만약 식이 제법을 생하게 했다면
"이 식(識) 또한 생(生)을 따르는 것이거늘"
이 식 또한 무생이 아니고 생일 것입니다.
"어찌하여 식(識)이 무생인데 능생(能生)과 소생(所生)이 있습니까?"
식이 무생인데 제법에는 어떻게 능생과 소생이 있습니까?

세존께서 게송으로 말씀하셨다.
"소생(所生)과 능생(能生)이 둘이고"
소생(所生)은 본연(本緣)의 생이고, 능생(能生)은 본원본제(本源本際)의 생이다. 때문에 서로 다른 생의 형태이다.
"이 둘은 능(能)과 소(所)의 연(緣)이며"
이 두 가지 생(生)은 능연(能緣)과 소연(所緣)으로 생겼다는 말씀이다.

본원본제에서 대사(代謝)로 인해 일어난 생은 능연이고, 본연에서 연기(緣起)로 일어난 생은 소연이다.
능생에서는 심식이 생겨나지 않는다. 소생에서 심식이 생겨난다.

"근본이 함께 하고 각각의 자아가 없나니"
소연(所緣)으로 생겨난 심과 식은 본연(本緣)을 근본으로 생겨났지만 각각의 주체성은 없다는 말이다.

"허공의 꽃 같은 환(幻)을 취한 것이다."
본연에서 소연으로 심과 식이 생겨난 것은 허공 꽃의 환(幻)을 취한 것과 같다는 말씀이시다.

"식(識)은 미시(未時)에 생기고"
미시(未時)란 미시무명(未時無明)을 말한다. 미시무명이란 각성이 본성을 보는 것을 완전하게 망각한 상태를 말한다. 식(識)이 생긴 것은 미시무명에서 생겼다는 말이다. 생멸 공간 안에서 각성 정보와 근본 정보, 생멸 정보 간에 교류가 일어난 것을 행(行)이라 한다. 행으로 인해 식(識)이 생겨났다.

"경계는 이때 생긴 것이 아니다(境不是時生)."
하지만 경계는 이 과정에서 생겨난 것이 아니라는 말씀이다. 경계는 명색(名色)을 통해 생겨난다. 명색의 과정에서 분리된 천지만물이 서로를 인식의 대상으로 삼으면서 경계가 생겨난다.

"경계에서 미시(未時)를 생기게 하면"
'경계에서 미시(未時)를 생기게 한다'는 것은 '경계를 인식의 대상으로 삼지 않게 되면'으로 해석해야 한다.
"이때 식(識) 또한 멸해진다"
이때 식(識) 또한 따라 일어나지 않는다.

"저것의 바탕은 함께 없고"
심식의 바탕과 경계의 바탕은 함께 없고
"또한 유(有)와 무유(無有)가 아니며"
또한 있음과 없고 있음이 아니며
"생이 없고 식(識) 또한 없는데"
경계가 생기지 않고 식 또한 없는데
"어떻게 경계가 유(有)를 따르겠는가?"
어떻게 경계가 심과 식을 따르겠는가?

본문

爾時. 地藏菩薩言. 法相如是. 內外俱空. 境智二眾. 本來
이시. 지장보살언. 법상여시. 내외구공. 경지이중. 본래
寂滅. 如來所說實相真空. 如是之法即非集也.
적멸. 여래소설실상진공. 여시지법즉비집야.
佛言. 如是. 如實之法. 無色. 無住. 非所集. 非能集. 非
불언. 여시. 여실지법. 무색. 무주. 비소집. 비능집. 비

義. 非大. 一本利法. 深功德聚.
의. 비대. 일본리법. 심공덕취.

그때 지장보살이 여쭈었다.
"법의 모습(法相)은 이와 같고 안팎이 함께 공(空)하니, 경계와 지혜의 두 가지 무리는 본래 적멸합니다.
여래께서 설한 실상의 진공(眞空)의 법은, 곧 집기(集)가 아닙니다."
부처님께서 말씀하셨다.
"이와 같다. 여실(如實)한 법은 색(色)이 없고, 머무름이 없고, 소집(所集)이 아니며, 능집(能集)이 아니고, 의(義/음계입)가 아니고, 사대(四大)가 아니니, 하나의 본리(本利)법은, 깊은 공덕의 모음이니라."

강설

그때 지장보살이 여쭈었다.
"법의 모습(法相)은 이와 같고 안팎이 함께 공(空)하니, 경계와 지혜의 두 가지 무리는 본래 적멸합니다."
'법상(法相)이 이와 같다'는 것은 경계와 심식의 바탕이 함께하지 않고 경계가 심식을 따르지 않으며, 경계가 인식의 대상이 되지 않으면 식 또한 멸해지는 것을 말한다.
'안팎이 함께 공(空)한 것'은 경계와 심식이 모두 성상체

(性相體)가 없기 때문이다.
'경계와 지혜의 두 가지 무리는 본래 적멸합니다.'
경계의 근본도 적멸하고 심식의 바탕도 적멸하다는 말이다.

"여래께서 설한 실상의 진공(眞空)의 법은, 곧 집기(集)가 아닙니다."
부처님께서 설하신 실상의 진공(眞空)은 본성의 적상과 정상, 적멸상을 말한다.
집(集)이란 정보와 정보가 모여 연(緣)을 이루고, 연이 과(果)로 나타나서 형태와 틀을 갖추는 것이다. 의식과 감정, 오온(五蘊)이 집(集)으로 생겨났다.
부처님께서 말씀하신 진공과 심식의 일은 서로 다르다는 말이다.

부처님께서 말씀하셨다.
"이와 같다. 여실(如實)한 법은 색(色)이 없고, 머무름이 없고, 소집(所集)이 아니며, 능집(能集)이 아니고, 의(義/음계입)가 아니고, 사대(四大)가 아니니, 하나의 본리(本利)법은, 깊은 공덕의 모음이니라."
소집(所集)이란 연기(緣起)로써 집(集)이 일어나는 것이다. 소집의 주체는 정보이다.
능집(能集)이란 대사로써 집(集)이 일어나는 것이다. 능집의 주체는 각성이다.

여(如)의 실상(實相)에는 색(色)이 없고, 머무름이 없다. 또한 소집(所集)이 아니고, 능집(能集)이 아니며, 의(義/음계입)가 아니고, 사대(四大)가 아니다.
'**깊은 공덕의 무더기**'는 선정과 삼매로써 갖추어진다는 뜻이다.
하나의 본리에 법이 갖추어지기까지는 그만큼의 노력이 필요하다는 말씀이시다.

본문

地藏菩薩言. 不可思議. 不思議聚. 七五不生. 八六寂滅.
지장보살언. 불가사의. 부사의취. 칠오불생. 팔륙적멸.
九相空無. 有空無有. 無空無有. 如尊者所說法義皆空.
구상공무. 유공무유. 무공무유. 여존자소설법의개공.
入空無行不失諸業. 無我我所. 能所身見. 內外結使. 悉皆
입공무행불실제업. 무아아소. 능소신견. 내외결사. 실개
寂靜. 故願亦息. 如是理觀. 慧定眞如. 尊者常說是如空法.
적정. 고원역식. 여시리관. 혜정진여. 존자상설식여공법.
卽良藥也. 佛言. 如是. 何以故？法性空故. 空性無生. 心
즉량약야. 불언. 여시. 하이고？법성공고. 공성무생. 심
常無生. 空性無滅. 心常無滅. 空性無住. 心亦無住. 空性
상무생. 공성무멸. 심상무멸. 공성무주. 심역무주. 공성
無爲. 心亦無爲. 空無出入. 離諸得失. 界陰入等皆悉亦無.

무위. 심역무위. 공무출입. 리제득실. 계음입등개실역무.
心如不著. 亦復如是. 菩薩. 我說空法. 破諸有故.
심여불착. 역부여시. 보살. 아설공법. 파제유고.

지장보살이 여쭈었다.
"불가사의하고 부사의(不思議)한 모음입니다. 칠식(七識)과 오식(五識)이 생기지 않고, 팔식(八識)과 육식(六識)이 적멸하고, 구상(九相)이 공(空)하고 없으며, 공(空)이 있고 유(有)가 없으며, 공(空)이 없고 유도 없습니다. 세존께서 설하신 바와 같이 법의 뜻은 다 공(空)하고, 공(空)에 들어가 행(行)이 없어도 가지가지의 업(業)을 잃지 않습니다. 자아와 나의 것이 없으며, 능소(能所)와 신견(身見), 안팎의 결사(結使)는 다 적정(寂靜)해졌으므로, 원하는 것 또한 쉽게 됩니다. 이와 같은 이관(理觀), 혜정(慧定), 진여(眞如)를 세존께서는 늘 말씀하셨으니, 참으로 여(如)인 공한 법(空法)이 곧 훌륭한 약입니다."
부처님께서 말씀하셨다.
"이와 같다. 어떤 까닭인가? 법성이 공(空)하기 때문이다. 공성(空性)은 무생(無生)이고, 마음은 항상 무생이다.
공성(空性)은 멸해지지 않고, 마음은 항상 멸해짐이 없다.
공성(空性)은 머무는 것이 없고, 마음 또한 머무는 것이 없다.
공성(空性)은 무위(無爲)이고, 마음 또한 무위이다(心亦無爲).
공(空)은 출입이 없고, 여러 가지 득실(得失)을 떠났으며, 음계입(陰界入) 등이 모두 없나니, 마음의 여(如)가 집착하지 않음은 또한 이와 같다.
보살이여, 내가 설한 공법(空法)은 여러 유(有)를 깨뜨리느니라."

강설

지장보살이 여쭈었다.
"불가사의하고 부사의(不思議)한 모음입니다. 칠식(七識)과 오식(五識)이 생기지 않고, 팔식(八識)과 육식(六識)이 적멸하고, 구상(九相)이 공(空)하고 없으며(九相空無), 공(空)이 있고 유(有)가 없으며(有空無有), 공(空)이 없고 유도 없습니다(無空無有)."

7식은 혼의식이고 수의식이다.
5식은 전5식이다.
7식은 혼의식을 기반으로 한 감정이고, 5식은 육체의 오장을 기반으로 한 감정이다.
전5식의 정보가 공유단에서 합쳐지면서 6식으로 나타난다.
6식은 색의식이며 육체의 의식이다.
8식은 식의식이며 영의식이다.
7식과 5식이 생기지 않으면 감정이 생기지 않는다.
8식과 6식이 일어나지 않으면 의식이 적멸한다.
구상(九相)은 진여식의 아홉 가지 상태를 말한다.
진여식은 본성·각성·밝은성품, 심식의 바탕으로 이루어져 있다.

구식은 세 종류 식으로 이루어져 있다.

첫 번째는 해탈지견식이다. 아라한과의 과정에서 갖추어지는 열반식이다. 보살도 5지 난승지의 과정까지 쓰여진다. 해탈지견식은 심식의 바탕만 있고 식근(識根)과 심근(心根)이 없다. 때문에 밖의 경계를 인식하지 못한다.

두 번째는 암마라식이다. 보살도 6지 현전지(現前地)에서 갖추어지고, 7지와 8지의 과정에서 쓰여진다. 암마라식은 심식의 바탕과 식근, 심근이 있다. 하지만 심근이 완전하게 갖추어지지 못했다. 밖의 경계를 인식할 수 있다.

세 번째는 원통식(圓通識)이다. 보살도 9지 선혜지에서 갖추어진다. 10지와 등각도의 전체 과정에서 활용된다. 원통식은 심식의 바탕을 갖추고 있고 식근과 심근을 갖추고 있다. 원통식의 식근과 심근은 완전하게 제도되어서 육근이 서로 원통을 이루고 있다.

구상(九相)은 세 종류 9식이 갖추고 있는 심식의 상태와 각성, 밝은성품의 상태를 말한다.

해탈지견식은 본성과 각성, 밝은성품이 갖추어져 있다. 하지만 9식의 식근(識根)과 심근(心根)이 갖추어져 있지 않다.

암마라식은 본성·각성·밝은성품을 갖추고 있다. 그러면서 9식의 식근을 함께 갖추고 있다. 하지만 심근이 완전하게 갖추어지지 않은 상태이다.

원통식은 본성·각성·밝은성품을 갖추고 있다. 그러면서 9식의 식근과 심근을 완전하게 갖추고 있다.

해탈지견식의 각성은 본각과 구경각을 함께 갖추고 있다.
암마라식의 각성은 구경각을 돈독하게 갖추고 있다.
원통식의 각성은 구경각과 원각을 함께 활용한다.
해탈지견식의 밝은성품은 분리시켰던 자기 생멸심을 대상으로 활용된다.
암마라식의 밝은성품은 반연중생들을 대상으로 쓰여진다.
원통식의 밝은성품은 생멸문 전체를 대상으로 쓰여진다.
이것을 일러 9식(九識)의 9상(九相)이라 한다.
진여심 중 본성은 세 가지 식의 상태에 따라 관여되지 않는다.

'구상(九相)이 공(空)하고 없으며(九相空無), 공(空)이 있고 유(有)가 없으며(有空無有), 공(空)이 없고 유도 없습니다(無空無有).'
'구상이 공하고 없는 것'은 9식의 본성 상태를 말한다.
'공이 있고 유가 없는 것'은 9식의 각성 상태를 말한다.
'공이 없음도 없는 것'은 9식의 식근과 심근의 상태를 말한다.

"세존께서 설하신 바와 같이 법의 뜻은 다 공(空)하고, 공(空)에 들어가 행(行)이 없어도 가지가지의 업(業)을 잃지 않습니다."
'공(空)에 들어가 행(行)이 없어도 가지가지 업(業)을 잃지 않는다'는 것은 공에 들어가서 각성으로 대사를 행하지 않더라도 여러 심식의 업(業)을 잃어버리지 않는다는 뜻이다.

"자아와 나의 것이 없으며, 능소(能所)와 신견(身見), 안팎의 결사(結使)는 다 적정(寂靜)해졌으므로, 원하는 것 또한 쉽게 됩니다."
여러 심식의 업은 자아와 내 것이 없고, 능소(能所)와 신견(身見)이 없다는 말이다. 신견(身見)은 몸에 대한 집착과 견해를 말한다.
'안팎의 결사(結使)가 다 적정(寂靜)하다'는 것은 안의 업식과 밖의 경계에 얽매임이 없어서 심식의 바탕을 잃어버리지 않는다는 말이다.

"이와 같은 이관(理觀), 혜정(慧定), 진여(眞如)를 세존께서는 늘 말씀하셨으니, 참으로 여(如)인 공한 법(空法)이 곧 훌륭한 약입니다."
이관(理觀)은 본성을 이루고 있는 세 가지 요소를 관하는 것이다.
혜정(慧定)은 대적정의 일체지(一切智)에 머무는 것이다.
진여(眞如)는 본성·각성·밝은성품을 말한다.
이관(理觀)은 불념처관(佛念處觀)을 뜻하고, 혜정(慧定)은 일체지를 뜻하며, 진여는 법념처관을 뜻한다.
여(如)의 공법(空法)은 이관, 혜정, 진여라는 말이다.

이로써 생멸수행과 진여수행을 더불어서 성취한다는 말이다.

부처님께서 말씀하셨다.
"이와 같다. 어떤 까닭인가? 법성이 공(空)하기 때문이다."
법상(法相)은 제법상(諸法相)과 본연상(本緣相)으로써 능상(能相)과 소상(所相)이 있지만, 법성(法性)에는 능성(能性)과 소성(所性)이 없다.
법성은 각성의 대사로써 생겨났다. 각성이 본성을 대상으로 대사를 하면서 생겨난 근본 정보가 법성이다.
심과 식은 근본 정보와 생멸 정보, 각성 정보가 서로 인(因)해서 생겨났다.
각성의 대사(代謝)로써 생겨난 법성(法性)도 정보이고, 연기(緣起)로써 드러나는 심과 식도 정보이다.
법성이 공(空)한 것은 본성을 갖추지 못한 정보이기 때문이다. 심식이 공(空)한 것도 마찬가지이다.

"공성(空性)은 무생(無生)이고(空性無生), 마음은 항상 무생이다(心常無生)."
법성의 공성이 무생인 것은 본성이 갖추어지지 않았기 때문이다. 심과 식이 무생인 것도 본성이 없기 때문이다.

"공성(空性)은 멸해지지 않고(空性無滅), 마음은 항상 멸해짐이 없다(心常無滅)."

법성의 공성이 멸해지지 않는 것은 근본정보로써 존재하기 때문이다. 심과 식의 공성이 멸해지지 않는 것은 생멸 정보로써 존재하기 때문이다. 생성된 정보는 멸해지지 않는다.

"공성(空性)은 머무는 것이 없고(空性無住), 마음 또한 머무는 것이 없다(心亦無住)."
법성의 공성이 머물지 않는 것은 스스로 능성(能性)이 없기 때문이다. 심식이 머물지 않는 것은 끊임없이 경계와 반연(攀緣)하기 때문이다.

"공성(空性)은 무위(無爲)이고(空性無爲), 마음 또한 무위이다(心亦無爲)."
본성의 공성이 무위인 것은 스스로가 지음이 없기 때문이다. 심식은 유위이다. 하지만 심식의 바탕은 무위이다. 관여되지 않고 아무렇지 않는 그 바탕이 무위이다.

"공(空)은 출입이 없고(空無出入), 여러 가지 득실(得失)을 떠났으며(離諸得失), 음계입(陰界入) 등이 모두 없나니"
법성의 공상은 출입이 없고 여러 가지 득실(得失)을 떠났고, 음계입(陰界入)이 없다. 모든 경계와 현상에 근본정보로써 내재되어 있기 때문이다.

"마음의 여(如)가 집착하지 않음은 또한 이와 같다."
심식의 바탕이 경계와 현상에 집착하지 않는 것이 또한

이와 같다.

"보살이여, 내가 설한 공법(空法)은 여러 유(有)를 깨뜨리느니라."

부처님의 이 가르침은 심과 식의 바탕을 활용해서 본성을 이루는 방법이다. 심과 식을 여의지 않고 그 바탕으로 들어가서 如의 실상과 계합하는 방법이다.

지금까지 부처님께서 가르쳐주신 여러 가지 수행법 중에서 가장 쉽고 간편한 수행법이다.

금강심지를 이루는 대적정 수행도 수승한 수행이고, 육근원통을 성취하는 육념처 수행도 수승한 수행이지만 이 방법 또한 수승한 수행법이다.

본문

地藏菩薩言. 尊者. 知有非實如陽焰水. 知實非無如火性
지장보살언. 존자. 지유비실여양염수. 지실비무여화성
生. 如是觀者是人智也. 佛言. 如是. 何以故？ 是人眞觀.
생. 여시관자시인지야. 불언. 여시. 하이고？ 시인진관.
觀一寂滅. 相與不相等以空. 取空以修空故. 不失見佛. 以
관일적멸. 상여불상등이공. 취공이수공고. 불실견불. 이
見佛故. 不順三流於大乘中. 三解脫道一體無性. 以其無性
견불고. 불순삼류어대승중. 삼해탈도일체무성. 이기무성

故空. 空故無相. 無相故無作. 無作故無求. 無求故無願.
고공. 공고무상. 무상고무작. 무작고무구. 무구고무원.
無願故以是知業. 故須淨心. 以心淨故便得見佛. 以見佛故
무원고이시지업. 고수정심. 이심정고변득견불. 이견불고
當生淨土. 菩薩. 於是深法三化勤修. 慧定圓成. 即超三界.
당생정토. 보살. 어시심법삼화근수. 혜정원성. 즉초삼계.

지장보살이 여쭈었다.
"세존이시여, 유(有)는 실(實)이 아님이 양염(陽炎)의 물과 같음을 알겠으며, 실(實)은 무(無)가 아님이 화성(火性)이 생긴 것과 같음을 알겠으며, 이와 같이 관(觀)한 자는 지혜롭다 하겠습니다."
부처님께서 말씀하셨다.
"이와 같다. 어떤 까닭인가? 이 사람은 진관(眞觀)한 것이고, 하나의 적멸을 관하되 모습과 모습 아닌 것을 공(空)으로써 같게 하고, 공(空)을 취하는 것으로 공(空)을 닦는 까닭이며, 부처를 보는 것을 잃지 않는다. 부처를 보는 까닭에, 대승 가운데서 삼류(三流)를 따르지 않는다. 삼해탈도(三解脫道)에서는 일체무성(一體無性)이다. 그것은 성(性)이 없는 까닭에 공(空)하며, 공(空)하기 때문에 무상(無相)이다. 무상(無相)이기 때문에 무작(無作)이며, 무작(無作)이기 때문에 구함이 없다. 구함이 없는 까닭에 원하는 것이 없다. 원하는 것이 없는 까닭에 이로써 업을 알게 된다. 업을 알게 되므로 마음이 깨끗해진다. 마음이 깨끗한 까닭에 문득 부처를 보게 되며, 부처를 봄으로써 정토에 태어날 것이다. 보살이여, 이러한 깊은 법에서 삼화(三化)를 부지런히 닦고, 혜(慧)와 정(定)을 원만히 이루어, 곧 삼계를 초월할지어다."

강설

지장보살이 여쭈었다.
"세존이시여, 유(有)는 실(實)이 아님이 양염(陽炎)의 물과 같음을 알겠으며, 실(實)은 무(無)가 아님이 화성(火性)이 생긴 것과 같음을 알겠으며, 이와 같이 관(觀)한 자는 지혜롭다 하겠습니다."
유(有)는 실(實)이 아니고 실(實)은 무(無)가 아니다. 이 말을 이해하는 사람은 지혜 있는 사람이라는 말이다.

부처님께서 말씀하셨다.
"이와 같다. 어떤 까닭인가? 이 사람은 진관(眞觀)한 것이고, 하나의 적멸을 관하되 모습과 모습 아닌 것을 공(空)으로써 같게 하고, 공(空)을 취하는 것으로 공(空)을 닦는 까닭이며, 부처를 보는 것을 잃지 않는다."
'진관(眞觀)'이란 본성을 이루는 세 가지 요소를 관하는 것이다.
'하나의 적멸을 관하는 것'은 본성의 적멸상을 관하는 것이다.

'모습과 모습 아닌 것을 공(空)으로써 같게 하는 것'은 유상과 무상을 공으로써 같게 하는 것이다.

유상에도 관여되지 않고 무상에도 관여되지 않으면 유상과 무상이 공으로써 같아진 것이다.

또한 유상도 적멸상으로 비춰보고 무상도 적멸상으로 비춰보면 유상과 무상이 공으로써 같아진 것이다.

유상과 무상을 놓고 시념하고, 계념하고, 승념하고, 불념하고 법념하고 천념하는 것도 유상과 무상이 공으로써 같아지는 것이다.

'공(空)을 취하는 것으로 공(空)을 닦는다는 것'은 심식의 바탕과 경계에서도 공을 취하고, 스스로의 본성에서도 공을 취하고, 육근과 업식에서도 공을 취해서 공을 닦는다는 뜻이다.

이와 같이 관을 하면 '부처를 보는 것을 잃지 않는다'는 말씀이시다.

"부처를 보는 까닭에, 대승 가운데서 삼류(三流)를 따르지 않는다."

항상 여(如를) 관(觀)하면서 부처를 보기 때문에 또 다른 방편을 필요로 하지 않는다는 말씀이시다.

"삼해탈도(三解脫道)에서는 일체무성(一體無性)이다. 그것은 성(性)이 없는 까닭에 공(空)하며,"
'삼해탈(三解脫)의 도'는 금강해탈, 허공해탈, 반야해탈을 말한다.

삼해탈도에서 일체무성(一體無性)이라는 것은 심식의 관점에서 해탈도를 바라보는 것이다.

해탈도에서는 심과 식을 분리의 대상으로 삼는다. 하지만 육념처관이나 심식의 바탕으로 여(如)를 이루는 수행에서는 심과 식을 분리의 대상으로 삼지 않는다. 육념처관에서는 심과 식으로 드러나는 업식을 시념(施念)의 대상으로 삼고, '심식의 바탕을 여(如)로 삼는 수행'에서는 심과 식으로 드러나는 업식들을 관여되지 않는 마음으로 주시한다. 본성의 관점에서 삼해탈도를 바라보면 금강해탈, 허공해탈, 반야해탈이지만 심식의 관점에서 삼해탈을 바라보면 공삼매(空三昧), 무상삼매(無相三昧), 무작무원삼매(無作無願三昧)이다.

'그것은 성(性)이 없는 까닭에 공(空)하다.'
그것이란 본성과 분리된 심과 식을 말한다.
본성과 분리된 심과 식을 경계로 삼고 그 바탕에 관여되지 않는 마음을 보는 것이 공삼매(空三昧)에 들어간 것이다.

"공(空)하기 때문에 무상(無相)이다"
심과 식은 유상이다. 하지만 심과 식을 놓고 공(空)을 취하면 무상이 된다. 관여되지 않는 마음으로 공을 취하고 그 마음으로 심과 식을 바라보면 무상삼매(無相三昧)에 들어간 것이다.

"무상(無相)이기 때문에 무작(無作)이며"
심과 식을 무상하게 보기 때문에 더 이상 심과 식으로 지음(作)을 일으키지 않는다. 그 상태에 머무르는 것이 무작삼매(無作三昧)이다.
"무작(無作)이기 때문에 구함이 없다."
심과 식으로 무작하기 때문에 추구함도 없다.

"구함이 없는 까닭에 원하는 것이 없다."
추구함이 없는 까닭에 원하는 것이 없다.
이 상태에 머무는 것이 무원삼매(無願三昧)이다.

"원하는 것이 없는 까닭에 이로써 업을 알게 된다."
심식으로서 생겨나는 추구를 쉬고 심식의 바탕을 관하다 보면 업식이 일어나는 경로를 알게 되고 그 경로를 제도하게 된다.

"업을 알게 되므로 마음을 깨끗해진다."
그렇게 되면 심과 식이 청정해진다.

"마음이 깨끗한 까닭에 문득 부처를 보게 되며,"

마음이 깨끗해지면 문득 여(如)의 실상을 보게 된다는 말씀이시다. 불념처(佛念處)를 보는 것이다.
"부처를 봄으로써 정토에 태어날 것이다."
여(如)의 실상을 보는 것이 부처를 보는 것이며 자기 정토를 이루는 것이라는 말씀이시다.

"보살이여, 이러한 깊은 법에서 삼화(三化)를 부지런히 닦고, 혜(慧)와 정(定)을 원만히 이루어, 곧 삼계를 초월할지어다."
삼화(三化)란 심과 식으로써 성취하는 세 가지 삼매를 말한다.
혜(慧)는 대지혜를 말한다.
정(定)은 대적정을 말한다.

본문

地藏菩薩言. 如來所說. 無生. 無滅. 即是無常. 滅是生滅.
지장보살언. 여래소설. 무생. 무멸. 즉시무상. 멸시생멸.
生滅滅已. 寂滅為常. 常故不斷. 是不斷法. 離諸三界. 動
생멸멸이. 적멸위상. 상고부단. 시부단법. 리제삼계. 동
不動法. 於有為法. 如避火坑. 依何等法而自呵責. 入彼一
부동법. 어유위법. 여피화갱. 의하등법이자가책. 입피일
門? 佛言. 菩薩, 於三大事呵責其心. 於三大諦而入其行.

문? 불언. 보살. 어삼대사가책기심. 어삼대제이입기행.

지장보살이 여쭈었다. "여래께서 설하신 무생(無生), 무멸(無滅)은 곧 무상(無常)입니다. 이 생멸(生滅)을 멸하되, 생멸이 없어지고 나서 적멸(寂滅)이 항상하게 되며, 항상한 까닭에 끊어짐이 없으니, 이것이 끊어짐이 없는 법입니다. 이 끊어짐이 없는 법으로 모든 삼계를 떠나고, 움직이거나 움직이지 않는 법과 유위법에서 불구덩이를 피하게 됩니다. 어떤 법들에 의거하여 스스로를 꾸짖어야 저 일문(一門)에 들어가겠습니까?" 부처님께서 말씀하셨다. "보살이여, 세 가지 대사(大事)에서 그 마음을 꾸짖고, 세 가지 큰 진리(大諦)에서 그 행(行)으로 들어간다."

강설

지장보살이 여쭈었다. "여래께서 설하신 무생(無生), 무멸(無滅)은 곧 무상(無常)입니다. 이 생멸(生滅)을 멸하되, 생멸이 없어지고 나서 적멸(寂滅)이 항상하게 되며, 항상한 까닭에 끊어짐이 없으니, 이것이 끊어짐이 없는 법입니다."
심과 식의 바탕으로 如를 삼는 것이 무생(無生)무멸(無滅)의 법이다. 그 법은 무상(無常)하다. 하지만 이 법으로써 생멸(生滅)을 멸하고 적멸로 들어간다. 삼해탈(三解脫)을 거치지 않고 삼삼매(三三昧)만으로도 적멸처에 들어가는 것이다. 적멸처에 들어가면 그때부터 대적정을 닦는다. 그렇게 하면 각성이 순일하게 지속되고 향상된다는 말이다.

"이 끊어짐이 없는 법으로(是不斷法) 모든 삼계를 떠나고(離諸三界), 움직이거나 움직이지 않는 법과(動不動法) 유위법(有爲法)에서 불구덩이를 피하게 됩니다.
이 끊어짐이 없는 법(是不斷法)이란 먼저 심식의 바탕을 관(觀)하고 적멸처에 들어가며 적멸처를 불념처(佛念處)로 삼아서 다시 육념처관을 행하는 것이다.

"어떤 법들에 의거하여 스스로를 꾸짖어야 저 일문(一門)에 들어가겠습니까?"
그러기 위해서 어떤 법들에 의거해서 스스로를 다스려야 하느냐고 여쭙는 대목이다.
일문(一門)이란 등각문을 뜻한다.

부처님께서 말씀하셨다. "보살이여, 세 가지 대사(大事)에서 그 마음을 꾸짖고, 세 가지 큰 진리(大諦)에서 그 행(行)으로 들어간다."
세 가지 큰일이란 첫째 인(因)의 일이고, 둘째 과(果)의 일이고, 셋째 식(識)의 일이다.
세 가지 큰 진리는 첫째 보리의 도이고, 둘째 대각의 정지(正智)로 진리를 얻음이고, 셋째 혜(慧)와 정(定)의 다름이 없는 행(行)으로 진리에 들어감이다.

본문

地藏菩薩言. 云何三事而責其心? 云何三諦而入一行?
지장보살언. 운하삼사이책기심? 운하삼제이입일행?
佛言. 三大事者. 一謂因. 二謂果. 三謂識. 如是三事. 從
불언. 삼대사자. 일위인. 이위과. 삼위식. 여시삼사. 종
本空無. 非我眞我. 云何於是而生愛染? 觀是三事. 爲繫所
본공무. 비아진아. 운하어시이생애염? 관시삼사. 위계소
縛飄流苦海. 以如是事. 常自呵責. 三大諦者. 一. 謂菩提
박표류고해. 이여시사. 상자가책. 삼대제자. 일. 위보리
之道. 是平等諦. 非不平等諦. 二. 謂大覺正智得諦. 非邪
지도. 시평등제. 비불평등제. 이. 위대각정지득제. 비사
智得諦. 三. 謂慧定無異行入諦. 非雜行入諦. 以是三諦而
지득제. 삼. 위혜정무이행입제. 비잡행입제. 이시삼제이
修佛道. 是人於是法無不得正覺. 得正覺智. 流大極慈. 己
수불도. 시인어시법무부득정각. 득정각지. 류대극자. 기
他俱利. 成佛菩提.
타구리. 성불보리.

지장보살이 여쭈었다. "어떻게 세 가지 큰 일로 그 마음을 꾸짖습니까? 어떻게 세 가지 진리로 일행(一行)에 들어갑니까?"

부처님께서 말씀하셨다. "세 가지 큰 일이란 첫째 인(因)이요, 둘째 과(果)이며, 셋째 식(識)이다. 이와 같은 세 가지 일은 근본이 공무(空無)하여 자아와 진아(眞我)가 없거늘, 어찌 이것을 놓고 사랑에 물드는 마음을 낼 것인가? 이 세 가지 일에 묶이고 얽매여 고통의 바다에 표류하는 것임을 관(觀)하고, 이와 같은 일로써 늘 스스로를 꾸짖는다.

세 가지 큰 진리는 첫째 보리의 도이니, 이는 평등한 진리이고 불평등한 진리가 아니다. 둘째 대각의 정지(正智)로 진리를 얻음이니, 삿된 지혜로 진리를 얻음이 아니다. 셋째 혜(慧)와 정(定)이 다름 없는 행(行)으로 들어감이니, 잡행(雜行)으로 들어가는 진리가 아니다. 이러한 세 가지 진리로써 불도를 닦으면, 이 사람은 이 법에서 정각을 얻지 못할 리가 없으리라. 정각과 지혜를 얻고, 위대하고 지극한 자비로 흘러들어가서 자기와 타인을 함께 이롭게 하고, 불보리(佛菩提)를 이루느니라."

강설

지장보살이 여쭈었다. "어떻게 세 가지 큰 일로 그 마음을 꾸짖습니까? 어떻게 세 가지 진리로 일행(一行)에 들어갑니까?"

부처님께서 말씀하셨다. "세 가지 큰일이란 첫째 인(因)이요, 둘째 과(果)이며, 셋째 식(識)이다. 이와 같은 세 가지 일은 근본이 공무(空無)하여 자아와 진아(眞我)가 없거늘,

어찌 이것을 놓고 사랑에 물드는 마음을 낼 것인가? 이 세 가지 일에 묶이고 얽매여 고통의 바다에 표류하는 것임을 관(觀)하고, 이와 같은 일로써 늘 스스로를 꾸짖는다."

'인(因)'은 여래장연기의 과정에서 나타나는 여시인(如是因)이 있고, 생멸연기의 과정에서 일어나는 명색(名色)의 인(因)이 있다. 또한 개체식 안에서 일어나는 업식의 인(因)이 있고, 다른 생명과의 관계를 통해 생겨나는 만남의 인(因)이 있다.

여래장연기의 과정에서 생겨나는 여시인(因)은 10여시의 절차 중에 6번째 과정이다. 본연공간 안에서 생멸 정보와 생멸 정보가 서로 교류하는 것이 여시인(如是因)이다. 여시인으로 인해 생겨난 생멸연기의 과정이 명색(名色)이다. 생멸연기는 여시력(如是力)의 과정에서부터 시작되었다. 본원본제로부터 시작된 여래장연기의 과정에서 본연이 출현한 이후에 여시력(如是力)이 생겨났다. 여시력이란 밝은성품이 서로 부딪쳐서 생겨난 힘을 말한다. 여시력의 과정을 통해 생겨난 힘이 미는 힘과 당기는 힘이다. 미는 힘과 당기는 힘, 밝은성품이 생멸 공간을 형성하면서 생멸연기가 시작된다.

생멸연기가 시작되고 나서 생멸공간 안에서는 세 가지 변화가 일어난다.

첫째는 공간적 변화이다.

둘째는 각성적 변화이다.

셋째는 정신의 변화이다.

생멸공간 안에서 일어난 공간적 변화는 크게 두 가지 관점에서 이루어졌다.

첫 번째 관점은 에너지의 변화이다. 에너지의 변화로 인해 생멸공간이 본연공간과 분리된다.

두 번째 관점은 물질입자의 출현이다. 물질입자의 출현으로 인해 물질공간이 생겨난다. 십이연기의 과정 중 행(行)의 과정에서 일어난 현상이다.

생멸공간안에서 일어난 각성적 변화는 자시무명이 미시무명으로 전환된 것이다.

자시무명이란 본연이 갖추고 있는 각성상태를 말한다. 본연은 각성 정보를 활용해서 근본 정보와 밝은성품을 비춰보고 있다.

미시무명이란 생멸문이 생겨나면서 각성 정보가 근본 정보를 망각한 상태를 말한다. 12연기의 과정 중 무명(無明)의 과정에서 일어난 변화이다.

생멸 공간 안에서 일어난 정신의 변화는 식의 틀이 갖춰진 것이다. 의지가 물질입자에 대해 지각적 분별을 행하면서 여섯 갈래로 이루어진 주체의식이 생겨난다. 12연기의 과정 중 식(識)의 과정에서 일어난 변화이다.

식(識)의 틀이 생겨나고부터 생멸 공간 안에서는 새로운 형태의 인(因)이 일어난다. 그것이 바로 명색(名色)이다.

명색(名色)은 여섯 갈래로 나누어진 주체의식들이 서로 교류하는 것이다. 명색으로 인해 삼계(三界)가 생겨나고 개체생명들이 생겨난다. 이때 생겨난 개체생명들이 신, 인간, 동물, 식물, 원생물, 무정물이다.

개체생명이 생겨나고부터 개체생명 안에서도 인(因)이 이루어지고 개체생명 간의 관계 속에서도 인(因)이 이루어진다. 개체생명 안에서 일어나는 인(因)은 업식(業識)과 업식이 서로 교류하는 것이다.

다른 생명과의 관계를 놓고 일어나는 인(因)은 만남이 이루어지는 것이다.

'과(果)'는 여래장연기의 과정에서 나타나는 여시과(如是果)가 있고 생멸연기의 과정에서 나타나는 과(果)가 있다. 또한 개체생명의 내면에서 일어나는 과(果)가 있고 다른 생명과의 관계 속에서 형성되는 과(果)가 있다.

여시과(如是果)는 여시연(如是緣)을 통해 생겨난 새로운 정보 간의 관계를 말한다.

여시인(如是因)이 이루어지면 그 결과로 생겨나는 것이 여시연(如是緣)이다. 여시연(如是緣)은 여시인을 통해 새로운 정보가 생성되는 것이다. 심의 바탕과 식의 바탕이 만나서 본성을 이루는 것도 여시연(如是緣)이고, 본원본제에서 본연(本緣)이 생겨난 것도 여시연이다. 본연 공간 안에서 자연이 생겨나는 것도 여시연이고, 생멸 공간이 생겨나는 것도 여시연이다. 생멸 공간 안에서 무명, 행, 식, 명색, 육입, 촉, 수, 애, 취, 유, 생, 사의 12연기가 일어나는 것도 여시연(如是緣)이다. 연기(緣起)라는 말은 연(緣)으로써 일어난 현상이라는 뜻이다. 여시인(如是因)이 이루어진 대상에 따라 서로 다른 여시연(如是緣)이 생겨난다. 생멸 공간 안에서 일어난 세 가지 변화도, 여시인(如是因)이 이루어진 대상에 따라서 나타난 서로 다른 여시연(如是緣)의 형태이다.

여시과(如是果)는 여시연으로 생겨난 새로운 정보와 현상들 간의 관계를 말한다. 본연과 본원본제의 관계도 여시과(如是果)이다. 생멸문과 본연의 관계도 여시과이다. 생멸문과 본원본제의 관계도 여시과이다. 이것이 여래장연기의 과정에서 생겨나는 여시과이다.

생멸문에서 생겨난 천지만물과 생멸문의 관계도 여시과이다. 천지만물과 본연의 관계, 천지만물과 본원본제의 관계, 천지만물 서로 간의 관계, 이 모든 관계가 생멸연기의 과정과 다른 생명과의 관계에서 나타나는 여시과이다. 천지만물간에 형성되는 여시과(如是果)를 인과(因果)라 한다.

개체생명 안에서 일어나는 여시과는 의식·감정·의지 간의 관계와 각성과 본성, 심식간의 관계, 그리고 오온 간의 관계, 사대 간의 관계를 말한다.

개체생명을 이루고 있는 근본정보와 의식·감정·의지, 오온과 사대는 여시인과 여시연으로 생겨난 정보와 현상들이다.

'식(識)'은 여시인(如是因), 여시연(如是緣), 여시과(如是果)를

통해서 나타나는 여시보(如是報)의 결과이다.

여래장연기의 과정 중 여시성(如是性)과 여시상(如是相), 여시체(如是體)의 과정에서는 식이 출현하지 않는다. 때문에 본원본제는 식근(識根)이 없다.

여래장연기의 과정 중 여시성(如是性)의 과정에서는 본성이 갖추어진다. 심과 식의 바탕이 서로 연(緣)해서 본성을 이룬다.

여시상(如是相)의 과정에서는 각성이 갖추어진다. 본성의 능성(能性)이 대사(代謝)를 하면서 각성으로 전환된다. 여시체(如是體)의 과정에서는 여래장 공간이 생겨난다. 여래장 공간은 밝은성품으로 이루어진 본원본제의 몸이다.

최초의 식은 생멸 공간 안에서 생겨났다. 여시력(如是力)과 여시작(如是作), 여시인(如是因)으로 인해 생멸연기가 시작되면서 최초의 식이 생겨나게 되었다.

최초의 식이 명색(名色)을 통해 천지만물로 나누어지면서 개체식이 생겨났다. 개체식은 주체의식과 객체의식으로 이루어져 있으며, 오온(五蘊)에 따라 다섯 개의 층을 이루고 있다. 개체식 안에서는 인, 연, 과(因緣果)에 따라 새로운 식(識)이 생겨나게 된다. 인연과에 따라서 생겨난 새로운 식을 보(報)라 한다.

인(因)과 과(果)와 식(識)의 일이 큰일인 것은 이 세 가지 일이 환(幻)이면서도 적멸처(寂滅處)로 들어가는 관문이기 때문이다.

"이와 같은 세 가지 일은 근본이 공무(空無)하여 자아와 진아(眞我)가 없거늘"

인(因)과 과(果)와 식(識)은 그 근본이 공(空)과 무(無)를 따른다. 하지만 자아(自我)와 진아(眞我)가 아니다.

그 근본이 공(空)한 것은 실상이 아니고 환(幻)이기 때문이다. 그 근본이 무(無)한 것은 무생(無生)이고 무멸(無滅)이기 때문이다. 그렇지만 이 세 가지 일은 참다운 자기가 아니라는 말씀이다.

"어찌 이것을 놓고 사랑에 물드는 마음을 낼 것인가?"

참다운 자기가 아닌데 어떻게 그것을 놓고 사랑하는 마음이 생기겠냐는 말씀이시다. 하지만 중생은 그것을 자기라고 생각한다.

"이 세 가지 일에 묶이고 얽매여서 고통의 바다에 표류하는 것임을 관(觀)하고, 이와 같은 일로써 늘 스스로를 꾸짖는다."

이 세 가지 일에 묶이고 얽매여 있는 것이 모든 고통의 원인이다. 그렇게 관(觀)하는 것이 꾸짖고 경책하는 일이라는 말씀이시다.

"세 가지 큰 진리는 첫째 보리의 도이니, 이는 평등한 진리이고 불평등한 진리가 아니다."

등각으로 들어가는 보리의 도는 대적정과 대자비, 대지혜를 말한다. 평등한 진리란 등각을 가리킨다. 대적정과 대자비가 평등을 이룬 것이 등각이다.
대자비는 애심(愛心)이 제도되어서 갖추어진다.
대적정은 본각을 통해 성취한다. 등각도의 과정까지 대적정문의 12단계가 있고 대자비문의 20단계가 있다. 묘각이 되기까지는 대자비문이 23단계를 거친다.
대지혜는 생멸심과 식근의 제도로써 갖추어진다. 등각의 과정에서 성취되는 대지혜는 일체종지(一切種智)와 무사지(無師智), 자연지(自然智)이다.
묘각의 과정에서는 불지(佛智)와 여래지(如來智)가 더해진다.

"둘째 대각의 정지(正智)로 진리를 얻음이니, 삿된 지혜로 진리를 얻음이 아니다."
대각의 정지(正智)란 심식의 바탕이 연(緣)해져서 본원본제가 형성되는 과정을 이해하는 것이다. 정지를 갖추게 되면 능연(能緣)과 수연(隨緣)이 이루어지는 과정을 세밀하게 이해하게 되고 여래장이 형성되는 과정을 들여다 보게 된다.
정지를 갖춘 등각보살은 이 지혜를 활용해서 원초신을 제도한다.
정지를 갖춘 묘각불은 이 지혜를 활용해서 새로운 여래장

"셋째 혜(慧)와 정(定)이 다름 없는 행(行)으로 들어감이니(慧定無異行入諦), 잡행(雜行)으로 진리에 들어감이 아니다

(非雜行入諦)."
정(定)은 대적정을 가리킨다. 본각으로 성취한다.
혜(慧)는 대지혜를 가리킨다. 구경각으로 성취한다.
'다름이 없는 행(行)'이란 정(定)과 혜(慧)를 얻는 각성이 다르지 않다는 뜻이다. 구경각이나 본각이나 같은 각성이라는 의미이다.
'잡행(雜行)으로 진리에 들어가지 않는다'는 것은 여러 각성을 섞어 쓰지 않는다는 뜻이다.

"이러한 세 가지 진리로써 불도를 닦으면, 이 사람은 이 법에서 정각을 얻지 못할 리가 없으리라."
보리의 도와 대각의 정지와 다름이 없는 투철한 각성으로 불도를 닦고 정각을 성취한다는 말씀이시다.

"정각과 지혜를 얻고, 위대하고 지극한 자비로 흘러들어가서 자기와 타인을 함께 이롭게 하고, 불보리(佛菩提)를 이루느니라."
정각으로 대적정에 들어가고 대지혜를 성취하고 대자비로 흘러들어가서 일문(一門)의 일행(一行)을 성취한다는 말씀이시다.

본문

地藏菩薩言. 尊者. 如是之法則無因緣. 若無緣法, 因則不
지장보살언. 존자. 여시지법즉무인연. 약무연법, 인즉불
起. 云何不動法入如來?
기. 운하부동법입여래?

지장보살이 여쭈었다.
"세존이시여, 이와 같은 법은 곧 인연이 없습니다. 반연(攀緣)법이 없다면 원인(因)은 곧 일어나지 않을 것인데, 어떻게 움직이지 않는 법으로 여래에 들어가겠습니까?"

강설

"세존이시여, 이와 같은 법은 곧 인연이 없습니다."
인(因)의 원인인 근본정보와 생멸정보, 각성정보는 각성의 무명적 습성과 밝은성품의 자연적 성향으로 생겨난다.
각성의 무명적 습성을 제도하고 밝은성품의 자연적 성향을 제도하면 인(因)의 속성이 제도된다.
역무무명진(亦無無明盡)과 역무행진(亦無行盡)의 과지법이 활용된다.
심(心)과 식(識)은 인(因)의 결과로 나타난 연(緣)이다. 심식의 바탕으로 심식을 비춰보게 되면 새로운 연(緣)이 생겨나지 않는다. 역무명색진(亦無名色盡)과 역무식진(亦無識盡)의 과지법이 활용된다.

역무명색진은 명색의 상태에서 일어나는 내부의식 간의 교류를 차단하는 방법이다. 여래 4지 중 열반지가 쓰여진다.
역무식진은 원초신(原初神)의 생멸심을 제도하는 방법이다. 열반지가 쓰여진다.
역무행진은 밝은성품의 자연적 성향을 제도하는 방법이다. 여래 4지 중 부정지가 쓰여진다.
역무무명진은 각성의 무명적 습성을 제도하는 방법이다. 여래 4지 중 구경지가 쓰여진다.

"반연(攀緣)법이 없다면 원인(因)은 곧 일어나지 않을 것인데"
반연이란 육입(六入)을 통해 맺어지는 인연을 말한다. 반연으로 인해 새로운 정보들이 유입되고 새로운 정보들이 다시 생성된다. 반연에서 벗어나려면 역무육입진(亦無六入盡)을 해야 한다.
"어떻게 움직이지 않는 법으로 여래에 들어가겠습니까?"
'움직이지 않는 법'은 혜(慧)와 정(定)으로 다름이 없는 행(行)을 말한다.
그 법으로 여래에 들어가는 방법에 대해 여쭙는 대목이다.

본문

爾時. 如來欲宣此義. 而說偈言.
이시. 여래욕선차의. 이설게언.

一切諸法相	性空無不動	是法於是時	不於是時起
일체제법상	**성공무부동**	**시법어시시**	**불어시시기**
法無有異時	不於異時起	法無動不動	性空故寂滅
법무유이시	**불어이시기**	**법무동부동**	**성공고적멸**
性空寂滅時	是法是時現	離相故寂住	寂住故不緣
성공적멸시	**시법시시현**	**리상고적주**	**적주고불연**
是諸緣起法	是法緣不生	因緣生滅無	生滅性空寂
시제연기법	**시법연불생**	**인연생멸무**	**생멸성공적**

그때 여래께서 이 뜻을 펴시고자 게송으로 말씀하셨다.
"일체 모든 법의 모습은 성(性)이 공(空)하고 무상하며 부동하다.
이 법은 이때에서이고, 이때에 일어나지 않는다.
법의 유무는 때가 다르고, 다르지 않은 것은 일어나는 때이다.
법에는 움직임과 움직이지 않음이 없고, 공(空)을 성(性)하게 하기에 적멸하다.
성(性)이 공(空)해서 적멸할 때 이 법은 이때 나타나고,
모습을 떠나는 까닭에 고요히 머물고, 고요히 머무는 까닭에 연하지 않는다.
이러한 가지가지 연기법은
연이 생기지 않고, 인연이 생멸하는 것도 없으니
생멸하는 성(性)이 공적(空寂)하다.

강설

그때 여래께서 이 뜻을 펴시고자 게송으로 말씀하셨다.
"일체 모든 법의 모습은(一切諸法相)
성(性)이 공(空)하고 무상하며 부동하다(性空無不動)"
제법상의 성(性)이란 제법상의 바탕을 말한다. 제법상의 바탕은 공(空)하고 무상하며 부동하다.
제법상의 바탕으로 제법을 제도해서 혜(慧)를 성취한다.

"이 법은 이때에서이고(是法於是時)
이때에 일어나지 않는다(不於是時起)"
'(是法於是時시법어시시)'는 제법상의 바탕이 드러나는 때를 말한다.
법이 일어나는 때는 연기의 과정과 각성의 상태에 따라 달라진다. 본원본제의 법으로 인해 여래장연기가 생겨난다. 본원본제의 법은 각성의 대사로 생겨난다. 본연의 법으로 인해 생멸연기와 진여연기가 생겨난다. 본연의 법은 각성 정보와 근본 정보, 생멸 정보 간의 연기로 생겨난다. 개체생명 안에서 생겨나는 심과 식은 업식과 업식의 교류로써 생겨난다.
본원본제의 각성은 무명적 습성이 있다. 때문에 완전한 본각이 아니다. 이 상태를 근본무명(根本無明)이라 한다.
본연의 각성은 실제가 아니다. 각성 정보를 각성으로 활용한다. 이 상태를 자시무명(子時無明)이라 한다.
개체생명은 각성이 없다. 생멸연기의 과정을 거쳐오면서

각성을 망각해 버렸다. 개체생명들은 의지를 통해서 지각과 분별, 의도를 행한다. 이 상태를 미시무명(未時無明)이라 한다.
제법상은 그 상을 일으키는 주체에 따라 서로 달라진다.
때문에 제법상의 바탕도 드러나는 때가 서로 다르다.
각성이 본각일 때는 제법이 일어나지 않고 제법상의 바탕이 드러난다.
심과 식을 통해 그 바탕을 비춰볼 때에도 제법이 일어나지 않고 제법의 바탕이 드러난다.
제법은 대사(代謝)와 연기(緣起), 업식(業識)간의 교류로써 생겨난다.
제법의 바탕은 공하고 무상하고 부동하다.
제법의 바탕으로 적멸상에 들어간다.

"법의 유무는 때가 다르고(法無有異時),
다르지 않은 것은 일어나는 때이다(不於異時起)"
'법이 있고 없는 것은 때가 다르다'는 것은 각성에 따라 법의 유무가 결정된다는 말씀이시다. 이 대목에서 시(時)자는 각성으로 해석해야 한다.
법이 일어나는 각성의 상태는 근본무명과 자시무명, 미시무명이다.
'일어나는 때'는 제법의 바탕이 드러나는 각성의 상태를 말한다. 제법의 바탕을 드러나게 하는 각성은 다르지 않다는 말씀이시다.

**"법에는 움직임과 움직이지 않음이 없고(法無動不動)
공(空)을 성(性)하게 하기에 적멸하다(性空故寂滅)."**

법은 유(有)와 무(無)가 있고 움직임과 움직이지 않음이 있다. 하지만 법의 바탕에서 바라보는 법은 움직임과 움직이지 않음이 없다.

'공(空)을 성(性)하게 한다' 는 것은 공(空)이 연(緣)하도록 해서 본성(本性)을 이루도록 하는 것이다. 법의 바탕에서 공(空)을 연(緣)하도록 할 수 있는 경계가 심과 식의 바탕이다. 심의 바탕은 고요하고(心空) 식의 바탕은 텅 비워져 있다(識空). 그 상태를 주시하면서 서로를 비춰보게 하는 것이(照見) 심식의 바탕이 연(緣)해지도록 하는 것이다. 그 상태에 머무르다 보면 공(空)이 성(性)을 이루게 된다(見性悟道). 성(性)이 이루어지면 심의 바탕과 식의 바탕 사이에서 적멸상을 인식한다(解脫道).

적멸상을 인식하면 정(定)을 성취한 것이다.

이로써 혜(慧)와 정(定)이 갖추어졌다.

**"성(性)이 공(空)해서 적멸할 때(性空寂滅時)
이 법은 이때 나타나고(是法是時現),"**

'성(性)이 공(空)해서 적멸할 때(性空寂滅時)' 가 본각(本覺)이 성취된 때이다.

'이 법'은 '움직임이 없는 법'을 말한다.
'이 때'는 혜(慧)와 정(定)과 본각(本覺)이 갖추어진 때이다. 혜와 정과 본각을 갖춤으로써 혜와 정으로 다름이 없는 행(行)에 들어간다. 이것이 움직임이 없는 법으로 여래를 이루는 방법이다.

"모습을 떠나는 까닭에 고요히 머물고(離相故寂住)
고요히 머무는 까닭에 연하지 않는다(寂住故不緣)."
모습을 떠나는 것은 법상(法相)을 떠나는 것이다.
심식의 바탕이 연(緣)해서 이루어진 본성에 머물러서 법상을 떠난다.
연(緣)하지 않는다는 것은 심과 식의 업식이 서로 연(緣)하지 않고 밖의 경계와 서로 연(緣)하지 않는다는 의미이다.

"이러한 가지가지 연기법은(是諸緣起法)
연이 생기지 않고(是法緣不生)
인연이 생멸하는 것도 없으니(因緣生滅無),
생멸하는 성(性)이 공적(空寂)하다(生滅性空寂)."
심식(心識)의 바탕으로 본성(本性)을 이루고 본성의 적멸상(寂滅相)에 들어가서 대적정(大寂定)을 이루면 이 상태에서는 생멸(生滅)의 연(緣)이 생기지 않고 인연(因緣)이 생멸하는 것이 없고 생멸하는 성(性)이 공적하다는 말씀이시다.
생멸하는 성(性)이란 심과 식의 바탕을 말한다.

본문

緣性能所緣	是緣本緣起	故法起非緣	緣無起亦爾
연성능소연	**시연본연기**	**고법기비연**	**연무기역이**
因緣所生法	是法是因緣	因緣生滅相	彼則無生滅
인연소생법	**시법시인연**	**인연생멸상**	**피즉무생멸**
彼如真實相	本不於出沒	諸法於是時	自生於出沒
피여진실상	**본불어출몰**	**제법어시시**	**자생어출몰**
是故極淨本	本不因衆力	即於後得處	得彼於本得
시고극정본	**본불인중력**	**즉어후득처**	**득피어본득**

연(緣)의 바탕(性)은 능연(能緣)과 소연(所緣)이니
이 연(緣)이 본래의 연기이다.
그래서 법이 일어남은 연(緣)이 아니며
연(緣)의 일어남 없음 또한 그러하다.
인연으로 생긴 법이고, 이 법은 인연이고,
인연은 생멸상이며, 저것은 곧 생멸이 없다.
저것은 여(如)의 진실한 모습이고
그 근본은 출몰(出沒)하지 않으며
제법이 이때에 스스로 출몰해서 생긴다.
이러므로 지극히 깨끗한 근본이고,
근본은 중력(衆力)을 원인으로 하지 않으며,
곧 나중에 얻은 곳에서 근본을 득하고 저것을 얻는다.

강설

"연(緣)의 바탕(性)은 능연(能緣)과 소연(所緣)이니(緣性能所緣)"
연(緣)을 통해 본성을 이루는 것에는 능연(能緣)과 소연(所緣)이 있다는 말씀이다.
개체생명이 능연(能緣)을 이루는 것은 혜(慧), 정(定), 행(行)의 절차를 통해 이루어진다.
혜(慧)는 심식의 바탕으로 제도된 심업과 식업이다.
정(定)은 심식의 바탕이 서로 연(緣)해서 갖추어진 본성으로, 적멸상을 인식하고 대적정에 들어가는 것이다.
행(行)은 본각으로 본성의 적멸상과 심식의 바탕, 제도된 심업과 식업사이를 대사(代謝)하는 것이다.
개체생명이 소연(所緣)을 이루는 것은, 심과 식의 업식 간에 이루어지는 인(因)과 몸의 구조 때문이다.
본원본제는 능연(能緣)으로 본성을 갖추지 못했다. 본원본제는 수연(隨緣)으로 본성을 갖춘 존재이다.
본연(本緣)은 소연(所緣)으로 본성을 갖춘 존재이다.
움직임이 없는 법(不動法)으로 혜(慧), 정(定), 행(行)을 성취하는 것은 능연(能緣)으로 본성을 이루고 근본무명과 자시무명, 미시무명에서 벗어나기 위해서다.
"이 연(緣)이 본래의 연기이다(是緣本緣起)."
이 연(緣)이란 소연을 말한다. 소연으로 여래장연기가 생겼다는 말씀이다.

"그래서 법이 일어남은 연(緣)이 아니며(故法起非緣)"
법이 일어남은 연(緣)이 아니고 인연(因緣)으로 인해서다.
"연(緣)의 일어남 없음 또한 그러하다(緣無起亦爾)."
'연(緣)이 일어남이 없다'는 것은 능연(能緣)으로 본성을 이룬 사람은 소연(所緣)이 일어나지 않는다는 말씀이시다.

"인연으로 생긴 법이고(因緣所生法),"
법은 인연(因緣)으로 생겼다는 말씀이시다.
"이 법은 인연이고(是法是因緣),
인연은 생멸상이며(因緣生滅相),
저것은 곧 생멸이 없다(彼則無生滅)."
인연(因緣)으로 생긴 것은 생멸상(生滅相)을 갖고 있고 능연(能緣)으로 생긴 것은 생멸이 없다는 말씀이시다.

"저것은 여(如)의 진실한 모습이고(彼如眞實相)"
능연(能緣)으로 본성을 이룬 것이 여(如)의 진실한 모습이라는 말씀이시다.
"그 근본은 출몰(出沒)하지 않으며(本不於出沒)"
능연으로 갖추어진 근본은 갑자기 따로 생겨난 것이 아니라는 말씀이시다.
"제법이 이때에(諸法於是時)
스스로 출몰해서 생긴다(自生於出沒)"
본성의 적멸상과 심식의 바탕, 혜를 놓고 대사를 하다 보면 제법이 스스로 생겨난다는 말씀이시다.
이 경우는 본원본제의 제법이 생겨난 과정과 비슷한 과정이다. 하지만 본원본제의 제법은 연기를 일으키는 원인으로 작용한다.
능연으로 본성을 갖춘 여래의 제법은 연기를 일으키지 않는다.

"이러므로 지극히 깨끗한 근본이고(是故極淨本)"
제법이 일어나도 연기를 일으키지 않는 능연 본성이 지극하게 깨끗한 근본이라는 말씀이시다.
"이 근본은 중력(衆力)을 원인(因)으로 하지 않으며 (本不因衆力)"
능연으로 갖춘 본성은 다른 생명의 힘으로 생겨나지 않는다는 말씀이시다.
"곧 나중에 얻은 곳에서(即於後得處), 근본을 득하고 저것을 얻는다(得彼於本得)."
'나중에 얻은 곳'이란 심과 식을 말한다.
심식의 바탕에서 근본을 득하고 능연여래를 이룬다는 말씀이시다.

본문

爾時. 地藏菩薩聞佛所說心地快然. 時諸眾等無有疑者知

이시. 지장보살문불소설심지쾌연. 시제중등무유의자지
眾心已. 而說偈言.
중심이. 이설게언.

我知眾心疑	所以殷固問	如來大慈善	分別無有餘
아지중심의	**소이은고문**	**여래대자선**	**분별무유여**
是諸二眾等	皆悉得明了	我今於了處	普化諸眾生
시제이중등	**개실득명료**	**아금어료처**	**보화제중생**
如來之大悲	不捨於本願	故於一子地	而住於煩惱
여래지대비	**불사어본원**	**고어일자지**	**이주어번뇌**

그때 지장보살은 부처님께서 설하신 것을 듣고 마음자리(心地)가 상쾌해졌으며, 이때의 여러 대중들도 의혹이 없었다. 그는 대중의 마음을 알고 나서 게송으로 설하여 말하였다.
"나는 대중의 마음속 의혹을 알았기에,
매우 확고하게 여쭈었습니다.
여래께서는 대자(大慈)로 선을 행하시니,
분별에 남음이 없습니다.
이러한 2부 대중들은 모두 명료함을 얻었으며,
저는 이제 확실히 깨달은 곳에서 여러 중생을 널리 교화하되,
여래의 대비처럼 본원(本願)을 버리지 않고,
그래서 일자지(一子地)에서 번뇌에 머무르렵니다."

강설

'이러한 2부 대중들'이란 진여수행을 하는 보살승들과 생멸수행을 하는 해탈승들을 말한다.

"여래의 대비처럼 본원(本願)을 버리지 않고"
본원(本願)이란 정토불사의 서원을 말한다. 정토불사의 시작이 중생을 제도하는 것이고 그 마무리가 본원본제(本源本際)를 제도하는 것이다.
"그래서 일자지(一子地)에서 번뇌에 머무르렵니다"
일자지(一子地)란 본연(本緣)의 세계를 말한다. 다른 표현으로하면 세간(世間)이다.
불이 세간에 출현하시는 것은 일대사인연(一大事因緣)을 만들고 정토불사를 하기 위해서다.
불(佛)은 번뇌가 없다. 불(佛)의 번뇌는 일체중생들이 갖고 있는 번뇌들이다.

본문

爾時. 如來而告眾言. 是菩薩者不可思議. 恒以大慈拔眾生
이시. 여래이고중언. 시보살자불가사의. 항이대자발중생
苦. 若有眾生持是經法. 持是菩薩名者. 即不墮於惡趣. 一
고. 약유중생지시경법. 지시보살명자. 즉불타어악취. 일
切障難皆悉除滅. 若有眾生無餘雜念. 專念是經如法修習.
체장난개실제멸. 약유중생무여잡념. 전념시경여법수습.

爾時菩薩常作化身而為說法. 擁護是人終不暫捨. 令是人
이시보살상작화신이위설법. 옹호시인종부잠사. 령시인
等速得阿耨多羅三藐三菩提. 汝等菩薩. 若化眾生. 皆令
등속득아뇩다라삼먁삼보리. 여등보살. 약화중생. 개령
修習如是大乘決定了義.
수습여시대승결정료의.

그때 여래께서 대중에게 말씀하셨다.
"이 보살은 불가사의하고, 늘 대자(大慈)로써 중생의 고통을 뽑아낸다. 어떤 중생이 이 경전의 가르침을 지니고 보살의 이름을 지닌다면, 곧 악취(惡趣)에 떨어지지 않고, 일체의 장애와 재난이 다 사라지리라. 어떤 중생이 나머지 잡념이 없고 오로지 이 경을 생각하고 여법하게 수습한다면, 그때 보살은 항상 화신을 나투어 그를 위해 설법해주고, 이 사람을 옹호하여 끝끝내 잠시도 버리지 않으며, 이 사람으로 하여금 빨리 아뇩다라삼먁삼보리를 얻게 하리라. 여러 보살들이여, 만일 중생을 교화하려거든 모두 이와 같은 대승의 결정 요의(了義)를 수습하게 할지니라."

강설

금강삼매경을 수호하는 보살이 지장보살이라는 말씀이시다.

본문

爾時. 阿難從座而起. 前白佛言. 如來所說大乘福聚. 決定
이시. 아난종좌이기. 전백불언. 여래소설대승복취. 결정
斷結. 無生覺利. 不可思議. 如是之法. 名為何經? 受持是
단결. 무생각리. 불가사의. 여시지법. 명위하경? 수지시
經得幾所福? 願佛慈悲. 為我宣說. 佛言. 善男子. 是經名
경득기소복? 원불자비. 위아선설. 불언. 선남자. 시경명
者不可思議. 過去諸佛之所護念能入如來一切智海. 若有
자불가사의. 과거제불지소호념능입여래일체지해. 약유
眾生持是經者. 則於一切經中無所悕求. 是經典法總持眾
중생지시경자. 즉어일체경중무소희구. 시경전법총지중
法. 攝諸經要. 是諸經法. 法之繫宗. 是經名者. 名 『攝大
법. 섭제경요. 시제경법. 법지계종. 시경명자. 명 『섭대
乘經』. 又名 『金剛三昧』. 又名 『無量義宗』. 若有人受
승경』. 우명 『금강삼매』. 우명 『무량의종』. 약유인수
持是經典者. 即名受持百千諸佛如是功德. 譬如虛空無有邊
지시경전자. 즉명수지백천제불여시공덕. 비여허공무유변
際不可思議. 我所囑累唯是經典.
제불가사의. 아소촉루유시경전.

그때 아난이 자리에서 일어나 부처님 앞에서 여쭈었다.
"여래께서 말씀하신 대승의 복취(福聚), 결정, 결사를 끊음, 무생(無生)각리(覺利)는 불가사의합니다. 이와 같은 법은 이름이 무슨 경입니까? 이 경을 수지하면 얼마나 복을 얻습니까? 원컨대 부처님께서 자비로 저희에게 말씀해주십시오."

부처님께서 말씀하셨다. "선남자여, 이 경의 이름은 불가사의하느니라. 과거 제불이 호념(護念)하는 것이고, 여래의 일체지(一切智)의 바다에 들어가게 할 수 있느니라. 어떤 중생이 이 경을 지닌다면, 일체의 경전 속에서 바라거나 구할 것이 없느니라. 이 경전의 법은 여러 법을 다 지니는 것이고, 여러 경의 요점을 포용하고 있으며, 여러 경법이 본받는 으뜸이다. 이 경의 이름은 섭대승경(攝大乘經)이며, 또한 금강삼매(金剛三昧)이고, 또한 무량의종(無量義宗)이다. 만일 어떤 사람이 이 경전을 수지한다면 곧 백천 제불의 이와 같은 공덕을 수지하는 것이다. 이러한 공덕은 비유하면 허공처럼 끝이 없고 불가사의한 것과 같으니라. 내가 거듭 부탁하는 것은 오직 이 경전이다."

강설

금강삼매경의 내용은 크게 두 가지 주제로 이루어져 있다. 첫 번째 주제는 세 종류 연기(緣起)가 시작된 원인과 절차에 대해서 말씀하신 것이다. 이 주제를 말씀하시면서 본성(本性)이 형성된 원인에 대해서 말씀하시고 본원본제(本源本際)와 본연(本緣), 생멸문(生滅門)과 진여문(眞如門)이 생겨난 과정에 대해서 말씀하셨다. 또한 본원본제의 제법(諸法)과 본연의 제법(諸法), 개체생명의 제법(諸法)이 생겨나게 된 원인에 대해서도 말씀하셨다.

본원본제의 제법은 대사(代謝)로 일어난다. 그로 인해 여래장연기(如來藏緣起)가 시작되고 본연(本緣)이 출현하게 된다. 본연의 제법은 인(因)과 연(緣)의 연기(緣起)로 일어난다. 그로 인해 생멸문(生滅門)과 진여문(眞如門)이 생겨난다. 생멸문에서는 생멸연기(生滅緣起)가 일어난다. 그것이 바로 12연기이다. 진여문에서는 진여연기(眞如緣起)가 일어난다. 그것이 바로 50과위(五十果位)이다.

12연기로 인해 삼계(三界)가 생겨나고 천지만물이 생겨난다. 진여연기로 인해 보살이 생겨난다.

개체생명의 제법(諸法)은 업식(業識)과, 업식의 인연(因緣)과, 과보(果報)로써 생겨난다. 그로 인해 심(心)과 식(識)이 생겨나고 길흉화복(吉凶禍福)이 생겨나며 육도윤회(六道輪廻)가 시작된다.

두 번째 주제는 깨달음을 성취하는 방법에 대해 말씀하신 것이다.

경전의 전반부에서는 금강삼매(金剛三昧)를 통해 본성의 적멸상(寂滅相)에 머물고 적상(寂相)과 정상(靜相)을 관(觀)하면서 여(如)를 이루는 방법에 대해서 말씀하셨다.

경전의 중반부에서는 금강심지(金剛心地)에 들어가서 여여

(如如)를 성취하는 방법에 대해 말씀하셨다.

여(如)를 여의지 않고 여(如)를 벗어나는 방법으로 제시하신 것이 6념처관법(六念處觀法)이다.

경전의 후반부에서는 부동법(不動法)으로 여(如)를 이루는 방법에 대해 말씀하신다. 중생이 갖고 있는 심의 바탕과 식의 바탕이 서로 연(緣)하도록 해서 본성을 이루도록 하고, 그 상태에 머물러서 적멸상을 인식하는 방법이다.

경전의 종반부에서는 세 가지 수행법을 연결해서 말씀해 주신다. 먼저 수행을 처음 시작하는 사람들은 부동법(不動法)을 닦으라고 하신다. 부동법이란 중생이 갖고 있는 심과 식을 떨쳐버리지 않고, 그대로 그 바탕으로 들어가서 고요하고 텅 비워진 자리를 관(觀)하는 것이다. 그런 다음 고요하고 텅 비워진 자리를 서로 마주보게 하면 이것이 본성을 이룬 것이다.

부처님께서는 이 과정을 능연(能緣)으로 본성을 이룬다고 말씀하셨다.

능연으로 본성을 이룬 다음에는 본성의 적멸상(寂滅相)을 인식하라 하신다. 그렇게 되면 그 상태가 본각(本覺)을 성취한 것이라 하신다.

심과 식의 바탕으로 적상(寂相)과 정상(靜相)을 이루고 적멸상을 인식하면, 이것이 여(如)를 이룬 것이다. 그 상태에서 본성의 적멸상에 머물게 되면 금강심지(金剛心地)에 들어간 것이다.

금강심지에 들어간 사람은 각성의 무명적 습성(無明的習性)을 제도하기 위해 25가지 대사(代謝)를 행한다. 대사란 각성이 주체가 돼서 접해지는 경계를 비춰보는 것이다. 이때 대사의 대상이 되는 것이 본성을 이루는 세 가지 요소이다. 본성을 이루고 있는 적상과 정상, 적멸상 사이를 대사하다 보면 밝은성품이 생겨나는 것을 인식하게 된다. 밝은성품은 본성의 적멸상에서 생성되는 생명 에너지이다. 밝은성품이 생성되면 기쁨이 일어난다. 이때 그 기쁨에도 관여되지 않고 밝은성품 자체를 대사의 대상으로 삼는다.

본성을 이루고 있는 적상과 적상, 적멸상과 밝은성품을 대상으로 대사를 하다 보면 밝은성품이 생성되지 않는 한 가지 대사를 자각하게 된다. 그렇게 되면 그 상태에 머물러서 대적정(大寂定)에 들어간다.

여기까지의 과정을 부처님께서는 '혜(慧)와 정(定)이 다름이 없는 상태'라고 하셨다. 이 이후에는 '본각으로 다름이 없는 행(行)'을 하라고 말씀하셨다.

'본각으로 다름이 없는 행'이란 여(如)를 벗어나서 여(如)를 이루는 방법이다. 전자의 여(如)란 대적정을 바탕으로 해서 이루어진 공여래장(空如來藏)이다. 후자의 여(如)란 제도된 생멸심으로 이루어진 불공여래장(不空如來藏)이다. 공여래장을 성취한 10지 보살이 불공여래장을 성취하게 되면 등각(等覺)을 이룬다. 본각으로 다름이 없는 행(行)을 하는 것은 등각을 성취하기 위해서이다.

혜(慧)와 정(定)으로 다름이 없는 상태에서, 본각(本覺)으로 다름이 없는 행(行)을 할때 쓰여지는 방편이 육념처관(六念處觀)이다. 육념처관이란 불념처관(佛念處觀), 법념처관(法念處觀), 승념처관(僧念處觀), 시념처관(施念處觀), 계념처관(戒念處觀), 천념처관(天念處觀)을 말한다.

불념처관이란 본성을 이루고 있는 세 가지 요소를 관(觀)하는 것이다.

법념처관이란 본성을 이루는 세 가지 요소와 밝은성품을 함께 관(觀)하는 것이다.

승념처관이란 접해지는 경계와 업식을 놓고 식근과 심근, 본성과 밝은성품이 서로를 여의지 않도록 하고 그 상태를 관하는 것이다.

시념처관이란 접해지는 경계와 업식을 베풂의 대상으로 삼고 그 상태를 있는 그대로 관(觀)하는 것이다.

계념처관이란 식(識)을 이루고 있는 육근(六根)과 심(心)을 이루고 있는 심근의 청정함을 관하는 것이다.

천념처관이란 시념, 계념, 승념, 법념, 불념으로 제도된 경계와 업식을 심식의 바탕에 내장하고 그 상태를 관하는 것이다.

육념처관을 통해 일체의 경계와 업식을 제도하고 생멸심을 불공여래장으로 전환시킨다. 이것이 여(如)를 벗어나서 여(如)를 이루는 방법이다.

부처님께서는 제법이 생겨난 이치와 본성이 생겨난 이치를 말씀하시면서 똑같이 공(空)하고 무상(無常)하고 적멸(寂滅)하다고 말씀하셨다. 때문에 제법을 통해 여(如)와 여여(如如)를 이루는 방법에 대해 이와 같이 말씀하셨다.

여래장연기가 시작된 이후에 생멸연기의 끝자락에 서 있는 존재가 중생이다.

여래장연기는 각성의 무명적 습성에서 시작되었다. 수연(隨緣)으로 출현한 본원본제가 능성(能性)이 부족해서 생겨난 것이 각성의 무명적 습성이다. 그로 인해 무명의 대사가 일어나고 그 결과로 연기(緣起)가 시작되었다. 연기의 끝자락에서 중생이 생겨났다. 중생은 환(幻)의 생명이지만 그 구조 안에 심과 식의 바탕을 내재하고 있다. 중생이 스스로 안에 내재된 심식의 바탕을 인식하지 못하면 심업(心業)과 식업(識業)에 휘둘려 육도윤회(六道輪廻)에 빠지게 된다. 하지만 중생이 심식의 바탕을 인식하고 서로 연(緣)하도록 하면 수연(隨緣)에서부터 시작된 무명적 습성에서 벗어나게 된다. 그런 존재를 능연여래(能緣如來)라 한다.

금강삼매경을 통해 말씀하신 부처님의 가르침은 능연여래를 이루는 방법이다.

"혜(慧)와 정(定)의 다름없는 행(行)으로 능연여래(能緣如來)를 이룬다." 이 말씀 속에 금강삼매경의 모든 가르침이 함축되어 있다.

본문

阿難言. 云何心行. 云何人者受持是經? 佛言. 善男子.
아난언. 운하심행. 운하인자수지시경? 불언. 선남자.
受持是經者. 是人心無得失. 常修梵行. 若於戲論.
수지시경자. 시인심무득실. 상수범행. 약어희론.
常樂靜心. 入於聚落. 心常在定. 若處居家. 不著三有. 是
상요정심. 입어취락. 심상재정. 약처거가. 불착삼유. 시
人現世有五種福. 一者. 眾所尊敬. 二者. 身不橫夭. 三者.
인현세유오종복. 일자. 중소존경. 이자. 신불횡요. 삼자.
辯答邪論. 四者. 樂度眾生. 五者. 能入聖道. 如是人者受
변답사론. 사자. 요도중생. 오자. 능입성도. 여시인자수
持是經.
지시경.

아난이 여쭈었다. "어떤 마음으로 행하며, 어떤 사람이 이 경을 수지하겠습니까?"
부처님께서 말씀하셨다. "선남자여, 이 경을 수지하는 자는 마음에 얻고 잃음(得失)이 없으며, 늘 범행(梵行)을 닦느니라. 예를 들어 희론(戲論/말장난)을 하더라도 늘 고요한 마음을 즐기며, 마을에 들어가도 마음은 항상 선정에 있다. 속세에 거처하더라도 삼유(三有)에 집착하지 않느니라. 이 사람은 현세에 다섯 가지 복이 있으니, 첫째, 대중의 존경을 받는다. 둘째, 몸으로는 갑작스럽게 일찍 죽지 않는다. 셋째, 비뚤어진 논(論)에 잘 변론하여 답한다. 넷째, 기꺼이 중생을 제도한다.

다섯째, 성도(聖道)에 들어갈 수 있다. 이와 같은 사람이 이 경을 수지한다."

阿難言. 如彼人者. 度諸眾生. 得受供養不?
아난언. 여피인자. 도제중생. 득수공양부?
佛言. 如是人者. 能為眾生作大福田. 常行大智. 權實俱演.
불언. 여시인자. 능위중생작대복전. 상행대지. 권실구연.
是四依僧. 於諸供養. 乃至頭目髓腦. 亦皆得受. 何況衣食
시사의승. 어제공양. 내지두목수뇌. 역개득수. 하황의식
而不得受? 善男子. 如是人者. 是汝知識. 是汝橋梁. 何況
이불득수? 선남자. 여시인자. 시여지식. 시여교량. 하황
凡夫而不供養?
범부이불공양?

아난이 여쭈었다. "저러한 사람은 널리 중생을 제도하여 공양을 받을 수 있겠습니까?"
부처님께서 말씀하셨다. "이와 같은 사람은 능히 중생에게 큰 복전(福田)이 될 수 있고, 늘 대지(大智)를 실행하되, 방편과 진실(權實)[22]을 함께 펼치니라, 이는 사의승(四依僧)[23]이니라. 가지가지의 공양 내지 머리, 눈, 뇌수까지 모두 받아도 되는데, 하물며 옷과 음식을 받지 못하겠는가? 선남자여, 이와 같

---

[22] 권실(權實)은 권도(權道)와 실도(實道)이고, 권도는 방편을 가리키고, 실도는 제일의제를 가리킨다.
[23] 복전이 되는 출가수행자를 가리킨다.

은 사람은 그대의 선지식이고 그대의 교량이 되거니와, 하물며 범부가 공양하지 않겠는가?"

阿難言. 於彼人所受持是經. 供養是人. 得幾所福?
아난언. 어피인소수지시경. 공양시인. 득기소복?
佛言. 若復有人. 持以滿城金銀而以布施. 不如於是人所受
불언. 약부유인. 지이만성금은이이보시. 불여어시인소수
持是經一四句偈. 供養是人不可思議. 善男子. 令諸衆生持
지시경일사구게. 공양시인불가사의. 선남자. 령제중생지
是經者. 心常在定. 不失本心. 若失本心. 當卽懺悔. 懺悔
시경자. 심상재정. 불실본심. 약실본심. 당즉참회. 참회
之法是爲淸涼.
지법시위청량.

아난이 여쭈었다. "저 사람에게서 이 경을 받아지니게 되어 이 사람을 공양하면, 복을 얼마나 받겠습니까?"
부처님께서 말씀하셨다. "만일 어떤 사람이 성 안에 금은(金銀)을 가득 쌓아 보시한다 하더라도, 이 사람에게서 이 경의 사구게(四句偈) 하나를 지니는 것만 못하리니, 이 사람을 공양함은 불가사의하느니라. 선남자여, 여러 중생으로 하여금 이 경을 지니게 하는 자는 마음이 늘 선정에 있고, 본심(本心)을 잃지 않는다. 만약에 본심을 잃는다면 곧 마땅히 참회한다. 참회의 법은 청량함이 된다."

阿難言. 懺悔先罪不入於過去也.
아난언. 참회선죄불입어과거야.
佛言. 如是. 猶如暗室. 若遇明燈. 暗即滅矣. 善男子. 無
불언. 여시. 유여암실. 약우명등. 암즉멸의. 선남자. 무
說悔先所有諸罪. 而以爲說入於過去.
설회선소유제죄. 이이위설입어과거.

아난이 여쭈었다. "앞서의 죄를 참회하면 과거로 들어가는 것이 아닙니까?"
부처님께서 말씀하셨다. "이와 같다. 마치 암실처럼, 밝은 등을 만난다면 어둠은 곧 없어진다. 선남자여, 앞선 모든 죄를 참회한다고 설할 것이 없이, 이로써 과거로 들어간다고 설한다."[24]

阿難言. 云何名爲懺悔? 佛言. 依此經教入眞實觀. 一入
아난언. 운하명위참회? 불언. 의차경교입진실관. 일입
觀時諸罪悉滅. 離諸惡趣. 當生淨土. 速成阿耨多羅三藐
관시제죄실멸. 리제악취. 당생정토. 속성아뇩다라삼먁
三菩提. 佛說是經已. 爾時阿難. 及諸菩薩. 四部大衆.
삼보리. 불설시경이. 이시아난. 급제보살. 사부대중.
皆大歡喜. 心得決定. 頂禮佛足. 歡喜奉行.
개대환희. 심득결정. 정례불족. 환희봉행.

---

24) 참회를 함으로써 과거의 나쁜 습기가 다시는 나타나지 않는다.

아난이 여쭈었다. "어떻게 하는 것이 참회입니까?"
부처님께서 말씀하셨다. "이 경의 가르침에 의거하여 진실한 관(觀)에 들어가는 것이니라. 관(觀)에 한 번 들어갈 때마다 모든 죄가 다 없어지느니라. 여러 악취(惡趣)를 떠나 정토에 태어나 속히 아뇩다라삼먁삼보리를 얻을 것이니라."
부처님께서 이 경을 설하시고 난 뒤, 아난과 여러 보살들, 사부대중은 모두 크게 기뻐하고 마음에서 결정을 얻었으며, 부처님 발에 정례하고, 기쁘게 봉행하였다.

강설

진실한 관(觀)이란 여(如)를 이루고 여여(如如)를 이루어서 능연여래(能緣如來)를 이루는 관법이다. 즉 심식(心識)의 바탕을 관(觀)하는 혜(慧)와 정(定)의 관(觀), 본성의 적멸상(寂滅相)을 관하는 대적정관(大寂定觀), 대지혜(大智慧)와 대자비(大慈悲)를 성취하는 육념처관(六念處觀)이다. 이 세 가지 관행을 하는 것이 진실된 참회이다
이 세 가지 관법에 삼관(三觀), 삼해탈(三解脫), 삼무상(三無相)의 모든 행법(行法)이 내재되어 있다.

맺음말

금강삼매경은 부처님께서 법화삼부경을 설법하시기 전에 먼저 말씀하신 경전이다. 때문에 내용상으로도 법화경의 맥락과 서로 연결되어 있다. 법화경에서는 여래장연기의 이치를 아는 것에 대해 '묘법연화경을 안다'라고 함축해서 말씀하시고, 십여시(十如是)를 통해 그 절차를 간략하게 표현하셨다. 하지만 금강삼매경에서는 그 과정과 절차를 정확하게 표현하셨다. 특히 심(心)과 식(識)의 바탕이 서로 연(緣)해서 본성이 형성되는 과정에 대해 정확하고 상세하게 말씀해 주셨다. 본성이 형성되는 조건에 따라 수연생명(隨緣生命)과 능연생명(能緣生命)이 생겨난다고 말씀해 주셨고, 중생으로 하여금 능연생명을 이루어서 여래(如來)가 되라고 말씀해 주셨다.

수행론을 놓고서도 법화삼부경에서는 묘각도를 이루는 방법과 묘각도 이후에 이루어지는 수행에 대해서 중점적으로 말씀해 주셨지만, 금강삼매경에서는 앞서 말씀드린 세 가지 관법(觀法)을 중점적으로 말씀해 주셨다.

법화경은 보살들과 등각보살들을 대상으로 한 설법이다. 하지만 금강삼매경은 중생에서부터 10지 보살까지 누구나 들을 수 있는 설법이다.

금강삼매경이 갖고 있는 최고의 가치는 중생 속에 능연불(能緣佛)을 이룰 수 있는 심식의 바탕이 내재되어 있다는 것을 가르쳐주신 것이다. 부처가 중생 속에서 나오는 것도 그 이유 때문이고, 중생이 불모(佛母)라는 것도 그 이유 때문이다. 일체 중생이 스스로 안에 내재되어 있는 심식의 바탕을 자각하고 서로 연(緣)하도록 해서 능연여래(能緣如來)를 이루고, 이 모든 세간(世間)이 불국정토(佛國淨土)가 되는 날을 소망해 본다.

질문 답변

질문. 금강삼매경에서 질문하는 보살님들의 명호와 경전의 내용은 서로 연관성이 있는가?
답변. 있다. 심왕보살, 해탈보살, 무주보살, 대력보살 이분들의 이름이 다 의미가 있다. 그 보살들의 이름이 그 대목의 주제가 된다. 마지막 지장보살은 10지 보살이면서 등각보살에 해당한다. 지장보살의 질문과 해탈보살의 질문은 같은 질문인데 지장보살은 10지와 등각의 관점에서 여쭙고, 해탈보살은 8지의 관점에서 여쭙는다. 질문이 반복되면서 내용이 한층 더 깊어진다.

질문. 지장보살이 화신으로 나타나서 설법해주신다는데 그런 경우는 어떤 모습으로 나타나는가?
답변. 목소리로도 나타나고 꿈으로도 나타난다.
한 대목을 놓고 깊이 사유할 때, 그 뜻을 알려주기 위해 여러 가지 형태의 인연으로 감응한다.
처음에는 감응의 속도가 느리지만 숙달이 되면 의문이 일어나는 즉시 감응한다.

우리가 살아가고 있는 생멸문은 본연 공간에서 분리된 것이다. 생멸문이 분리되고 나면 본연 공간은 진여문으로 전환된다. 이 진여문이 준제보살이다.
준제보살은 스스로의 진여 공간으로 생멸문 전체를 감싸 안고 있다. 그 상태를 일법계(一法界)라 한다.
생멸수행의 목적은 본각을 얻고, 의식·감정·의지를 분리시키는 것이다. 진여수행의 목적은 진여심을 갖추고, 분리시켰던 생멸심을 제도하는 것이다.
아라한이 진여열반에 들어가면 분리시킨 생멸심은 생멸문에 남아있게 되고 진여심은 준제보살과 동법계(同法界)를 이룬다. 이 상태에서 진여수행이 이루어진다.
진여수행의 과정에서는 자기 생멸심과도 연결되고 준제보살과도 연결된다. 그 상태에서 생멸심이 법을 놓고 질문을 던지면 진여심과 준제보살이 함께 반응한다. 준제보살은 또 다른 보살들과 서로 연결되어 있다. 이런 절차로 인해 보현, 지장, 관세음, 문수보살 등 상급의 보살들과 교류가 이루어진다. 이것을 일러서 동법계수행이라 한다.

질문. 준제보살의 깨달음은 어떤 상태인가?

답변. 준제보살은 초지부터 시작하고, 준제보살은 보살이면서 원초신(原初神)적인 요소가 있다. 저 생멸문의 중생들이 본성을 인식할 수 있는 환경을 제공해주고, 생멸문 전체를 진여심으로 덮어서 생멸문이라는 우주가 안정되도록 유지해준다. 어머니가 아기를 껴안고 있는 것과 같다. 준제보살은 어머니이다. 생멸문을 다 껴안는 것은 9지보살부터 하는데, 준제보살은 태어날 때부터 껴안고 있다. 준제보살은 본원본제의 딸이고, 본연이다.

세간과 불세계 사이에 보살계가 있다. 그 보살계에서 진여연기가 일어난다. 50과위의 성취에 따라 준제보살의 역량이 서로 달라진다.

중생은 생멸출가를 하고, 준제보살은 진여출가를 한다. 부처님은 여래장출가를 한다.

질문. 불이문을 이룬 다음에 여래장 출가인가?
답변. 불이문을 이루면 본연연기를 벗어난 것이다. 그 상태에서 묘각을 이루고 그 이후에 여래장 출가가 이루어진다.

구선

출가 후 얻은 진리와 깨달음을 다양한 사상서에 담아 출간하였다. 이를 실생활에 접목하기 위해 지난 30년간 다양한 교육 프로그램을 운영해 왔다.

저서로는 『觀, 존재 그 완성으로 가는 길』,
『觀, 중심의 형성과 여덟진로의 수행체계』,
『觀, 십이연기와 천부경』,
『觀, 한글 자음 원리』,
『도넛츠 학습법』,
『뇌 척수로 운동법』,
『다도명상 점다』,
『생명과 시대사상』,
『본제의학 원리』,
『인지법행과 과지법행』,
『암의 진단과 치유』,
『법화삼부경 제1부 무량의경』,
『법화삼부경 제2부 묘법연화경 1,2,3,4,5권』,
『한글문자원리』,
『觀, 생명과 죽음』이 있다.

현재 경북 영양 연화사 주지이며,
서울에서 선나힐링센터를 운영하고 있다.

저자의 다른 책들

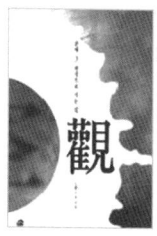
관 존재 그 완성으로
가는길

관 쉴 줄 아는 지혜

관 중심의 형성과
여덟 진로의 수행체계

관 십이연기와 천부경

관 한글 자음 원리

도넛츠 학습법

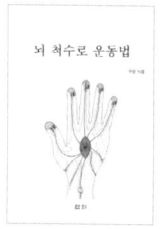
뇌 척수로 운동법

다도명상 점다

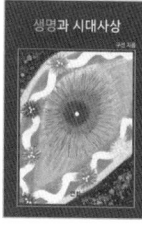
생명과 시대사상

본제의학 원리

인지법행과 과지법행

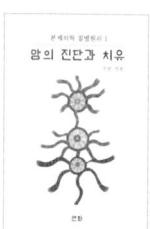
암의 진단과 치유

법화삼부경
제1부 무량의경

법화삼부경
제2부 묘법연화경 1,2,3,4,5권

한글문자원리

관 생명과 죽음

금강삼매경 제 2 권

1판 1쇄 인쇄일　　2023년　10월　21일
1판 1쇄 발행일　　2023년　11월　 1일

지은이　　　　　　구선
편집·교열　　　　　이진화
초벌번역　　　　　태진스님
한문교정　　　　　권규호

펴낸 곳　　　　　　도서출판 연화
주소　　　　　　　경상북도 영양군 수비면 낙동정맥로 2632-66
　　　　　　　　　https://smartstore.naver.com/samatha
　　　　　　　　　네이버 '도서출판 연화'
전화　　　　　　　02) 766-8145
출판등록일　　　　 2005년 11월 2일
등록번호　　　　　제 517-2005-00001 호

정가　　　　　　30,000원
ISBN　　　　　　 979-11-981212-6-4

이 책은 저작권법에 따라 보호를 받는 저작물이므로 무단전재와 복제를 금하며, 이 책 내용의 전체 또는 일부를 사용하려면 반드시 저작권자의 서면 동의를 받아야 합니다.